7년 연속 전체 수석 합격자 배출

강정훈
감평행정법

강정훈 편저

브랜드만족 1위 박문각

근거자료 후면표기

제3판

박문각

박문각 감정평가사

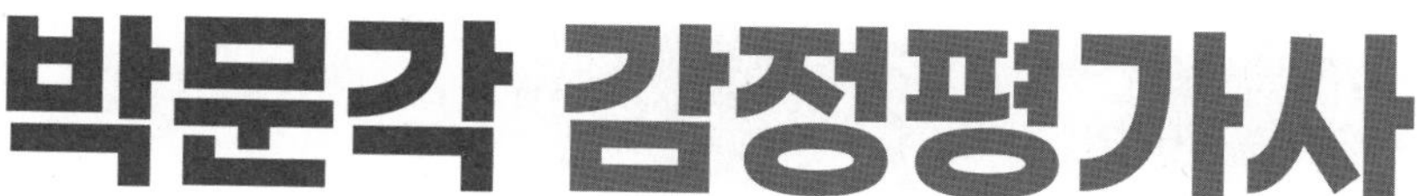

박문각
감정평가사

강정훈
감평행정법

암기장 | 2차

PART 01 행정법 일반이론

PART 02 행정작용법

PART 03 행정구제법

PART 04 감평행정법 주요 쟁점 비교표

PART 05 A급 빈출 기출문제

행정법 그림자료

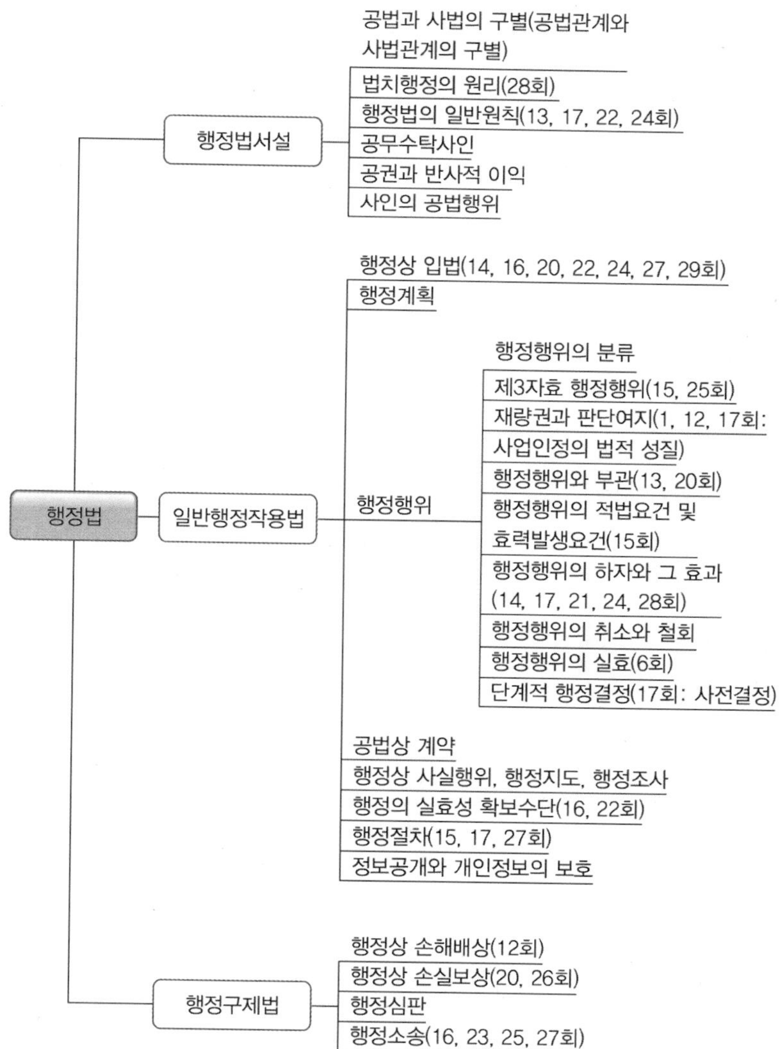
행정법
행정법서설
공법과 사법의 구별(공법관계와 사법관계의 구별)
법치행정의 원리(28회)
행정법의 일반원칙(13, 17, 22, 24회)
공무수탁사인
공권과 반사적 이익
사인의 공법행위
일반행정작용법
행정상 입법(14, 16, 20, 22, 24, 27, 29회)
행정계획
행정행위
행정행위의 분류
제3자효 행정행위(15, 25회)
재량권과 판단여지(1, 12, 17회: 사업인정의 법적 성질)
행정행위와 부관(13, 20회)
행정행위의 적법요건 및 효력발생요건(15회)
행정행위의 하자와 그 효과(14, 17, 21, 24, 28회)
행정행위의 취소와 철회
행정행위의 실효(6회)
단계적 행정결정(17회: 사전결정)
공법상 계약
행정상 사실행위, 행정지도, 행정조사
행정의 실효성 확보수단(16, 22회)
행정절차(15, 17, 27회)
정보공개와 개인정보의 보호
행정구제법
행정상 손해배상(12회)
행정상 손실보상(20, 26회)
행정심판
행정소송(16, 23, 25, 27회)

행정법 그림자료

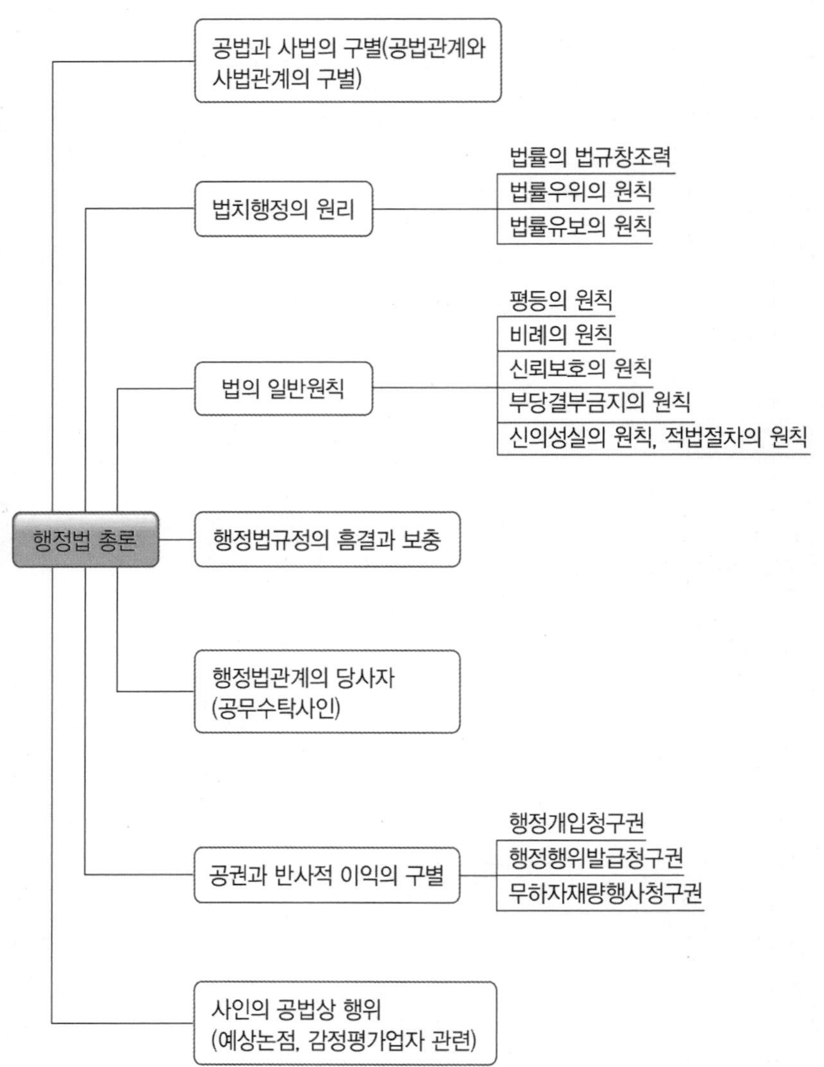
행정법 총론
공법과 사법의 구별(공법관계와 사법관계의 구별)
법치행정의 원리
법률의 법규창조력
법률우위의 원칙
법률유보의 원칙
법의 일반원칙
평등의 원칙
비례의 원칙
신뢰보호의 원칙
부당결부금지의 원칙
신의성실의 원칙, 적법절차의 원칙
행정법규정의 흠결과 보충
행정법관계의 당사자 (공무수탁사인)
공권과 반사적 이익의 구별
행정개입청구권
행정행위발급청구권
무하자재량행사청구권
사인의 공법상 행위 (예상논점, 감정평가업자 관련)

행정법 그림자료

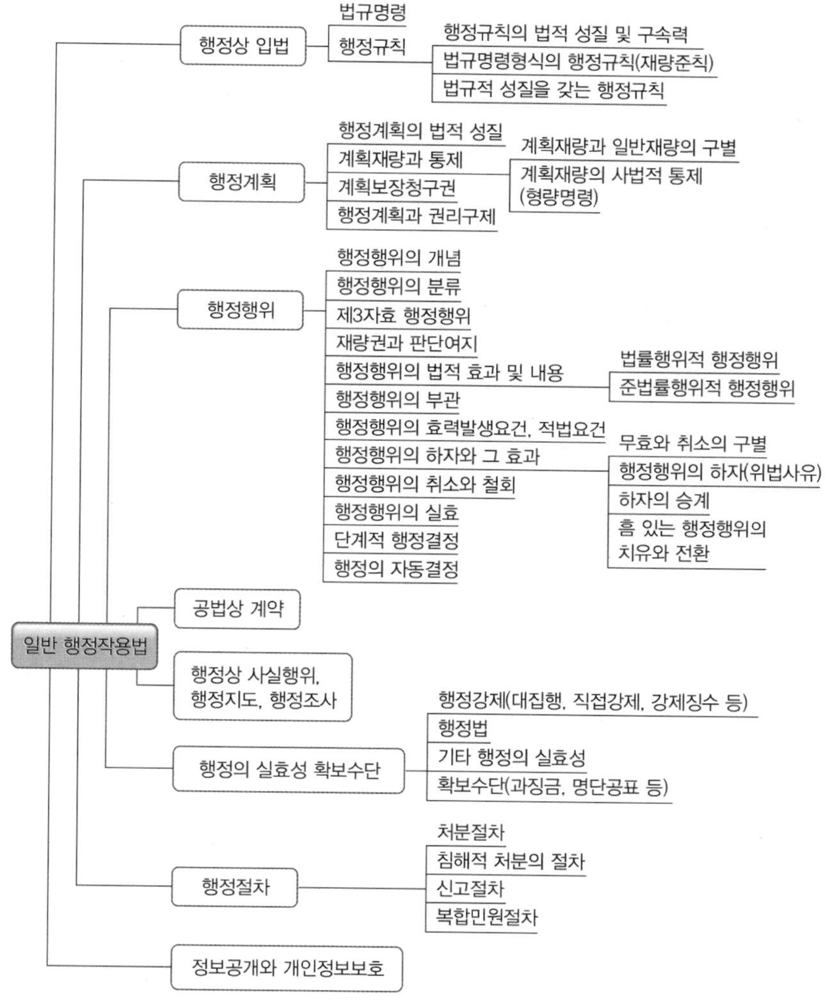
일반 행정작용법
행정상 입법
법규명령
행정규칙
행정규칙의 법적 성질 및 구속력
법규명령형식의 행정규칙(재량준칙)
법규적 성질을 갖는 행정규칙
행정계획
행정계획의 법적 성질
계획재량과 통제
계획보장청구권
행정계획과 권리구제
계획재량과 일반재량의 구별
계획재량의 사법적 통제
(형량명령)
행정행위
행정행위의 개념
행정행위의 분류
제3자효 행정행위
재량권과 판단여지
행정행위의 법적 효과 및 내용
행정행위의 부관
행정행위의 효력발생요건, 적법요건
행정행위의 하자와 그 효과
행정행위의 취소와 철회
행정행위의 실효
단계적 행정결정
행정의 자동결정
법률행위적 행정행위
준법률행위적 행정행위
무효와 취소의 구별
행정행위의 하자(위법사유)
하자의 승계
흠 있는 행정행위의
치유와 전환
공법상 계약
행정상 사실행위,
행정지도, 행정조사
행정의 실효성 확보수단
행정강제(대집행, 직접강제, 강제징수 등)
행정법
기타 행정의 실효성
확보수단(과징금, 명단공표 등)
행정절차
처분절차
침해적 처분의 절차
신고절차
복합민원절차
정보공개와 개인정보보호

행정법 그림자료

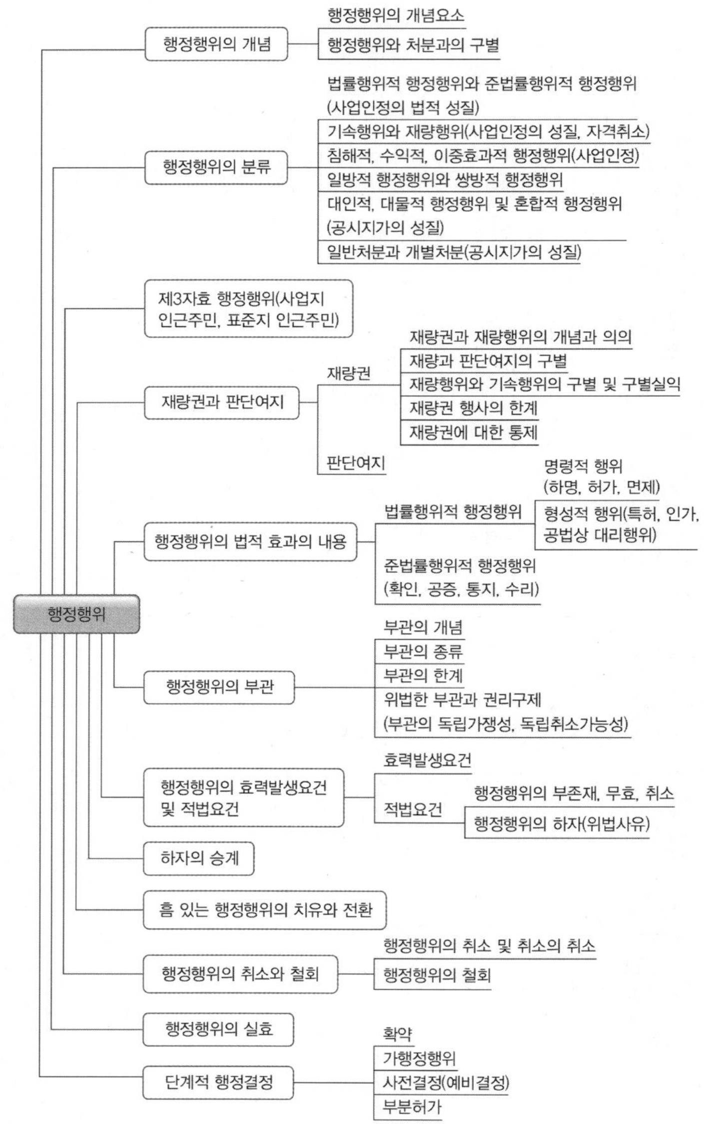
행정행위
행정행위의 개념
행정행위의 개념요소
행정행위와 처분과의 구별
행정행위의 분류
법률행위적 행정행위와 준법률행위적 행정행위
(사업인정의 법적 성질)
기속행위와 재량행위(사업인정의 성질, 자격취소)
침해적, 수익적, 이중효과적 행정행위(사업인정)
일방적 행정행위와 쌍방적 행정행위
대인적, 대물적 행정행위 및 혼합적 행정행위
(공시지가의 성질)
일반처분과 개별처분(공시지가의 성질)
제3자효 행정행위(사업지
인근주민, 표준지 인근주민)
재량권과 판단여지
재량권
재량권과 재량행위의 개념과 의의
재량과 판단여지의 구별
재량행위와 기속행위의 구별 및 구별실익
재량권 행사의 한계
재량권에 대한 통제
판단여지
행정행위의 법적 효과의 내용
법률행위적 행정행위
명령적 행위
(하명, 허가, 면제)
형성적 행위(특허, 인가,
공법상 대리행위)
준법률행위적 행정행위
(확인, 공증, 통지, 수리)
행정행위의 부관
부관의 개념
부관의 종류
부관의 한계
위법한 부관과 권리구제
(부관의 독립가쟁성, 독립취소가능성)
행정행위의 효력발생요건
및 적법요건
효력발생요건
적법요건
행정행위의 부존재, 무효, 취소
행정행위의 하자(위법사유)
하자의 승계
흠 있는 행정행위의 치유와 전환
행정행위의 취소와 철회
행정행위의 취소 및 취소의 취소
행정행위의 철회
행정행위의 실효
단계적 행정결정
확약
가행정행위
사전결정(예비결정)
부분허가

행정법 그림자료

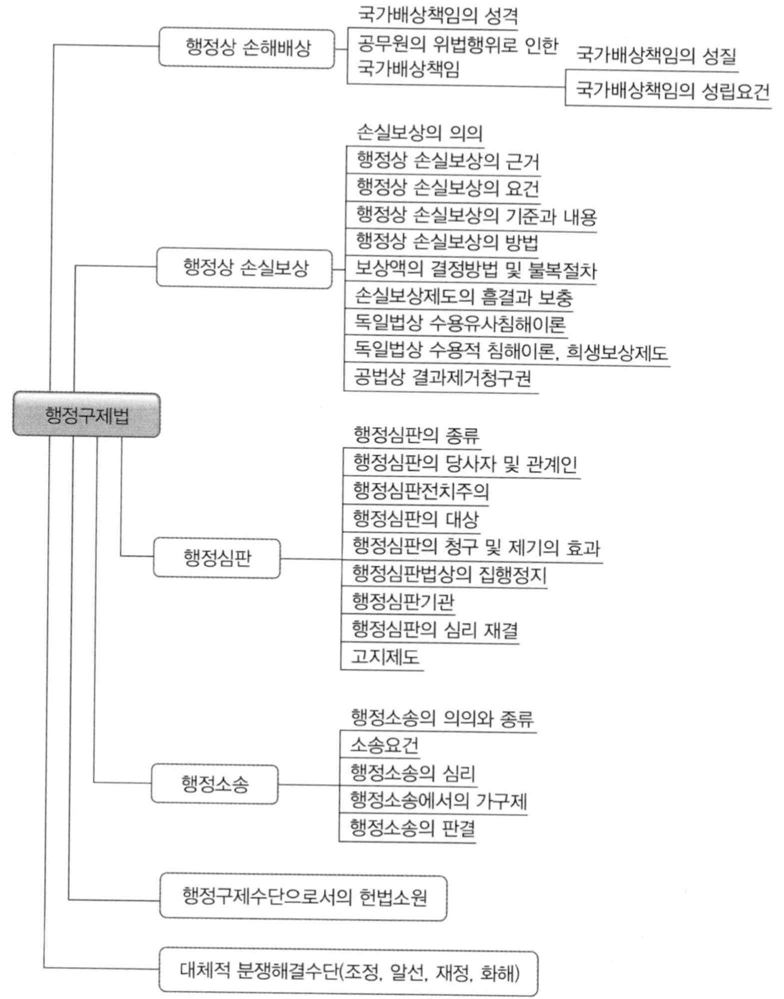
행정구제법
행정상 손해배상
국가배상책임의 성격
공무원의 위법행위로 인한 국가배상책임
국가배상책임의 성질
국가배상책임의 성립요건
행정상 손실보상
손실보상의 의의
행정상 손실보상의 근거
행정상 손실보상의 요건
행정상 손실보상의 기준과 내용
행정상 손실보상의 방법
보상액의 결정방법 및 불복절차
손실보상제도의 흠결과 보충
독일법상 수용유사침해이론
독일법상 수용적 침해이론, 희생보상제도
공법상 결과제거청구권
행정심판
행정심판의 종류
행정심판의 당사자 및 관계인
행정심판전치주의
행정심판의 대상
행정심판의 청구 및 제기의 효과
행정심판법상의 집행정지
행정심판기관
행정심판의 심리 재결
고지제도
행정소송
행정소송의 의의와 종류
소송요건
행정소송의 심리
행정소송에서의 가구제
행정소송의 판결
행정구제수단으로서의 헌법소원
대체적 분쟁해결수단(조정, 알선, 재정, 화해)

행정법 그림자료

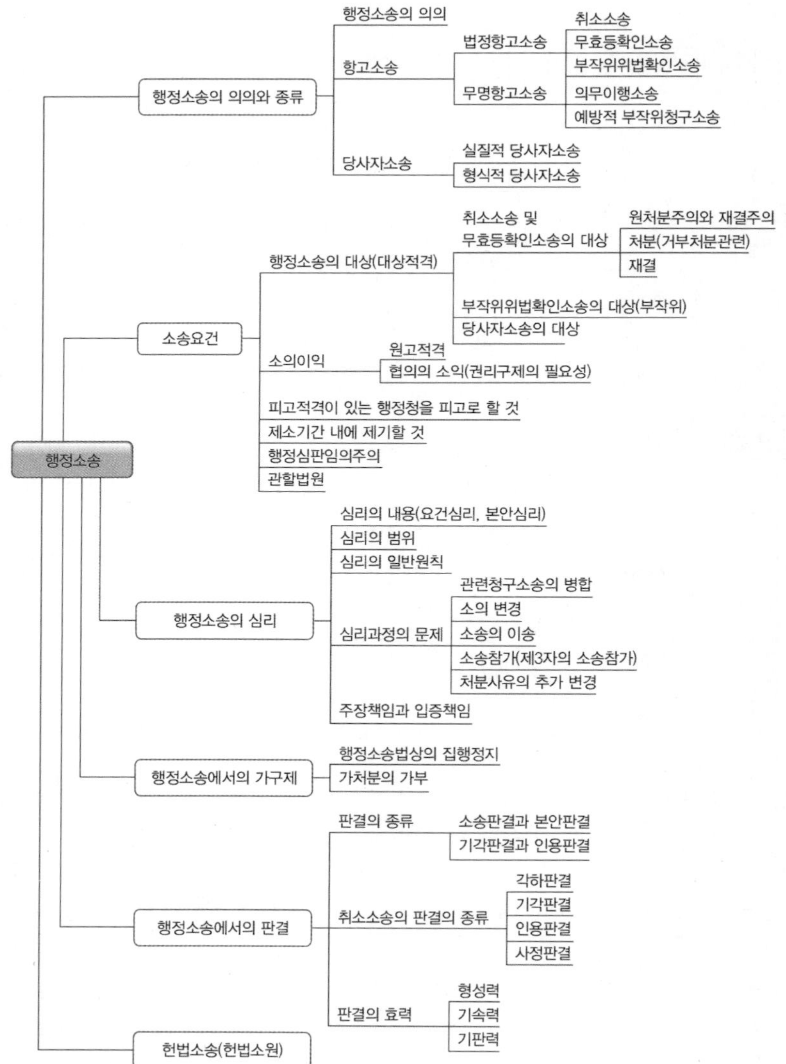
행정소송
행정소송의 의의와 종류
행정소송의 의의
항고소송
법정항고소송
취소소송
무효등확인소송
부작위위법확인소송
무명항고소송
의무이행소송
예방적 부작위청구소송
당사자소송
실질적 당사자소송
형식적 당사자소송
소송요건
행정소송의 대상(대상적격)
취소소송 및
무효등확인소송의 대상
원처분주의와 재결주의
처분(거부처분관련)
재결
부작위위법확인소송의 대상(부작위)
당사자소송의 대상
소의이익
원고적격
협의의 소익(권리구제의 필요성)
피고적격이 있는 행정청을 피고로 할 것
제소기간 내에 제기할 것
행정심판임의주의
관할법원
행정소송의 심리
심리의 내용(요건심리, 본안심리)
심리의 범위
심리의 일반원칙
심리과정의 문제
관련청구소송의 병합
소의 변경
소송의 이송
소송참가(제3자의 소송참가)
처분사유의 추가 변경
주장책임과 입증책임
행정소송에서의 가구제
행정소송법상의 집행정지
가처분의 가부
행정소송에서의 판결
판결의 종류
소송판결과 본안판결
기각판결과 인용판결
취소소송의 판결의 종류
각하판결
기각판결
인용판결
사정판결
판결의 효력
형성력
기속력
기판력
헌법소송(헌법소원)

보상법 그림자료

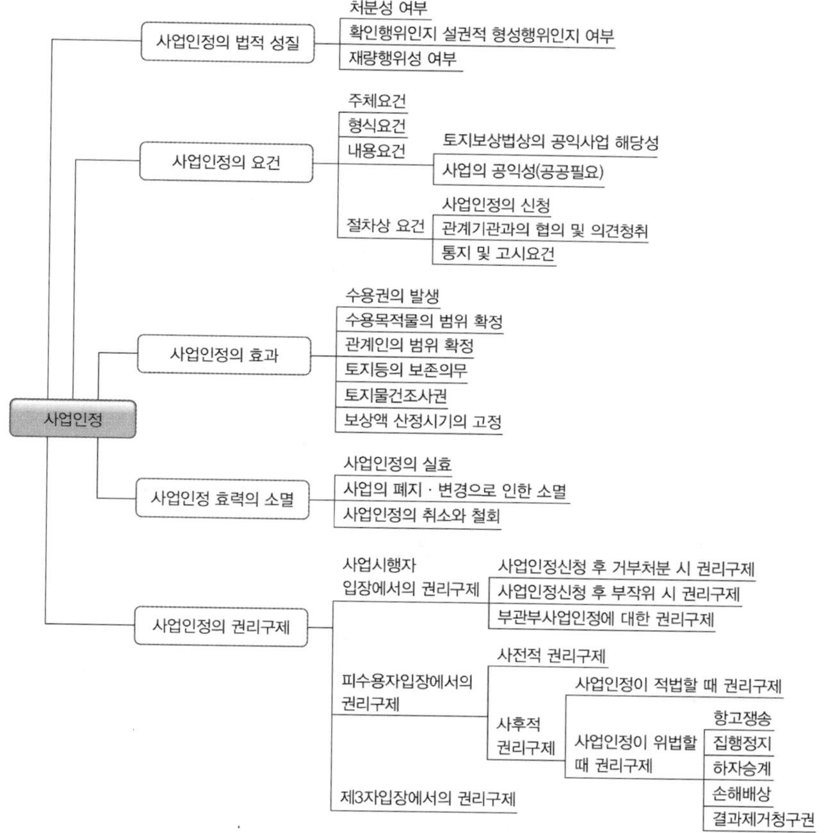
사업인정
사업인정의 법적 성질
처분성 여부
확인행위인지 설권적 형성행위인지 여부
재량행위성 여부
사업인정의 요건
주체요건
형식요건
내용요건
토지보상법상의 공익사업 해당성
사업의 공익성(공공필요)
절차상 요건
사업인정의 신청
관계기관과의 협의 및 의견청취
통지 및 고시요건
사업인정의 효과
수용권의 발생
수용목적물의 범위 확정
관계인의 범위 확정
토지등의 보존의무
토지물건조사권
보상액 산정시기의 고정
사업인정 효력의 소멸
사업인정의 실효
사업의 폐지 · 변경으로 인한 소멸
사업인정의 취소와 철회
사업인정의 권리구제
사업시행자 입장에서의 권리구제
사업인정신청 후 거부처분 시 권리구제
사업인정신청 후 부작위 시 권리구제
부관부사업인정에 대한 권리구제
피수용자입장에서의 권리구제
사전적 권리구제
사후적 권리구제
사업인정이 적법할 때 권리구제
사업인정이 위법할 때 권리구제
항고쟁송
집행정지
하자승계
손해배상
결과제거청구권
제3자입장에서의 권리구제

보상법 그림자료

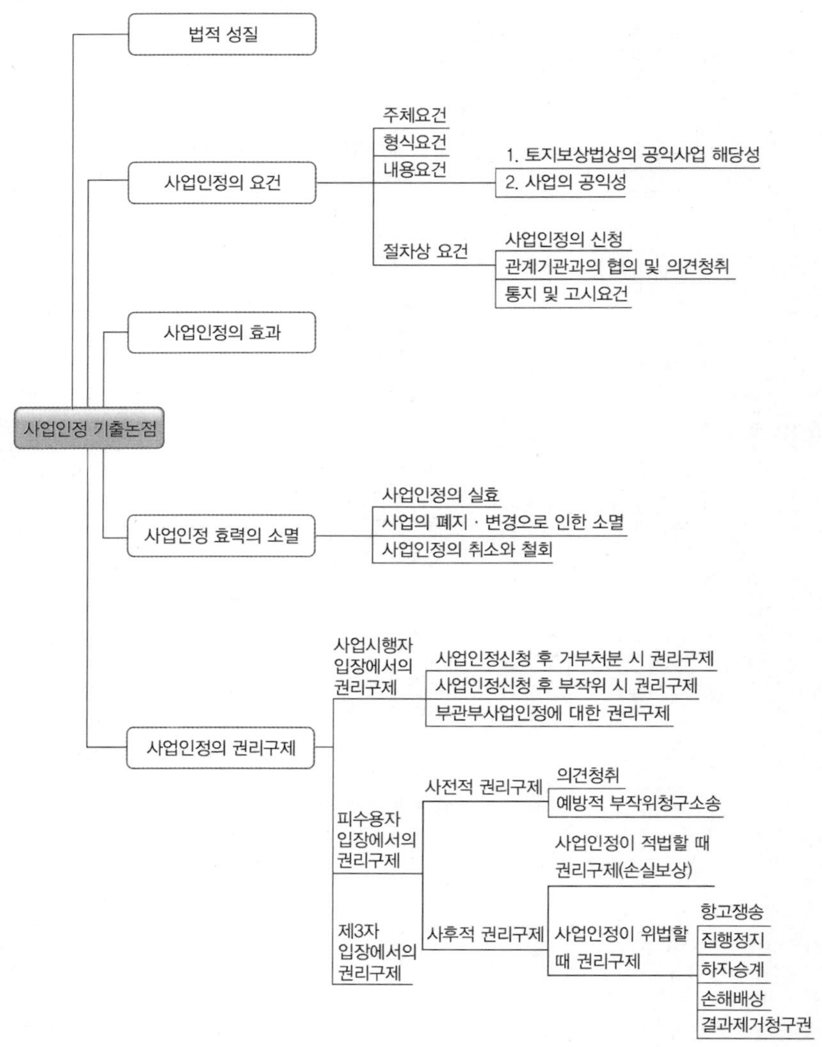

사업인정 기출논점
법적 성질
사업인정의 요건
주체요건
형식요건
내용요건
1. 토지보상법상의 공익사업 해당성
2. 사업의 공익성
절차상 요건
사업인정의 신청
관계기관과의 협의 및 의견청취
통지 및 고시요건
사업인정의 효과
사업인정 효력의 소멸
사업인정의 실효
사업의 폐지 · 변경으로 인한 소멸
사업인정의 취소와 철회
사업인정의 권리구제
사업시행자 입장에서의 권리구제
사업인정신청 후 거부처분 시 권리구제
사업인정신청 후 부작위 시 권리구제
부관부사업인정에 대한 권리구제
피수용자 입장에서의 권리구제
제3자 입장에서의 권리구제
사전적 권리구제
의견청취
예방적 부작위청구소송
사후적 권리구제
사업인정이 적법할 때 권리구제(손실보상)
사업인정이 위법할 때 권리구제
항고쟁송
집행정지
하자승계
손해배상
결과제거청구권

보상법 그림자료

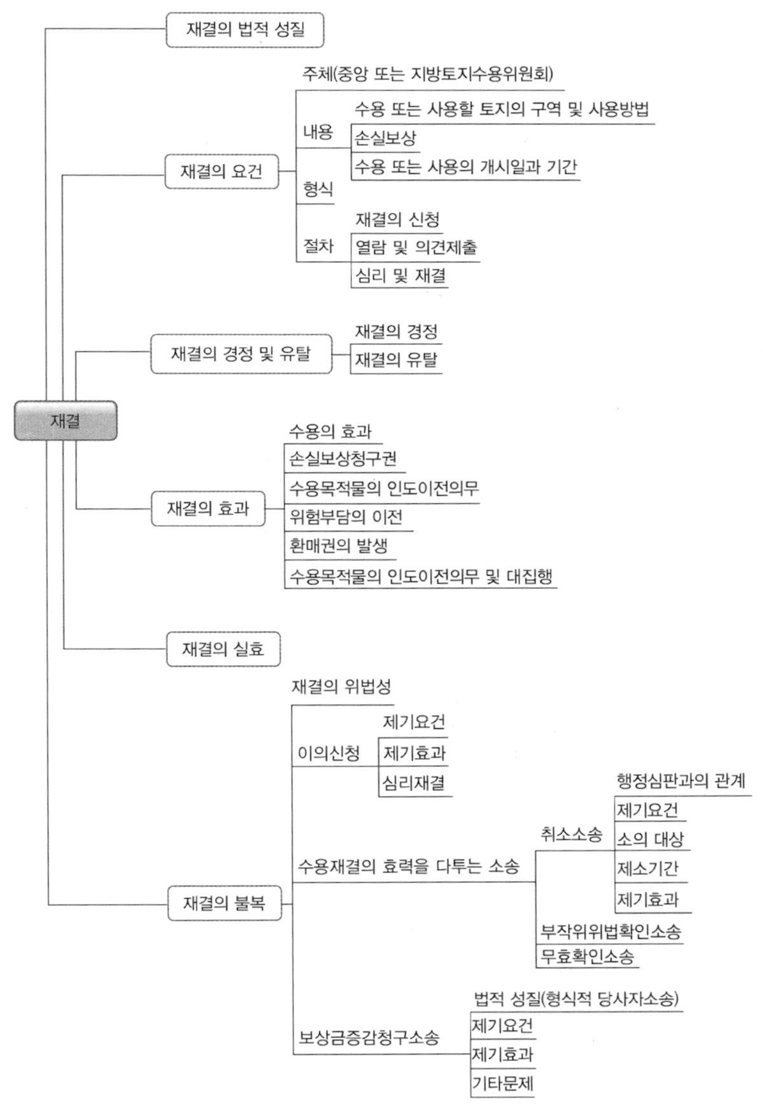
재결
재결의 법적 성질
재결의 요건
주체(중앙 또는 지방토지수용위원회)
내용
수용 또는 사용할 토지의 구역 및 사용방법
손실보상
수용 또는 사용의 개시일과 기간
형식
절차
재결의 신청
열람 및 의견제출
심리 및 재결
재결의 경정 및 유탈
재결의 경정
재결의 유탈
재결의 효과
수용의 효과
손실보상청구권
수용목적물의 인도이전의무
위험부담의 이전
환매권의 발생
수용목적물의 인도이전의무 및 대집행
재결의 실효
재결의 불복
재결의 위법성
이의신청
제기요건
제기효과
심리재결
수용재결의 효력을 다투는 소송
취소소송
행정심판과의 관계
제기요건
소의 대상
제소기간
제기효과
부작위위법확인소송
무효확인소송
보상금증감청구소송
법적 성질(형식적 당사자소송)
제기요건
제기효과
기타문제

보상법 그림자료

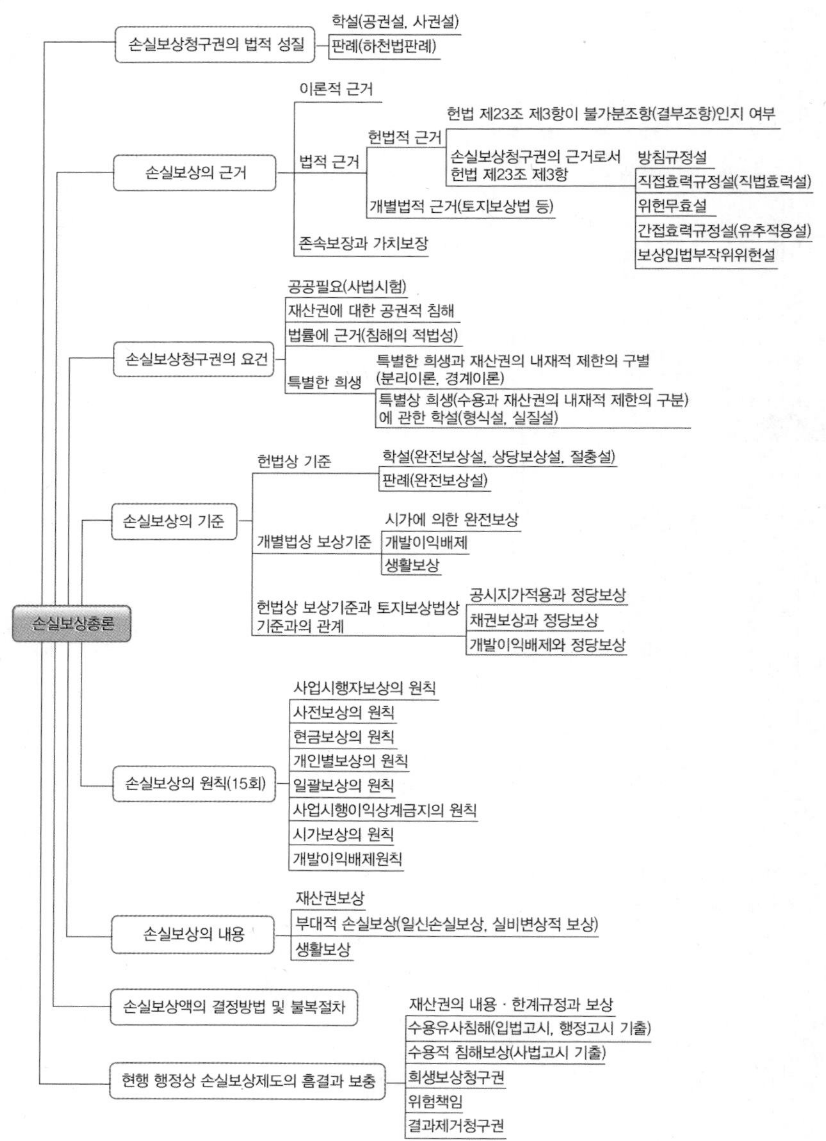
손실보상총론
손실보상청구권의 법적 성질
학설(공권설, 사권설)
판례(하천법판례)
손실보상의 근거
이론적 근거
법적 근거
헌법적 근거
헌법 제23조 제3항이 불가분조항(결부조항)인지 여부
손실보상청구권의 근거로서 헌법 제23조 제3항
방침규정설
직접효력규정설(직법효력설)
위헌무효설
간접효력규정설(유추적용설)
보상입법부작위위헌설
개별법적 근거(토지보상법 등)
존속보장과 가치보장
손실보상청구권의 요건
공공필요(사법시험)
재산권에 대한 공권적 침해
법률에 근거(침해의 적법성)
특별한 희생
특별한 희생과 재산권의 내재적 제한의 구별 (분리이론, 경계이론)
특별상 희생(수용과 재산권의 내재적 제한의 구분)에 관한 학설(형식설, 실질설)
손실보상의 기준
헌법상 기준
학설(완전보상설, 상당보상설, 절충설)
판례(완전보상설)
개별법상 보상기준
시가에 의한 완전보상
개발이익배제
생활보상
헌법상 보상기준과 토지보상법상 기준과의 관계
공시지가적용과 정당보상
채권보상과 정당보상
개발이익배제와 정당보상
손실보상의 원칙(15회)
사업시행자보상의 원칙
사전보상의 원칙
현금보상의 원칙
개인별보상의 원칙
일괄보상의 원칙
사업시행이익상계금지의 원칙
시가보상의 원칙
개발이익배제원칙
손실보상의 내용
재산권보상
부대적 손실보상(일신손실보상, 실비변상적 보상)
생활보상
손실보상액의 결정방법 및 불복절차
현행 행정상 손실보상제도의 흠결과 보충
재산권의 내용 · 한계규정과 보상
수용유사침해(입법고시, 행정고시 기출)
수용적 침해보상(사법고시 기출)
희생보상청구권
위험책임
결과제거청구권

보상법 그림자료

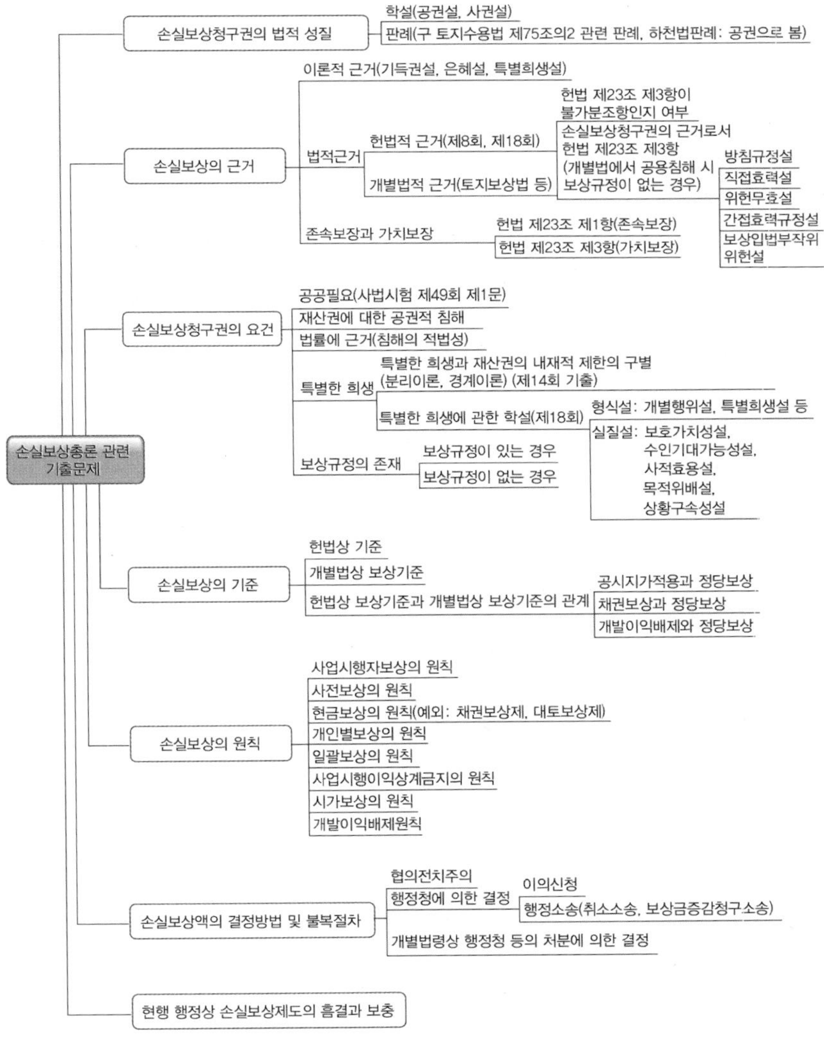
손실보상총론 관련 기출문제
손실보상청구권의 법적 성질
학설(공권설, 사권설)
판례(구 토지수용법 제75조의2 관련 판례, 하천법판례: 공권으로 봄)
손실보상의 근거
이론적 근거(기득권설, 은혜설, 특별희생설)
법적근거
헌법적 근거(제8회, 제18회)
개별법적 근거(토지보상법 등)
헌법 제23조 제3항이 불가분조항인지 여부
손실보상청구권의 근거로서 헌법 제23조 제3항 (개별법에서 공용침해 시 보상규정이 없는 경우)
방침규정설
직접효력설
위헌무효설
간접효력규정설
보상입법부작위 위헌설
존속보장과 가치보장
헌법 제23조 제1항(존속보장)
헌법 제23조 제3항(가치보장)
손실보상청구권의 요건
공공필요(사법시험 제49회 제1문)
재산권에 대한 공권적 침해
법률에 근거(침해의 적법성)
특별한 희생
특별한 희생과 재산권의 내재적 제한의 구별 (분리이론, 경계이론) (제14회 기출)
특별한 희생에 관한 학설(제18회)
형식설: 개별행위설, 특별희생설 등
실질설: 보호가치성설, 수인기대가능성설, 사적효용설, 목적위배설, 상황구속성설
보상규정의 존재
보상규정이 있는 경우
보상규정이 없는 경우
손실보상의 기준
헌법상 기준
개별법상 보상기준
헌법상 보상기준과 개별법상 보상기준의 관계
공시지가적용과 정당보상
채권보상과 정당보상
개발이익배제와 정당보상
손실보상의 원칙
사업시행자보상의 원칙
사전보상의 원칙
현금보상의 원칙(예외: 채권보상제, 대토보상제)
개인별보상의 원칙
일괄보상의 원칙
사업시행이익상계금지의 원칙
시가보상의 원칙
개발이익배제원칙
손실보상액의 결정방법 및 불복절차
협의전치주의
행정청에 의한 결정
이의신청
행정소송(취소소송, 보상금증감청구소송)
개별법령상 행정청 등의 처분에 의한 결정
현행 행정상 손실보상제도의 흠결과 보충

보상법 그림자료

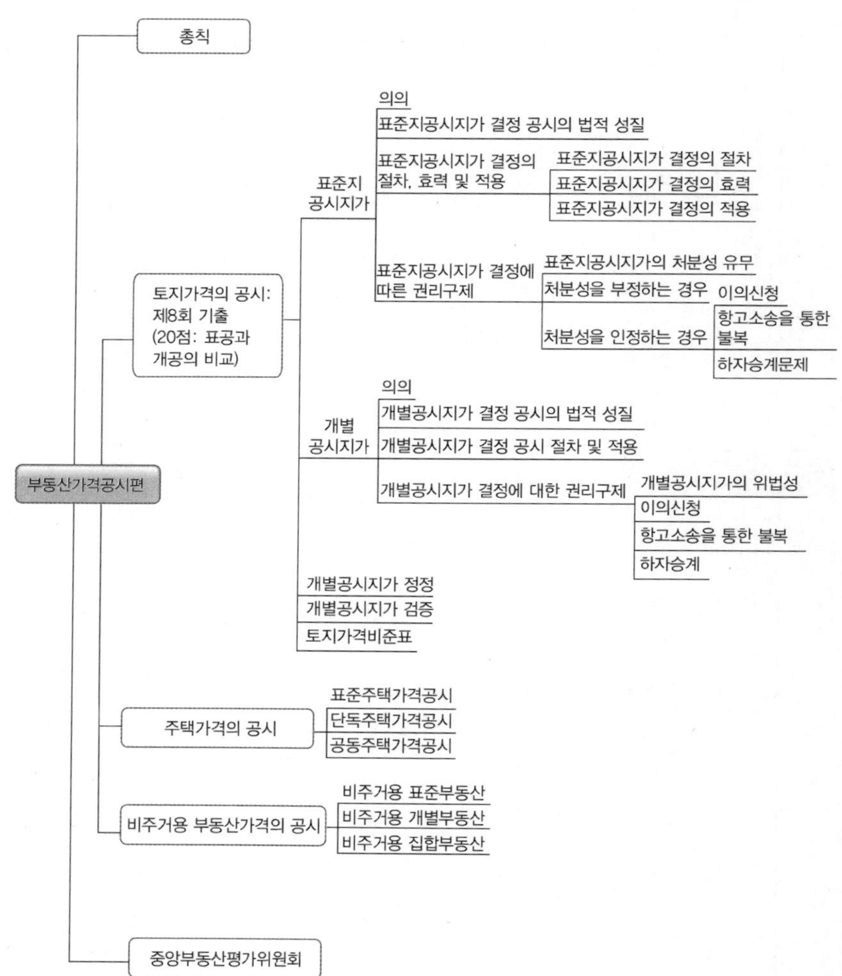
부동산가격공시편
총칙
토지가격의 공시: 제8회 기출 (20점: 표공과 개공의 비교)
표준지 공시지가
의의
표준지공시지가 결정 공시의 법적 성질
표준지공시지가 결정의 절차, 효력 및 적용
표준지공시지가 결정의 절차
표준지공시지가 결정의 효력
표준지공시지가 결정의 적용
표준지공시지가 결정에 따른 권리구제
표준지공시지가의 처분성 유무
처분성을 부정하는 경우
처분성을 인정하는 경우
이의신청
항고소송을 통한 불복
하자승계문제
개별 공시지가
의의
개별공시지가 결정 공시의 법적 성질
개별공시지가 결정 공시 절차 및 적용
개별공시지가 결정에 대한 권리구제
개별공시지가의 위법성
이의신청
항고소송을 통한 불복
하자승계
개별공시지가 정정
개별공시지가 검증
토지가격비준표
주택가격의 공시
표준주택가격공시
단독주택가격공시
공동주택가격공시
비주거용 부동산가격의 공시
비주거용 표준부동산
비주거용 개별부동산
비주거용 집합부동산
중앙부동산평가위원회

보상법 그림자료

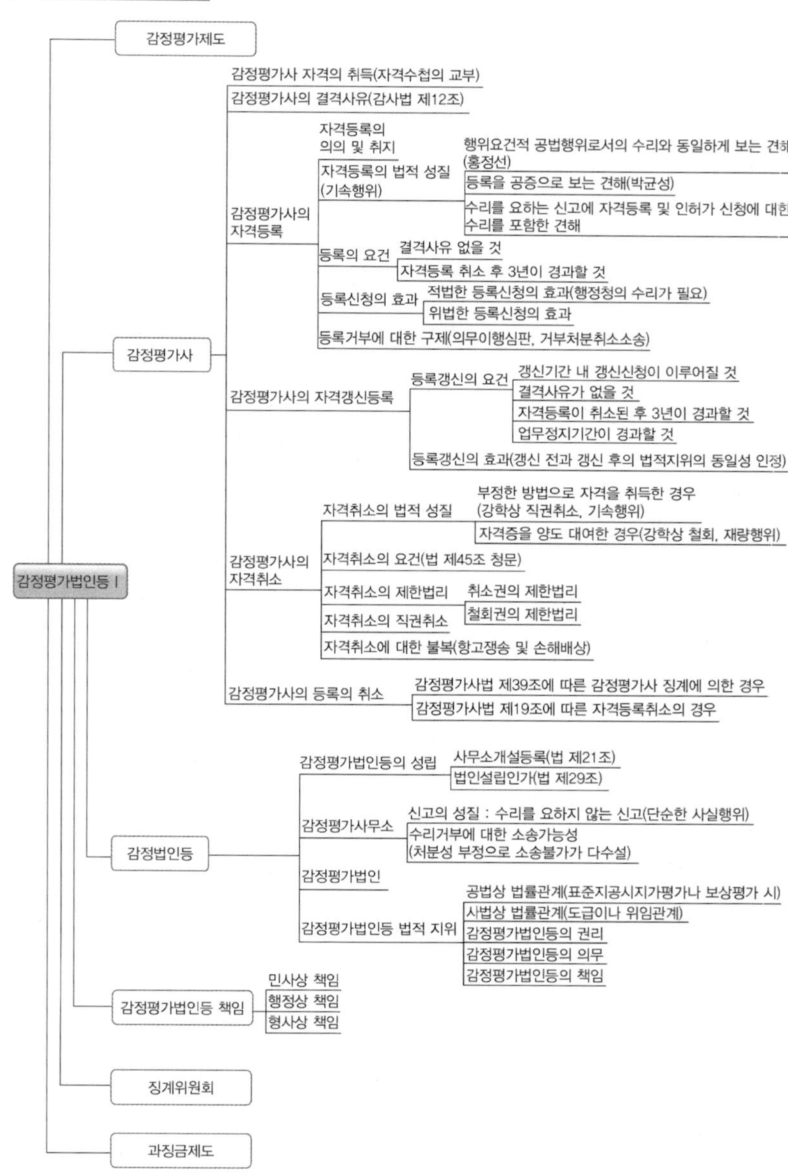
감정평가법인등 I
감정평가제도
감정평가사
감정평가사 자격의 취득(자격수첩의 교부)
감정평가사의 결격사유(감사법 제12조)
감정평가사의 자격등록
자격등록의 의의 및 취지
자격등록의 법적 성질 (기속행위)
행위요건적 공법행위로서의 수리와 동일하게 보는 견해 (홍정선)
등록을 공증으로 보는 견해(박균성)
수리를 요하는 신고에 자격등록 및 인허가 신청에 대한 수리를 포함한 견해
등록의 요건
결격사유 없을 것
자격등록 취소 후 3년이 경과할 것
등록신청의 효과
적법한 등록신청의 효과(행정청의 수리가 필요)
위법한 등록신청의 효과
등록거부에 대한 구제(의무이행심판, 거부처분취소소송)
감정평가사의 자격갱신등록
등록갱신의 요건
갱신기간 내 갱신신청이 이루어질 것
결격사유가 없을 것
자격등록이 취소된 후 3년이 경과할 것
업무정지기간이 경과할 것
등록갱신의 효과(갱신 전과 갱신 후의 법적지위의 동일성 인정)
감정평가사의 자격취소
자격취소의 법적 성질
부정한 방법으로 자격을 취득한 경우 (강학상 직권취소, 기속행위)
자격증을 양도 대여한 경우(강학상 철회, 재량행위)
자격취소의 요건(법 제45조 청문)
자격취소의 제한법리
취소권의 제한법리
철회권의 제한법리
자격취소의 직권취소
자격취소에 대한 불복(항고쟁송 및 손해배상)
감정평가사의 등록의 취소
감정평가사법 제39조에 따른 감정평가사 징계에 의한 경우
감정평가사법 제19조에 따른 자격등록취소의 경우
감정법인등
감정평가법인등의 성립
사무소개설등록(법 제21조)
법인설립인가(법 제29조)
감정평가사무소
신고의 성질 : 수리를 요하지 않는 신고(단순한 사실행위)
수리거부에 대한 소송가능성 (처분성 부정으로 소송불가가 다수설)
감정평가법인
감정평가법인등 법적 지위
공법상 법률관계(표준지공시지가평가나 보상평가 시)
사법상 법률관계(도급이나 위임관계)
감정평가법인등의 권리
감정평가법인등의 의무
감정평가법인등의 책임
감정평가법인등 책임
민사상 책임
행정상 책임
형사상 책임
징계위원회
과징금제도

보상법 그림자료

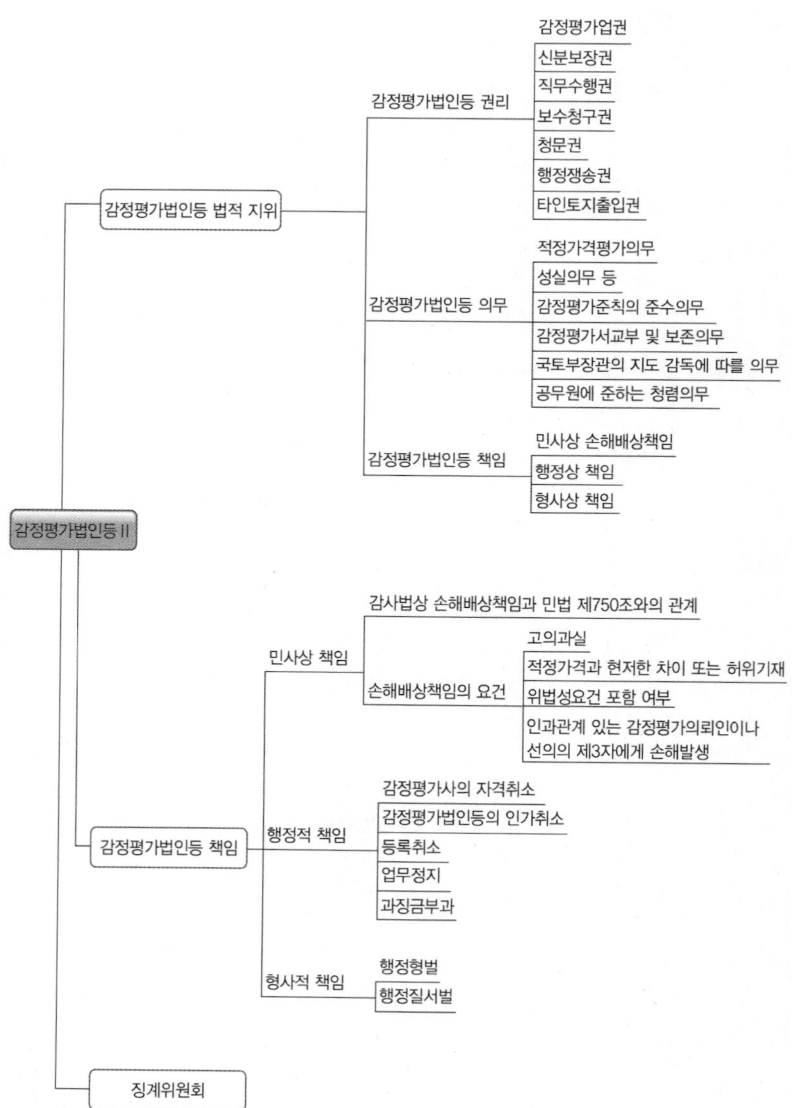
감정평가법인등 II
감정평가법인등 법적 지위
감정평가법인등 권리
감정평가업권
신분보장권
직무수행권
보수청구권
청문권
행정쟁송권
타인토지출입권
감정평가법인등 의무
적정가격평가의무
성실의무 등
감정평가준칙의 준수의무
감정평가서교부 및 보존의무
국토부장관의 지도 감독에 따를 의무
공무원에 준하는 청렴의무
감정평가법인등 책임
민사상 손해배상책임
행정상 책임
형사상 책임
감정평가법인등 책임
민사상 책임
감사법상 손해배상책임과 민법 제750조와의 관계
손해배상책임의 요건
고의과실
적정가격과 현저한 차이 또는 허위기재
위법성요건 포함 여부
인과관계 있는 감정평가의뢰인이나
선의의 제3자에게 손해발생
행정적 책임
감정평가사의 자격취소
감정평가법인등의 인가취소
등록취소
업무정지
과징금부과
형사적 책임
행정형벌
행정질서벌
징계위원회

PART

01

행정법 일반이론

Chapter

01 행정과 행정법

01 절 법치행정의 원리

| C급 빈출

행정기본법 제8조(법치행정의 원칙)

행정작용은 법률에 위반되어서는 아니 되며, 국민의 권리를 제한하거나 의무를 부과하는 경우와 그 밖에 국민생활에 중요한 영향을 미치는 경우에는 법률에 근거하여야 한다.

Ⅰ. 법률의 법규창조력

법규를 창조하는 것은 법률, 즉 입법권의 전권에 속하는 것으로서 행정권은 법률의 수권이 없는 한 법규를 창조할 수 없다는 것을 의미한다.

Ⅱ. 법률우위의 원칙 - 행정기본법 제8조 제1문 성문화

법률우위의 원칙이란 행정활동은 법률의 규정에 위반하여 행하여져서는 안 되며, 이 점은 모든 행정작용에 적용된다는 행정작용의 법률종속성을 의미한다.

Ⅲ. 법률유보의 원칙 - 행정기본법 제8조 제2문 성문화

법률유보의 원칙이란 행정이 법률에 근거하여, 법률의 수권에 의하여 행해져야 함을 의미하며, 적극적 의미의 법률적합성의 원칙이라고도 한다.

1. 문제점

법률유보는 현대행정의 급부행정의 비중 등을 고려할 때 법률유보의 적용확대라는 민주주의의 요청과 행정의 탄력성 확보라는 현실적 한계 사이의 갈등이 있는바, 그 적용범위가 문제된다.

2. 학설

① **침해유보설** : 국민의 자유 권리를 제한 또는 침해하거나 새로운 의무를 부과하는 행정작용은 반드시 법률의 근거를 요한다는 견해이다.

② **권력행정유보설** : 행정주체의 행정작용의 성격이 수익적인지 침익적인지와 상관없이 모든 권력적 행정작용에는 법률의 근거를 요한다는 견해이다.

③ **전부유보설** : 모든 행정작용은 그 성질이나 종류를 불문하고 법률의 근거를 요한다는 견해이다.

④ **급부행정유보설** : 침해행정뿐만 아니라 급부행정의 전반에 대해서도 법률의 근거를 요한다는 견해이다.

⑤ **본질성설**(중요사항유보설) : 기본적인 규범영역에서 모든 중요한 결정은 적어도 입법자 스스로가 법률로 정하여야 한다는 견해이다.

3. 판례

대법원은 국민의 권리·의무에 관련되는 것일 경우에는 적어도 국민의 권리·의무에 기본적이고 본질적인 사항은 국회가 정하여야 한다고 판시(2006두14476)하고, 헌법재판소도 고급오락장, 고급주택에 대한 중과세사건이나 KBS 수신료 사건 등에서 본질성설에 의해 판단하고 있다.

4. 검토

민주주의의 요청과 행정의 탄력성을 조화시키며 국민의 기본권의 보장을 고려하여야 한다는 점에서 중요사항유보설이 타당하다. 단, 그 기준이 불분명하다는 단점이 있으므로 그 범위는 행위형식과 행정유형별로 기본권 관련성 등을 고려하여 개별적으로 검토해야 할 것이다.

02 절 행정법의 법원 | C급 빈출

Ⅰ. 개설

행정법의 법원이란 행정권의 조직과 작용 및 그 규제에 관한 법의 존재형식 또는 법의 선험적인 인식근거를 말한다. 행정법은 원칙적으로 성문법의 형식으로 존재하나 불문법의 형식으로 존재하는 경우도 있다.

Ⅱ. 성문법원

우리나라의 행정법은 성문법주의를 취하고 있으며, 그 형식으로는 헌법, 법률, 조약, 명령, 자치법규 등이 있다.

Ⅲ. 불문법원

행정법은 원칙적으로 성문법주의에 입각하고 있으므로 성문법이 중심적인 법원이며, 불문법은 예외적인 것에 그친다. 성문법이 정비되지 아니한 행정분야에 있어서는 불문법원으로서 관습법, 판례법, 조리법 등이 적용된다.

Ⅳ. 행정법의 법원의 상하관계

행정법의 법원 간에는 '헌법 – 법률 – 명령 – 자치법규' 순의 상하관계에 있다. 일반법 원칙은 내용에 따라 헌법적 또는 법률적 지위를 가진다.

03 절 행정법의 일반원칙

| A급 빈출

Ⅰ. 평등의 원칙

행정기본법 제9조(평등의 원칙)
행정청은 합리적 이유 없이 국민을 차별하여서는 아니 된다.

1. 의의 및 근거

평등의 원칙이란 행정작용에 있어서 특별한 합리적인 사유가 없는 한 상대방인 국민을 공평하게 대우하여야 한다는 원칙을 말한다. 이는 헌법 제11조로부터 도출되는 불문법 원칙으로, 동 원칙에 반하는 행정작용은 위법하다.

2. 내용

어떠한 행정조치가 평등의 원칙에 반하는 것인가는 차별취급에 합리적인 이유가 있는가의 여부에 달려있다. ① 합리적 이유 없이 동일한 사항을 다르게 취급하는 것은 평등의 원칙에 반하며, ② 상대방의 사정이 다른 경우 다르게 취급하는 것은 정당화될 수 있지만 비례성을 결여한 과도한 차별취급은 합리적인 차별이 아니므로 평등의 원칙에 반한다.

3. 한계

불법 앞의 평등 요구는 인정되지 않는다.

Ⅱ. 자기구속의 법리(평등의 원칙에서 파생)

1. 의의 및 근거

자기구속의 원칙이란, 행정관행이 성립된 경우 행정청은 특별한 사정이 없는 한 같은 사안에서 행정관행과 같은 결정을 하여야 한다는 원칙을 말한다. 이 원칙은 헌법상 평등권에 근거하여 파생된 행정법상의 일반원칙이며, 동 원칙에 반하는 행정작용은 위법하다.

2. 내용(적용요건) – 재/선/동

① 재량영역에서의 행정작용이어야 한다.

② 행정선례가 존재하여야 한다.

③ 동종 사안에서 적용하여야 한다.

3. 한계

동일한 사안이라 하더라도 다른 결정을 하여야 할 공익상 필요가 심히 큰 경우에는 동 법리의 적용이 배제될 수 있으며, 불법에 있어서의 평등대우는 인정되지 않는다.

Ⅲ. 비례의 원칙(과잉조치금지의 원칙)

> **행정기본법 제10조(비례의 원칙)**
>
> 행정작용은 다음 각 호의 원칙에 따라야 한다.
>
> 1. 행정목적을 달성하는 데 유효하고 적절할 것
> 2. 행정목적을 달성하는 데 필요한 최소한도에 그칠 것
> 3. 행정작용으로 인한 국민의 이익 침해가 그 행정작용이 의도하는 공익보다 크지 아니할 것

1. 의의 및 근거

비례의 원칙이란 과잉조치금지의 원칙이라고도 하는데, 행정작용에 있어서 행정목적과 행정수단 사이에는 합리적인 비례관계가 있어야 한다는 원칙을 말한다. 비례의 원칙은 헌법상의 기본권 보장규정, 법치국가원칙, 헌법 제37조 제2항, 행정기본법 제10조에 근거를 두고 있으며, 동 원칙에 반하는 행정작용은 위법하다.

2. 내용(요건)

아래의 적합성의 원칙, 필요성의 원칙, 상당성의 원칙은 단계적 심사구조를 이룬다.

① **적합성의 원칙(행정기본법 제10조 제1호)** : 행정작용은 "행정목적을 달성하는 데 유효하고 적절할 것"을 규정하고 있다. 적합성의 원칙이란 행정은 추구하는 행정목적의 달성에 적합한 수단을 선택하여야 한다는 원칙을 말한다.

② **필요성의 원칙**(최소침해의 원칙)**(행정기본법 제10조 제2호)** : 행정작용은 "행정목적을 달성하는 데 필요한 최소한도에 그칠 것"을 규정하고 있다. 필요성의 원칙이란 적합한 수단이 여러 가지인 경우에 국민의 권리를 최소한으로 침해하는 수단을 선택하여야 한다는 원칙이다.

③ **상당성의 원칙(행정기본법 제10조 제3호)** : "행정작용으로 인한 국민의 이익 침해가 그 행정작용이 의도하는 공익보다 크지 아니할 것"을 규정하고 있다. 상당성의 원칙이란 행정조치를 취함에 따른 불이익이 그것에 의해 달성되는 이익보다 큰 경우에는 그 행정조치를 취해서는 안 된다는 원칙을 말한다.

Ⅳ. 신뢰보호의 원칙

행정기본법 제12조(신뢰보호의 원칙)

① 행정청은 공익 또는 제3자의 이익을 현저히 해칠 우려가 있는 경우를 제외하고는 행정에 대한 국민의 정당하고 합리적인 신뢰를 보호하여야 한다.

1. 의의 및 근거

신뢰보호의 원칙이란 행정기관의 어떠한 적극적 또는 소극적 언동에 대해 국민이 신뢰를 갖고 행위를 한 경우 그 국민의 신뢰가 보호가치 있는 경우에 그 신뢰를 보호하여 주어야 한다는 원칙을 말한다. 신뢰보호원칙의 법적 근거로 법치국가의 한 내용인 법적 안정성을 드는 것이 일반적인 견해이다. 행정기본법 제12조 제1항, 행정절차법 제4조 제2항 및 국세법 제18조 제3항에 실정법상 근거를 두고 있다.

2. 내용(적용요건)

① **행정권의 행사에 관하여 신뢰를 주는 선행조치** : 행정권의 행사에 관하여 공적인 견해표명이 있어야 하며, 상대방인 국민에게 신뢰를 주는 선행조치가 있어야 한다. 여기서 선행조치에 대해 학설은 선행조치에 관하여 법령, 행정규칙, 행정처분, 행정계획 기타 행정청의 명시적, 묵시적, 적극적, 소극적 언동 모두를 포함한다고 본다.

② **보호가치 있는 신뢰** : 관계인에게 책임 있는 귀책사유가 있어서는 안 된다. 행정청의 견해표명의 하자가 상대방 등 관계자의 사실은폐나 그 밖에 사위의 방법에 의한 신청행위 등 부정행위에 기인한 것이거나 그러한 부정행위가 없다 하더라도 하자가 있음을 알았거나 중대한 과실로 알지 못한 경우 등을 의미한다고 해석함이 상당하고, 귀책사유의 유무는 상대방과 그로부터 신청행위를 위임받은 수임인 등 관계자 모두를 기준으로 판단해야 한다.

③ **신뢰에 입각한 사인의 조치(처리)** : 상대방인 국민이 행정기관의 선행조치에 대해 신뢰에 입각하여 어떠한 조치를 취하였어야 한다.

④ **신뢰에 반하는 행정권 행사** : 행정기관이 상대방의 신뢰를 저버리는 행정권 행사를 하였고 그로 인하여 상대방의 권익(구체적 손해 발생)이 침해되어야 한다.

⑤ **인과관계** : 선행조치와 상대방의 처리 사이에 인과관계가 있어야 한다.

3. 한계

신뢰보호의 원칙은 법적 안정성을 위한 것이지만, 법치국가원리의 또 하나의 내용인 행정의 법률적합성의 원리와 충돌되는 문제점을 갖는다. 결국 양자의 충돌은 법적 안정성과 법률적합성의 비교형량에 의해 문제를 해결해야 한다.

4. 관련판례

98두4601(폐기물처리업허가신청에 대한 불허가처분 취소사건)

① 행정청이 개인에 대하여 신뢰의 대상이 되는 공적인 견해표명을 하여야 하고, ② 행정청의 견해표명이 정당하다고 신뢰한 데에 대하여 그 개인에게 귀책사유가 없어야 하며, ③ 그 개인이 견해표명을 신뢰하고 이에 어떠한 행위를 하였어야 하고, ④ 행정청이 위 견해표명에 반하는 처분을 함으로써 그 견해표명을 신뢰한 개인의 이익이 침해되는 결과가 초래되어야 하며, 어떠한 행정처분이 이러한 요건을 충족할 때에는, ⑤ 공익 또는 제3자의 이익을 현저히 해할 우려가 있는 경우가 아닌 한 신뢰보호의 원칙에 반하는 행위로서 위법하게 된다.

Ⅴ. 실권의 원칙(신뢰보호의 원칙에서 파생)

행정기본법 제12조(신뢰보호의 원칙)

② 행정청은 권한 행사의 기회가 있음에도 불구하고 장기간 권한을 행사하지 아니하여 국민이 그 권한이 행사되지 아니할 것으로 믿을 만한 정당한 사유가 있는 경우에는 그 권한을 행사해서는 아니 된다. 다만, 공익 또는 제3자의 이익을 현저히 해칠 우려가 있는 경우는 예외로 한다.

1. 의의 및 근거

실권의 법리란 행정청에게 취소권, 철회권, 영업정지권 등 권리의 행사의 기회가 있음에도 불구하고 행정청이 장기간에 걸쳐 그 권리를 행사하지 아니하였기 때문에 상대방인 국민이 행정청이 그 권리를 행사하지 아니할 것으로 신뢰할 만한 정당한 사유가 있게 되는 경우에는 그 권리를 행사할 수 없다는 법리를 말한다. 실권의 법리는 신뢰보호원칙의 파생법리이며, 동 원칙에 반하는 행정작용은 위법하다. 행정기본법 제12조 제2항에 직접적인 근거를 두고 있다.

2. 내용(요건)

① 행정청이 취소사유나 철회사유를 앎으로써 권리행사 가능성을 알았어야 한다.

② 행정권 행사가 가능함에도 불구하고 행정청이 장기간 권리행사를 하지 않았어야 한다.

③ 상대방인 국민이 행정청이 더 이상 권리를 행사하지 않을 것으로 신뢰하고 그에 대한 정당한 사유가 있어야 한다.

④ 공익 또는 제3자의 이익을 현저히 해칠 우려가 없어야 한다.

Ⅵ. 부당결부금지의 원칙

> **행정기본법 제13조(부당결부금지의 원칙)**
> 행정청은 행정작용을 할 때 상대방에게 해당 행정작용과 실질적인 관련이 없는 의무를 부과해서는 아니 된다.

1. 의의 및 근거

부당결부금지의 원칙이란 행정기관이 행정권을 행사함에 있어 그것과 실질적인 관련이 없는 반대급부를 결부시켜서는 안 된다는 원칙을 말한다. 근거와 관련하여 부당결부금지원칙이 헌법적 효력을 지니는지, 아니면 법률적 효력을 가지는지가 문제되나, 통설은 헌법적 효력을 가진 원칙이라 본다. 동 원칙에 반하는 행정작용은 위법하다. 행정기본법 제13조에 직접적인 근거규정을 두고 있다.

2. 내용(요건)

① 행정기관의 권한행사가 있어야 한다.

② 행정청의 권한행사와 상대방의 반대급부가 결부 또는 의존되어 있어야 한다.

③ 행정청의 권한행사와 반대급부 사이에 실체적 관련성이 없어야 한다.

3. 실체적 관련성의 의미

① 원인적 관련성 : 수익적 내용인 주된 행정행위와 불이익한 의무를 부과하는 부관 사이에 직접적인 인과관계가 있을 것을 요하는 것이다.

② 목적적 관련성 : 행정권한의 수권 목적의 범위 내에서 반대급부가 부과되어야 한다는 것을 의미한다.

4. 부당결부금지의 원칙 적용례 : 사업인정과 기부채납 부관 등

Ⅶ. 성실의무 및 권한남용금지의 원칙

행정기본법 제11조(성실의무 및 권한남용금지의 원칙)
① 행정청은 법령 등에 따른 의무를 성실히 수행하여야 한다.
② 행정청은 행정권한을 남용하거나 그 권한의 범위를 넘어서는 아니 된다.

1. 의의 및 근거

성실의무 및 권한남용금지의 원칙이란 행정청은 법령 등에 따른 의무를 성실히 수행하여야 하고, 행정권한을 남용하거나 그 권한의 범위를 넘어서는 아니 된다는 원칙을 말한다. 법적 근거로는 행정기본법 제11조에서 규율하고 있다.

2. 내용(요건)

① 행정청은 법령 등에 따른 의무를 성실히 수행하여야 한다.

② 행정청은 행정권한을 남용하거나 그 권한의 범위를 넘어서는 아니 된다.

04 절 행정법의 효력

| C급 빈출

행정기본법 제14조(법 적용의 기준)

① 새로운 법령 등은 법령 등에 특별한 규정이 있는 경우를 제외하고는 그 법령 등의 효력 발생 전에 완성되거나 종결된 사실관계 또는 법률관계에 대해서는 적용되지 아니한다.
② 당사자의 신청에 따른 처분은 법령 등에 특별한 규정이 있거나 처분 당시의 법령 등을 적용하기 곤란한 특별한 사정이 있는 경우를 제외하고는 처분 당시의 법령 등에 따른다.
③ 법령 등을 위반한 행위의 성립과 이에 대한 제재처분은 법령 등에 특별한 규정이 있는 경우를 제외하고는 법령 등을 위반한 행위 당시의 법령 등에 따른다. 다만, 법령 등을 위반한 행위 후 법령 등의 변경에 의하여 그 행위가 법령 등을 위반한 행위에 해당하지 아니하거나 제재처분 기준이 가벼워진 경우로서 해당 법령 등에 특별한 규정이 없는 경우에는 변경된 법령 등을 적용한다.

행정기본법 제15조(처분의 효력)

처분은 권한이 있는 기관이 취소 또는 철회하거나 기간의 경과 등으로 소멸되기 전까지는 유효한 것으로 통용된다. 다만, 무효인 처분은 처음부터 그 효력이 발생하지 아니한다.

Ⅰ. 시간적 효력

1. 효력발생시기

행정법령은 시행일로부터 그 효력이 발생한다. 법령을 제정・개정할 때 시행일을 규정함이 일반적이나, 시행일을 규정하지 않은 경우에는 공포한 날로부터 20일이 경과함으로써 효력이 발생한다(법령 등 공포에 관한 법률 제13조). 법령 등의 공포일은 그 법령 등을 게재한 관보 또는 신문이 발행된 날로 한다(동법 제12조).

2. 불소급의 원칙 – 행정기본법 제14조 제1항

> **행정기본법 제14조(법 적용의 기준)**
> ① 새로운 법령 등은 법령 등에 특별한 규정이 있는 경우를 제외하고는 그 법령 등의 효력 발생 전에 완성되거나 종결된 사실관계 또는 법률관계에 대해서는 적용되지 아니한다.

① **소급적용금지의 원칙** : 소급적용금지의 원칙이란 법령은 그 효력이 생긴 때부터 그 후에 발생한 사실에 대해서만 적용된다는 원칙을 말한다.

② **소급입법금지의 원칙** : 소급입법금지의 원칙이란 법령을 이미 종결된 사실관계 또는 법률관계에 적용하는 것으로 입법하는 것은 금지된다는 원칙을 말한다.

③ **소급입법금지 원칙의 예외** : 국민이 소급입법을 예상할 수 있었거나 보호할 만한 신뢰이익이 적은 경우, 그리고 신뢰보호의 요청에 우선하는 심히 중대한 공익상의 사유가 소급입법을 정당화하는 경우 허용될 수 있다.

Ⅱ. 지역적 효력

행정법령의 효력은 해당 법령을 제정한 기관의 권한이 미치는 지역에만 효력을 가지는 것이 원칙이다. 국가의 법령은 대한민국 영토 전역에 걸쳐 효력을 가지고, 지방자치단체의 조례・규칙은 지방자치단체의 관할구역에서 효력을 가진다.

Ⅲ. 대인적 효력

속지주의 원칙상 행정법령은 해당 지역 내의 모든 사람에 적용된다. 여기에는 자연인・법인, 내외국민을 불문한다.

Ⅳ. 행정법 적용의 기준 - 행정기본법 제14조 제2항 및 제3항

당사자의 신청에 따른 처분은 법령 등에 특별한 규정이 있거나 처분 당시의 법령 등을 적용하기 곤란한 특별한 사정이 있는 경우를 제외하고는 처분 당시의 법령 등에 따른다(행정기본법 제14조 제2항).

법령 등을 위반한 행위의 성립과 이에 대한 제재처분은 법령 등에 특별한 규정이 있는 경우를 제외하고는 법령 등을 위반한 행위 당시의 법령 등에 따른다. 다만, 법령 등을 위반한 행위 후 법령 등의 변경에 의하여 그 행위가 법령 등을 위반한 행위에 해당하지 아니하거나 제재처분 기준이 가벼워진 경우로서 해당 법령 등에 특별한 규정이 없는 경우에는 변경된 법령 등을 적용한다(행정기본법 제14조 제3항).

05 절 행정법규정의 흠결과 보충

I C급 빈출

Ⅰ. 문제점

공법관계와 사법관계는 각기 다른 법 · 법원리가 적용된다. 그런데 공법은 통일적 법전이나 총칙규정이 없으므로 법의 흠결이 있게 된다. 이와 같이 행정법관계에 적용할 법규가 없는 경우에 그 흠결을 어떻게 보충할 것인지가 문제된다.

Ⅱ. 행정법규정의 유추적용

성문의 행정법규정에 흠결이 있는 경우에는 우선 유사한 행정법규정(공법규정)을 유추적용하여야 한다. 유추적용이라 함은 적용할 법령이 없는 경우에 유사한 법령규정을 적용하는 것을 말한다.

Ⅲ. 다른 법령 및 법의 일반원칙의 적용

유추적용할 행정법규정이 없는 경우에는 헌법규정 및 법의 일반원칙을 적용할 수 있다. 행정법관계를 규율할 어떠한 공법도 존재하지 않는 경우에는 사법규정을 적용 또는 유추적용할 수 있다.

Ⅳ. 조리의 적용

조리는 최종적인 법원으로서, 행정법관계에 적용할 어떠한 공법이나 사법도 없는 경우 이것을 적용한다. 법원은 적용할 법이 없다는 이유로 재판을 거부할 수 없고, 이 경우에는 조리에 따라 재판하여야 한다.

행정상 법률관계

01 절 행정상 법률관계의 의의 | C급 빈출

행정상 법률관계란 행정에 관한 법률관계로서 행정법상의 권리와 의무를 그 내용으로 하고 있다.

행정상 법률관계는 통상적인 의미에서는 국가 및 공공단체 등의 행정주체와 상대방인 국민 간의 법률관계, 즉 행정작용법적 관계를 의미한다. 그러나 행정상의 법률관계를 광의로 파악할 때에는 행정작용법 관계 외에 행정주체 상호 간의 관계나 행정기관 상호 간의 관계인 행정조직법 관계를 포함한다.

행정조직법 관계는 다시 행정주체 내부에서의 법관계와 행정주체 간의 법관계로 나누어진다.

행정작용법 관계는 공법관계와 사법관계로 나눌 수 있다.

02 절 공법과 사법

I C급 빈출

Ⅰ. 공법과 사법의 구별실익

특정한 법률관계에 적용될 법규 또는 법원리가 법에서 명문으로 규정되어 있지 않은 경우에 적용법규 및 적용법원리의 결정, 소송형식 및 소송절차의 결정에 있어 구별실익이 있다.

Ⅱ. 공법과 사법의 구별기준

1. 학설

① **주체설** : 법률관계의 주체를 기준으로 구별하고자 하는 견해로, 이 설에 의하면 법률관계의 일방 당사자가 행정주체인 경우에는 공법관계로 본다.

② **신주체설**(귀속설) : 공권력의 담당자인 국가 등의 행정주체에 대하여만 권한을 부여하거나 의무를 부과하는 법률관계를 공법관계로 본다.

③ **종속설**(지배관계설, 복종설) : 해당 법률관계가 지배복종관계인 경우에는 공법관계로 본다.

④ **이익설** : 공익목적에 봉사하는 법률관계를 공법관계로 본다.

⑤ **복수기준설** : 앞의 여러 기준을 통하여 공법과 사법을 구별하여야 한다는 견해이다.

2. 검토

각 학설은 모두 공법과 사법을 구별하는 데 필요한 일면의 기준을 제시하고 있으나, 완벽한 기준을 제시하지 못하고 있다. 따라서 상술한 여러 학설들의 일면적 타당성들을 종합하여 이론적 준거점으로 활용함으로써 제도적 구별의 기준을 삼아야 한다.

03 절 행정상 법률관계의 당사자 | C급 빈출

Ⅰ. 행정주체

1. 의의

법률상 자기의 명의로 행정권을 행사하고 자기에게 그 법률효과가 귀속될 경우에 이를 행정주체 또는 행정권의 주체라 한다.

2. 행정주체의 종류

⑴ 국가

국가는 법인격을 가진 법인으로서 행정법관계의 법주체가 된다.

⑵ 공공단체

① **지방자치단체** : 지방자치단체는 국가영토의 일부분인 일정한 지역을 기초로 하여 그 지역 내에 있어 일정한 통치권을 행사하는 단체이다.

② **공공조합** : 특정한 국가목적을 위하여 법적 자격을 가진 사람(조합원)의 결합으로 설립된 사단법인을 공공조합이라 한다.

③ **영조물법인** : 영조물법인이란 행정목적을 달성하기 위하여 설립된 인적·물적 결합체에 공법상의 법인격을 부여한 경우를 말한다.

⑶ 공무수탁사인

공무수탁사인이란 자신의 이름으로 일정한 행정권을 행사할 수 있는 행정주체로서의 사인을 말한다. 공무수탁사인의 예로는 토지수용에 있어서의 사업시행자, 교육법에 의해 학위를 수여하는 사립대학, 공증인 등이 있다.

Ⅱ. 행정객체

행정의 상대방을 행정객체라 하며, 이에는 사인과 공공단체가 있다. 공공단체는 사인에 대한 관계에서 행정주체의 지위에 서게 되지만 국가나 다른 공공단체에 대한 관계에서는 행정객체가 된다.

04 절 행정법관계의 내용(공권) | C급 빈출

Ⅰ. 공권의 의의와 종류

공권이란 공법관계에서 직접 자기를 위하여 일정한 이익을 주장할 수 있는 법률상의 힘을 말한다. 공권에는 국가적 공권과 개인적 공권이 있으며, 행정법에서 통상 공권이라 함은 개인적 공권을 의미한다.

Ⅱ. 개인적 공권

1. 의의

개인적 공권이란 개인이 자신의 이익을 위하여 행정주체에게 일정한 행위(작위 · 부작위 · 급부 · 수인)를 요구할 수 있는 공법상의 힘을 말한다.

2. 개인적 공권의 성립요소

① **강행규범의 존재** : 행정주체에 대해 일정한 행위의무를 부과하는 강행규범이 존재해야 한다.

② **사익보호의 인정** : 해당 행정법규가 공익의 실현과 함께 사익의 보호를 목적으로 하고 있어야 한다. 관련 법규의 목적이 전적으로 공익의 보호만을 향하고 있는 경우, 사익은 반사적 이익에 지나지 않기 때문이다.

Ⅲ. 공권의 확대화 현상

오늘날 복지국가행정에서는 종래의 이론에서는 권리로 평가되지 않았던 것을 법적 이익 내지 재판상 주장할 수 있는 권리로 파악하는 적극적인 시도가 이루어지고 있으며, 이러한 공권의 확대는 여러 측면에서 행해졌다. 반사적 이익의 보호이익화, 제3자 원고적격, 무하자재량행사청구권, 행정개입청구권 등 새로운 주관적 공권의 등장이 그것이다.

Ⅳ. 무하자재량행사청구권

1. 의의

무하자재량행사청구권이란 사인이 행정청에 대하여 재량행사를 하자 없이 행사해 줄 것을 청구할 수 있는 권리를 말한다.

2. 법적 성질

무하자재량행사청구권을 ① 형식적 권리 내지 절차적 권리로 보는 입장과 ② 실체법적 권리로서 형식적 권리(절차적 권리)로 보는 입장, ③ 형식적 권리로 보는 입장 등이 대립된다. 무하자재량행사청구권은 특정한 내용의 처분을 하여 줄 것을 청구하는 권리인 점에서 형식적 권리로 보는 것이 타당하다.

3. 무하자재량행사청구권의 독자적 인정 여부

① **학설** : 무하자재량행사청구권을 독자적 권리로 인정할 필요가 있는가에 관하여 그 권리의 독자적인 존재 의의를 부정하는 견해와 긍정하는 견해가 있다.

② **판례** : 무하자재량행사청구권을 원칙적으로 부정하였으나, 예외적으로 검사임용거부처분취소소송과 관련하여서는 무하자재량행사청구권의 개념을 인정하였다.

③ **검토** : 재량행위에서도 공권이 인정될 수 있다는 것과 인정되는 권리가 어떠한 권리인지를 설명하여 줄 수 있고, 의무이행심판이나 의무이행소송에서 적법재량행사를 명하는 재결이나 판결의 실체법적 근거가 된다는 점에서 그 인정실익이 있으므로 긍정설이 타당하다.

4. 무하자재량행사청구권의 성립요건

무하자재량행사청구권도 공권이므로 공권의 성립요건(강행법규성과 사익보호필요성)과 같다.

5. 무하자재량행사청구권의 행사

무하자재량행사청구권이 인정되는 경우는 행정청에게 그의 재량권을 올바르게 행사하여 처분할 의무가 있고 이에 대응하여 관계 개인은 재량권의 올바른 행사에 근거한 처분을 받을 권리를 갖게 된다. '재량권이 영으로 수축'하는 경우에는 무하자재량행사청구권은 특정한 내용의 처분을 하여 줄 것을 청구할 수 있는 행정행위발급청구권 또는 행정개입청구권으로 전환된다.

6. 무하자재량행사청구권과 원고적격의 관계

무하자재량행사청구권은 재량법규가 사익을 보호하는 경우에 인정되는 실체적 권리이므로 무하자재량행사청구권이 인정되는 경우 원고적격이 인정된다. 다만, 원고적격을 인정하기 위해 무하자재량행사청구권이라는 개념이 반드시 필요한 것은 아니다.

Ⅴ. 행정개입청구권

1. 행정행위발급청구권

개인이 자기의 권익을 위하여 자기에 대하여 일정한 내용의 행정권을 발동하여 줄 것을 청구할 수 있는 권리를 말한다.

2. 협의의 행정개입청구권

(1) 의의

협의의 행정개입청구권이라 함은 어떠한 행정권의 발동이 그 상대방에 대하여는 침해적이고 제3자에 대하여는 수익적인 경우에 그 행정권의 발동으로 이익을 받는 자가 행정청에게 그 상대방에 대한 행정권의 발동을 청구할 수 있는 권리를 말한다.

(2) 성립요건

협의의 행정개입청구권이 인정되려면, ① 행정청에게 개입의무(행정권의 발동의무)가 있어야 하고(강행법규성 및 개입의무), ② 행정권의 발동에 관한 법규가 공익뿐만 아니라 제3자의 사익을 보호하고 있어야 한다(사익보호성).

(3) 권리실현수단

개인의 청구에 대해 행정기관이 이를 거부한 경우에는 그 거부처분에 대해 의무이행심판이나 취소소송을, 이를 방치하는 경우에는 의무이행심판이나 부작위위법확인소송을 통해 이를 소송상 실현할 수 있으며, 국가배상 제기도 가능하다.

05 절 행정법상의 행위(신고)

I B급 빈출

Ⅰ. 신고의 의의

신고라 함은 사인이 행정기관에 일정한 사항에 대하여 알려야 하는 의무가 있는 경우에 그것을 알리는 것을 말한다.

Ⅱ. 신고의 종류 및 구별실익

사인의 공법행위로서의 신고는 자기완결적 신고와 수리를 요하는 신고가 있으며, 양자는 신고수리의 거부처분의 성질에 따라 항고소송의 대상 여부가 결정되는 구별실익이 있다.

Ⅲ. 자기완결적 신고

1. 의의

자기완결적 신고는 신고의 요건을 갖춘 신고만 하면 신고의무를 이행한 것이 되는 신고를 말하며, 자족적 신고라고도 한다. 신고행위 그 자체로 법적 효과를 완성시키는 것이므로 따로 행정청의 수리를 상정하지 않는 개념이다(건축법상의 건축신고).

2. 적법한 신고의 효과

자기완결적 신고의 경우에 적법한 신고가 있으면 행정청의 수리 여부에 관계없이 신고서가 접수기관에 도달한 때에 신고의무가 이행된 것으로 본다(행정절차법 제40조 제2항). 따라서 행정청이 신고서를 접수하지 않고 반려하여도 신고의무는 이행된 것으로 본다.

3. 권리구제

자기완결적 신고의 수리는 단순한 접수행위에 불과하여, 법적 효과를 발생시키지 않는 사실행위이다. 따라서 자기완결적 신고의 수리행위나 수리거부행위는 항고소송이 대상이 되지 않는다.

다만, 건축신고와 같은 금지해제적 신고의 경우에 신고가 반려된 경우 신고의 대상이 되는 행위를 하면 추후에 시정명령, 이행강제금, 벌금 등의 대상이 될 수 있어, 신고인이 법적 불이익을 받을 위험이 있기 때문에 그 위험을 제거할 수 있도록 하기 위하여 신고거부(반려)행위의 처분성을 인정한 판례가 있다(2008두167).

Ⅳ. 수리를 요하는 신고

1. 의의

수리를 요하는 신고는 수리되어야 신고의 효과가 발생하는 신고를 말한다.

2. 적법한 신고의 효과

신고의 요건을 갖춘 신고가 있었다 하더라도 수리되지 않으면 신고가 되지 않은 것으로 보는 것이 다수설과 판례의 입장이다.

3. 대법원 판례(대법원 2010두14954 판결) – 수리를 요하는 신고

건축법에서 인·허가의제 제도를 둔 취지는, 인·허가의제사항과 관련하여 건축허가 또는 건축신고의 관할 행정청으로 그 창구를 단일화하고 절차를 간소화하며 비용과 시간을 절감함으로써 국민의 권익을 보호하려는 것이지, 인·허가의제사항 관련 법률에 따른 각각의 인·허가 요건에 관한 일체의 심사를 배제하려는 것으로 보기는 어렵다. 왜냐하면, 건축법과 인·허가의제사항 관련 법률은 각기 고유한 목적이 있고, 건축신고와 인·허가의제사항도 각각 별개의 제도적 취지가 있으며 그 요건 또한 달리하기 때문이다. 나아가 인·허가의제사항 관련 법률에 규정된 요건 중 상당수는 공익에 관한 것으로서 행정청의 전문적이고 종합적인 심사가 요구되는데, 만약 건축신고만으로 인·허가의제사항에 관한 일체의 요건 심사가 배제된다고 한다면, 중대한 공익상의 침해나 이해관계인의 피해를 야기하고 관련 법률에서 인·허가 제도를 통하여 사인의 행위를 사전에 감독하고자 하는 규율체계 전반을 무너뜨릴 우려가 있다. 또한 무엇보다도 건축신고를 하려는 자는 인·허가의제사항 관련 법령에서 제출하도록 의무화하고 있는 신청서와 구비서류를 제출하여야 하는데, 이는 건축신고를 수리하는 행정청으로 하여금 인·허가의제사항 관련 법률에 규정된

요건에 관하여도 심사를 하도록 하기 위한 것으로 볼 수밖에 없다. 따라서 인·허가의제 효과를 수반하는 건축신고는 일반적인 건축신고와는 달리, 특별한 사정이 없는 한 행정청이 그 실체적 요건에 관한 심사를 한 후 수리하여야 하는 이른바 '수리를 요하는 신고'로 보는 것이 옳다.
(대판 2011.1.20, 2010두14954 전원합의체 판결[건축(신축)신고불가처분취소])

4. 권리구제

수리를 요하는 신고의 경우에 수리는 행정행위의 수리행위이고, 수리거부는 거부처분에 해당하며 항고소송의 대상이 될 수 있다는 것이 일반적인 견해이다.

V. 감정평가사법상 사무소 개설 등(법 제21조) - 신고제 폐지

감정평가 및 감정평가사에 관한 법률 [법률 제13782호, 2016.1.19, 제정]	감정평가 및 감정평가사에 관한 법률 [법률 제18309호, 2021.7.20, 일부개정]
제21조(사무소 개설신고 등) ① 제17조에 따라 등록을 한 감정평가사가 감정평가업을 하려는 경우에는 국토교통부장관에게 감정평가사사무소의 개설신고를 하여야 한다. 신고사항을 변경하거나 감정평가업을 휴업 또는 폐업한 경우에도 또한 같다. ② 다음 각 호의 어느 하나에 해당하는 사람은 제1항에 따른 개설신고를 할 수 없다. 1. 제18조 제1항 각 호의 어느 하나에 해당하는 사람 2. 제32조 제1항(제1호, 제7호 및 제15호는 제외한다)에 따라 설립인가가 취소되거나 업무가 정지된 감정평가법인의 설립인가가 취소된 후 1년이 지나지 아니하였거나 업무정지 기간이 지나지 아니한 경우 그 감정평가법인의 사원 또는 이사였던 사람	제21조(사무소 개설 등) ① 제17조에 따라 등록을 한 감정평가사가 감정평가업을 하려는 경우에는 감정평가사사무소를 개설할 수 있다. 〈개정 2021.7.20〉 ② 다음 각 호의 어느 하나에 해당하는 사람은 제1항에 따른 개설을 할 수 없다. 〈개정 2021.7.20〉 1. 제18조 제1항 각 호의 어느 하나에 해당하는 사람 2. 제32조 제1항(제1호, 제7호 및 제15호는 제외한다)에 따라 설립인가가 취소되거나 업무가 정지된 감정평가법인의 설립인가가 취소된 후 1년이 지나지 아니하였거나 업무정지 기간이 지나지 아니한 경우 그 감정평가법인의 사원 또는 이사였던 사람 3. 제32조 제1항(제1호 및 제7호는 제외한다)에 따라 업무가 정지된 감정평가사로서 업무정지 기간이 지나지 아니한 사람

3. 제32조 제1항(제1호 및 제7호는 제외한다)에 따라 업무가 정지된 감정평가사로서 업무정지 기간이 지나지 아니한 사람 ③ 감정평가사는 그 업무를 효율적으로 수행하고 공신력을 높이기 위하여 필요한 경우에는 대통령령으로 정하는 수 이상의 감정평가사로 구성된 합동사무소를 설치할 수 있다. ④ 감정평가사는 감정평가업을 하기 위하여 1개의 사무소만을 설치할 수 있다. ⑤ 감정평가사사무소에는 소속 감정평가사를 둘 수 있다. 이 경우 소속 감정평가사는 제18조 제1항 각 호의 어느 하나에 해당하는 사람이 아니어야 하며, 감정평가사사무소의 개설신고를 한 감정평가사는 소속 감정평가사가 아닌 사람에게 제10조에 따른 업무를 하게 하여서는 아니 된다. ⑥ 감정평가사사무소의 개설신고 절차 및 그 밖에 필요한 사항은 대통령령으로 정한다.	③ 감정평가사는 그 업무를 효율적으로 수행하고 공신력을 높이기 위하여 합동사무소를 대통령령으로 정하는 바에 따라 설치할 수 있다. 이 경우 합동사무소는 대통령령으로 정하는 수 이상의 감정평가사를 두어야 한다. 〈개정 2021.7.20〉 ④ 감정평가사는 감정평가업을 하기 위하여 1개의 사무소만을 설치할 수 있다. ⑤ 감정평가사사무소에는 소속 감정평가사를 둘 수 있다. 이 경우 소속 감정평가사는 제18조 제1항 각 호의 어느 하나에 해당하는 사람이 아니어야 하며, 감정평가사사무소를 개설한 감정평가사는 소속 감정평가사가 아닌 사람에게 제10조에 따른 업무를 하게 하여서는 아니 된다. 〈개정 2021.7.20〉 ⑥ 삭제 〈2021.7.20〉 [제목개정 2021.7.20]

PART

02

행정작용법

행정입법

01 절 법규명령

| A급 빈출

Ⅰ. 법규명령의 의의

법규명령이라 함은 행정권이 제정하는 일반적・추상적 명령으로서 법규의 성질을 가지는 것을 말한다. 실무에서는 통상 명령이라는 용어를 사용하며, 법규명령은 행정권이 제정하는 법인 점에서 행정입법이라고도 부른다.

Ⅱ. 법규명령의 근거

헌법 제76조는 대통령의 긴급명령 및 긴급재정・경제명령의 근거를, 제75조는 대통령령(위임명령과 집행명령)의 근거를, 제95조는 총리령과 부령(위임명령과 집행명령)의 근거를 두고 있다.

Ⅲ. 법규명령의 종류

① 수권의 근거에 따른 분류로, 법률 또는 상위명령의 위임에 의해 제정되는 위임명령과, 상위법령의 집행을 위하여 필요한 사항의 법령의 위임 없이 직권으로 발하는 집행명령이 있다.

② 권한의 소재를 근거에 따른 분류로 대통령령이 제정하는 명령인 대통령령(시행령), 총리가 발하는 명령인 총리령(시행규칙), 행정각부의 장이 발하는 명령인 부령(시행규칙)이 있다.

Ⅳ. 법규명령의 한계

1. 위임명령의 한계

(1) 수권의 한계(포괄위임의 금지)

법률의 명령에 대한 수권은 일반적이고 포괄적인 위임은 금지되며, 구체적인 위임이어야 한다. 따라서 수권법률의 규정만으로 누구라도 위임명령에 규정될 내용을 대강 예측할 수 있어야 한다.

(2) 위임명령의 제정상 한계

위임명령은 수권의 범위 내에서 제정되어야 하며, 수권의 범위를 일탈하거나 상위법령에 위반하여서는 안 된다.

2. 집행명령의 한계

집행명령은 상위법령의 집행에 필요한 절차나 형식을 정하는 데 그쳐야 하며, 새로운 법규사항을 정하여서는 안 된다. 집행명령은 새로운 법규사항을 규정하지 않으므로 법령의 수권 없이 제정될 수 있다.

Ⅴ. 법규명령의 사법적 통제

1. 의의

행정입법에 대한 사법적 통제라 함은 사법기관인 법원 및 헌법재판소에 의한 통제를 말한다.

2. 구체적 규범통제(법원에 의한 통제)

(1) 의의 및 대상

구체적 규범통제란 처분을 소송으로 다투면서 위법성의 근거로, 처분의 근거가 된 법규명령의 위헌・위법을 주장하는 것으로, 구체적 규범통제의 대상은 명령과 규칙이다.

(2) 통제의 효력

1) 학설

① **개별적 효력설** : 위헌인 법규명령은 해당 사건에서만 효력이 배제된다는 견해이다.

② **일반적 효력설** : 일반적으로 해당 법규명령이 무효가 된다는 견해이다.

2) 판례

명령・규칙이 위헌인 경우 무효라고 판시하였으나, 효력범위에 대해서는 불분명한 입장이다. 단, 해당 사건에서는 배제하는 입장이다.

3) 검토

위헌인 법률이 다른 사건에 불합리하게 적용되는 것을 방지하기 위해 관보 등을 통해 일반대중에게 이를 알릴 필요성이 인정된다.

02 절 행정규칙

I A급 빈출

Ⅰ. 의의

행정규칙이라 함은 행정조직 내부에서의 행정의 사무처리기준으로서 제정된 일반적·추상적 규범을 말한다. 실무에서의 훈령·통첩·예규 등이 행정규칙에 해당한다.

Ⅱ. 행정규칙의 외부적 구속력과 법적 성질

1. 학설

① **긍정설** : 행정규칙은 내부공무원을 구속하고 국가기관이 제정한 법률로 대외적 구속력을 인정하는 견해이다.

② **부정설** : 행정규칙은 단순 내부사무처리규정으로 대외적 구속력을 부정하는 견해이다.

2. 판례

판례는 원칙상 행정규칙을 행정청 내부사무처리규정으로 보아 대외적 구속력을 부정하였다. 감정평가실무기준의 법규성에 대하여 판례(대법원 2013두4620 판결)는 법규성이 없는 것으로 판시하고 있다.

> 감정평가에 관한 규칙에 따른 '감정평가 실무기준'(2013.10.22. 국토교통부 고시 제2013-620호)은 감정평가의 구체적 기준을 정함으로써 감정평가업자가 감정평가를 수행할 때 이 기준을 준수하도록 권장하여 감정평가의 공정성과 신뢰성을 제고하는 것을 목적으로 하는 것이고, 한국감정평가업협회가 제정한 '토지보상평가지침'은 단지 한국감정평가업협회가 내부적으로 기준을 정한 것에 불과하여 어느 것도 일반 국민이나 법원을 기속하는 것이 아니다(대판 2010.3.25, 2009다97062 판결 등 참조)(대판 2014.6.12, 2013두4620 판결).

3. 검토

상위법률의 위임 없는 행정청의 법률 입법은 3권분립 위반으로, 행정규칙의 대외적 구속력을 부정하는 것이 타당하다. 다만 재량준칙의 경우 자기구속의 원칙을 매개로 하여 간접적으로 대외적 구속력을 갖는다.

03 절 법규명령 형식의 행정규칙 | A급 빈출

Ⅰ. 의의

법규명령의 형식을 취하고 있지만 그 내용이 행정규칙의 실질을 가지는 것을 법규명령 형식의 행정규칙이라 한다.

Ⅱ. 법적 성질

1. 문제점

제재적 처분기준이 법규명령의 형식으로 제정되었으나, 실질이 행정규칙인 경우 대외적 구속력 인정 여부가 문제된다.

2. 학설

① **법규명령설** : 규범의 형식을 중시하고, 국민의 법적 안정성과 예측가능성 등을 고려하여 그 실질이 법규로서의 성질을 지니게 된다고 보는 견해이다.

② **행정규칙설** : 규범의 실질과 구체적 타당성을 중시하여 행정규칙으로 보는 견해이다.

③ **수권여부기준설** : 상위법령의 수권이 있는지 여부에 따라 판단하는 견해이다.

3. 판례

① (구)식품위생법 시행규칙(부령)상 제재적 처분기준은 행정규칙으로 보아 법규성을 부정하였다.

② (구)청소년보호법 시행령(대통령령)상 과징금처분기준을 법규명령으로 보면서 그 처분기준은 최고한도로 보아 법규성을 긍정하였다.

4. 검토

부령의 경우에도 국민의 권리·의무에 영향을 주며 절차, 내용상 법규성을 인정할 필요가 있다. 따라서 상위법률의 구체적 타당성에 기여하는 바 법규성을 인정하는 것이 타당하다.

04 절 법령보충적 행정규칙 | A급 빈출

Ⅰ. 의의 및 인정 여부

법령보충적 행정규칙이란 법령의 위임에 의해 법령을 보충하는 법규사항을 정하는 행정규칙을 말한다. 법령보충적 행정규칙이라는 입법형식을 인정하는 것이 헌법상 가능한지에 관하여 견해의 대립이 있다.

Ⅱ. 법적 성질

1. 학설

① **형식설**(행정규칙설) : 행정규칙 형식은 헌법에 규정된 법규의 형식이 아니므로 행정규칙으로 보아야 한다는 견해이다.

② **실질설**(법규명령설) : 이는 실질적으로 법의 내용을 보충함으로써 국민에게 직접적인 영향을 미치는 법규명령으로 보아야 한다는 견해이다.

③ **규범구체화설** : 행정규칙과는 달리 상위규범을 구체화하는 내용의 행정규칙이므로 법규성을 긍정해야 한다는 견해이다.

④ **위헌무효설** : 헌법에 명시된 법규명령은 대통령령, 총리령, 부령만을 인정하고 있으므로 행정규칙 형식의 법규명령은 헌법에 위반되어 위헌무효라는 견해이다.

⑤ **법규명령의 효력을 갖는 행정규칙설** : 법규와 같은 효력을 인정하더라도 행정규칙의 형식으로 제정되어 있으므로 법적 성질은 행정규칙으로 보는 견해이다.

2. 판례

판례는 국세청장훈령의 재산세사무처리규정은 상위법인 소득세법 시행령과 결합하여 법규성을 갖는다고 판시하였다. 토지가격비준표는 집행명령인 개별토지합동조사지침과 더불어 법령보충적 구실을 하는 법규적 성질을 갖는 것으로 보아야 한다고 판시하여 법규성을 인정하였다.

구 지가공시 및 토지 등의 평가에 관한 법률(1995.12.29. 법률 제5108호로 개정되기 전의 것) 제10조 제2항에 근거하여 건설부장관이 표준지와 지가산정 대상 토지의 지가형성요인에 관한 표준적인 비교표로서 매년 관계 행정기관에 제공하는 토지가격비준표는 같은 법 제10조의 시행을 위한 집행명령인 개별토지가격합동조사지침과 더불어 법률보충적인 구실을 하는 법규적 성질을 가지고 있는 것으로 보아야 할 것인바, …
(대판 1998.5.26, 96누17103 판결)
공익사업을 위한 토지 등의 취득 및 보상에 관한 법률(이하 '공익사업법'이라 한다) 제68조 제3항은 협의취득의 보상액 산정에 관한 구체적 기준을 시행규칙에 위임하고 있고, 위임 범위 내에서 공익사업을 위한 토지 등의 취득 및 보상에 관한 법률 시행규칙 제22조는 토지에 건축물 등이 있는 경우에는 건축물 등이 없는 상태를 상정하여 토지를 평가하도록 규정하고 있는데, 이는 비록 행정규칙의 형식이나 공익사업법의 내용이 될 사항을 구체적으로 정하여 내용을 보충하는 기능을 갖는 것이므로, 공익사업법 규정과 결합하여 대외적인 구속력을 가진다.
(대판 2012.3.29, 2011다104253 판결)

3. 검토

법령보충적 행정규칙은 법령의 위임을 받아 제정되는 것으로, 수권법령과 결합하여 대외적 구속력을 지니므로 상위법령의 위임이 있는 경우 법규성을 인정함이 타당하다.

행정행위

01 절 행정행위의 개념 I C급 빈출

Ⅰ. 행정행위의 개념

행정행위란 행정청이 구체적인 사실에 대한 법집행으로서 행하는 외부에 대하여 직접적·구체적인 법적 효과를 발생시키는 권력적 단독행위인 공법행위를 말한다.

Ⅱ. 행정행위의 개념요소 = 강학상 개념

1. 행정청의 행위
2. 구체적 사실에 관한 법집행 행위
3. 권력적 단독행위
4. 공법행위

Ⅲ. 행정기본법상 처분과 제재처분 = 실무상 개념

> 행정기본법 제2조 제4호 : "처분"이란 행정청이 구체적 사실에 관하여 행하는 법 집행으로서 공권력의 행사 또는 그 거부와 그 밖에 이에 준하는 행정작용을 말한다.
> 행정기본법 제2조 제5호 : "제재처분"이란 법령 등에 따른 의무를 위반하거나 이행하지 아니하였음을 이유로 당사자에게 의무를 부과하거나 권익을 제한하는 처분을 말한다. 다만, 제30조 제1항 각 호에 따른 행정상 강제는 제외한다.

02 절 행정행위의 분류

| C급 빈출

Ⅰ. 법률행위적 행정행위

1. 명령적 행위

① **하명** : 하명이란 행정청이 국민에게 작위, 부작위, 급부 또는 수인의무를 명하는 행위를 말한다. 이 중 부작위의무를 명하는 행위를 금지라 한다.

② **허가** : 허가란 법령에 의한 자연적 자유에 대한 상대적 금지를 일정한 요건을 갖춘 경우 해제하여 일정한 행위를 적법하게 할 수 있게 하는 행정행위를 말한다.

③ **면제** : 면제란 법령에 의해 정해진 작위의무, 급부의무 또는 수인의무를 해제해 주는 행정행위를 말한다.

2. 형성적 행위

① **특허** : 특허란 상대방에게 직접 권리, 능력, 법적지위, 포괄적 법률관계를 설정하는 행위를 말한다.

② **인가** : 인가란 타인의 법률적 행위를 보충하여 그 법률적 효력을 완성시켜 주는 행정행위를 말한다.

③ **공법상 대리** : 공법상 대리란 제3자가 하여야 할 행위를 행정기관이 대신하여 행함으로써 제3자가 스스로 행한 것과 같은 효과를 발생시키는 형성행위를 말한다.

Ⅱ. 준법률행위적 행정행위

① **확인** : 확인이란 특정한 사실 또는 법률관계의 존부 또는 정부에 관하여 의문이 있거나 다툼이 있는 경우에 행정청이 이를 공권적으로 확인하는 행위를 말한다.

② **공증** : 공증이란 특정한 사실 또는 법률관계의 존재를 공적으로 증명하는 행정행위를 말한다.

③ **통지** : 통지란 특정인 또는 불특정 다수인에게 특정한 사실을 알리는 행정행위를 말한다.

④ **수리** : 수리란 타인의 행위를 행정청이 적법한 행위로 받아들이는 행위를 말한다.

이처럼 간이한 절차만을 거치는 협의 성립의 확인에, 원시취득의 강력한 효력을 부여함과 동시에 사법상 매매계약과 달리 협의 당사자들이 사후적으로 그 성립과 내용을 다툴 수 없게 한 법적 정당성의 원천은 사업시행자와 토지소유자 등이 진정한 합의를 하였다는 데에 있다. 여기에 공증에 의한 협의 성립 확인 제도의 체계와 입법 취지, 그 요건 및 효과까지 보태어 보면, 토지보상법 제29조 제3항에 따른 협의 성립의 확인 신청에 필요한 동의의 주체인 토지소유자는 협의 대상이 되는 '토지의 진정한 소유자'를 의미한다. 따라서 사업시행자가 진정한 토지소유자의 동의를 받지 못한 채 단순히 등기부상 소유명의자의 동의만을 얻은 후 관련 사항에 대한 공증을 받아 토지보상법 제29조 제3항에 따라 협의 성립의 확인을 신청하였음에도 토지수용위원회가 신청을 수리하였다면, 수리 행위는 다른 특별한 사정이 없는 한 토지보상법이 정한 소유자의 동의 요건을 갖추지 못한 것으로서 위법하다. 진정한 토지소유자의 동의가 없었던 이상, 진정한 토지소유자를 확정하는 데 사업시행자의 과실이 있었는지 여부와 무관하게 그 동의의 흠결은 위 수리 행위의 위법사유가 된다. 이에 따라 진정한 토지소유자는 수리 행위가 위법함을 주장하여 항고소송으로 취소를 구할 수 있다.
(대판 2018.12.13, 2016두51719 판결[협의성립확인신청수리처분취소])

03 절 행정행위의 부관

I A급 빈출

행정기본법 제17조(부관)

① 행정청은 처분에 재량이 있는 경우에는 부관(조건, 기한, 부담, 철회권의 유보 등을 말한다. 이하 이 조에서 같다)을 붙일 수 있다.
② 행정청은 처분에 재량이 없는 경우에는 법률에 근거가 있는 경우에 부관을 붙일 수 있다.
③ 행정청은 부관을 붙일 수 있는 처분이 다음 각 호의 어느 하나에 해당하는 경우에는 그 처분을 한 후에도 부관을 새로 붙이거나 종전의 부관을 변경할 수 있다.
1. 법률에 근거가 있는 경우
2. 당사자의 동의가 있는 경우
3. 사정이 변경되어 부관을 새로 붙이거나 종전의 부관을 변경하지 아니하면 해당 처분의 목적을 달성할 수 없다고 인정되는 경우

④ 부관은 다음 각 호의 요건에 적합하여야 한다.
1. 해당 처분의 목적에 위배되지 아니할 것
2. 해당 처분과 실질적인 관련이 있을 것
3. 해당 처분의 목적을 달성하기 위하여 필요한 최소한의 범위일 것

Ⅰ. 부관의 개념

행정행위의 부관이란 행정행위의 효과를 제한하거나 보충하기 위하여 주된 규율에 부가된 종된 규율을 말한다.

Ⅱ. 재량처분과 부관, 부관의 종류(행정기본법 제17조 제1항)

행정청은 처분에 재량이 있는 경우에는 부관을 붙일 수 있다(행정기본법 제17조 제1항).

1. 조건

조건이란 행정행위의 효과의 발생 또는 소멸을 장래의 불확실한 사실에 의존케 하는 부관을 말한다. 조건은 효력의 발생에 관한 정지조건과 소멸에 관한 해제조건으로 구분된다.

2. 기한

기한이란 행정행위의 효과의 발생·소멸 또는 계속을 시간적으로 정한 부관을 말한다. 기한에는 시기, 종기, 기간 등이 있다.

3. 부담

부담이란 행정행위의 주된 내용에 부가하여 그 행정행위의 상대방에게 작위, 부작위, 급부, 수인 등의 의무를 부과하는 부관을 말한다. 부담은 그 자체가 행정행위의 성질을 가지고 있으므로 부담만이 항고소송의 대상이 될 수 있다.

4. 철회권유보

철회권유보란 장래의 일정한 사유가 발생하는 경우에는 그 행정행위를 철회할 수 있음을 정한 부관을 말한다.

Ⅲ. 부관의 한계

1. 부관의 가능성

종래에는 기속행위는 부관의 부착이 불가능하나 재량행위에는 가능하다고 보았다. 행정기본법 제17조 제2항은 "행정청은 처분에 재량이 없는 경우에는 법률에 근거가 있는 경우에 부관을 붙일 수 있다."고 규정한다. 처분에 재량이 없는 경우란 기속처분을 말한다. 따라서 행정기본법 제17조 제2항은 기속행위의 경우에는 법률에 근거가 있는 경우에 부관을 붙일 수 있다는 것을 규정하고 있는 셈이다.

2. 부관의 내용상 한계(위법성 검토)

① 부관은 법령에 위배되지 않는 범위 내에서 붙일 수 있으며, ② 행정행위의 목적에 위배하여 붙일 수 없으며, ③ 평등원칙, 비례원칙, 행정권한의 부당결부금지원칙 등 법의 일반원칙에 위배하여 붙일 수 없다. 또한 ④ 부관은 이행 가능하여야 하며, ⑤ 주된 행정행위의 본질적 효력을 해하지 않는 한도의 것이어야 한다(대법원 89누6808).

3. 사후부관, 부관의 사후변경(행정기본법 제17조 제3항)

행정기본법 제17조 제3항 – 사후부관, 부관의 사후변경

③ 행정청은 부관을 붙일 수 있는 처분이 다음 각 호의 어느 하나에 해당하는 경우에는 그 처분을 한 후에도 부관을 새로 붙이거나 종전의 부관을 변경할 수 있다.

1. 법률에 근거가 있는 경우
2. 당사자의 동의가 있는 경우
3. 사정이 변경되어 부관을 새로 붙이거나 종전의 부관을 변경하지 아니하면 해당 처분의 목적을 달성할 수 없다고 인정되는 경우

Ⅳ. 독립쟁송 가능성 및 쟁송형태(소송요건의 문제)

1. 학설

① 부담만의 독립쟁송 가능성을 인정하는 견해 : 부담인 경우에는 그 자체로 행정행위의 성격을 갖고 있기 때문에 독립하여 쟁송대상이 되나, 그 외의 부관은 행정행위가 아니므로 쟁송대상이 될 수 없고 부관부 행정행위 전체를 소의 대상으로 해야 한다는 견해이다.

② 분리가능성설 : 부관이 분리가능한 경우에는 독립하여 쟁송의 대상이 되나, 부관이 주된 행정행위의 본질적인 일부를 이루고 있는 한, 부관부 행정행위 전체를 소의 대상으로 해야 한다는 견해이다.

③ 모든 부관 가능성설 : 부관의 위법성이 존재하는 한 그 종류를 불문하여 소의 이익이 있다면 모든 부관에 대하여 독립하여 쟁송을 제기할 수 있다는 견해이다.

2. 판례

판례는 부담과 그 외의 부관을 구별하여, 부담은 독립쟁송 가능하나, 그 외의 부관은 주된 행정행위와 불가분적 요소를 이루고 있기 때문에 독립하여 쟁송의 대상이 될 수 없고, 부관부 행정행위 전체를 대상으로 하여야 한다고 판시하였다.

3. 검토

부담은 독립된 처분이므로 진정(또는 부진정)일부취소소송으로 다투고, 그 외의 부관에 대한 판례의 입장을 따를 경우 수익적 행정행위 자체도 상실하는 결과를 가져오거나 원고의 권리보호가 우회적이라는 점에서 문제점이 있는바, 부진정일부취소소송의 형태를 제기해야 한다는 견해가 타당하다.

Ⅴ. 독립취소가능성(본안판단의 문제)

1. 학설

① **기속행위와 재량행위 구별설** : 기속행위와 재량행위를 구별하여 기속행위에만 독립취소가능성을 인정하는 견해이다.

② **분리가능성설** : 부관이 주된 행정행위의 본질적인 부분인지에 따라 판단하고, 분리가 가능하다면 독립취소가 가능하다는 견해이다.

③ **전부가능성설** : 위법한 모든 부관에 있어 부관만 취소가 가능하다는 견해이다.

2. 판례

판례는 부관이 본질적인 부분인 경우 독립쟁송가능성 자체를 인정하지 않으므로 독립취소가능성의 문제는 제기되지 않는다. 판례에 의하면 독립쟁송가능성이 인정되는 경우(부담의 경우) 독립취소가 가능하지만 그렇지 않은 경우에는 분리가능성, 중요요소인지 여부를 가지고 판단한다.

3. 검토

국민의 권익구제와 행정목적의 실현을 적절히 조절하기 위해서, 부관이 주된 행정행위의 본질적인 부분인지에 따라 독립취소가능성을 판단하는 분리가능성설이 타당하다.

04 절 행정행위의 효력

| B급 빈출

Ⅰ. 공정력과 구성요건적 효력

1. 공정력

공정력이란 행정행위가 무효가 아닌 한 상대방 또는 이해관계인은 행정행위가 권한 있는 기관에 의해 취소되기까지는 그의 효력을 부인할 수 없다는 힘을 말한다. 이는 당사자를 구속하는 효력을 지닌다.

2. 구성요건적 효력

구성요건적 효력이란 유효한 행정행위가 존재하는 한 모든 행정기관과 법원은 처분의 존재 및 그 효과를 인정해야 함을 의미하며, 이는 타 기관을 구속하는 효력을 지닌다.

3. 공정력, 구성요건적 효력과 선결문제

선결문제란 행정행위의 적법 내지 효력 유무를 항고소송의 관할법원 이외의 법원, 즉 민사법원과 형사법원이 심리·판단할 수 있는지의 문제이다. 종래의 학설은 이를 공정력과 관련하여 언급하여 왔으나, 이는 다른 국가기관에 대한 구속력이란 점에서 구성요건적 효력과 관련하여 다루어질 문제라 보기에 이하 선결문제는 구성요건적 효력의 문제로 논한다.

Ⅱ. 선결문제

1. 의의 및 논의의 배경

선결문제란 처분 등의 효력 유무 또는 위법 여부가 판결의 전제가 되는 문제이다. 행정소송법 제11조 제1항은 처분의 효력 유무 또는 존재 여부에 대해서 민사소송에서 선결문제로 심리 가능하다는 점을 규정하고 있으나, 행정행위의 하자가 취소사유에 불과한 경우에는 이에 관한 명문규정이 없기 때문에 해석론에 의거하여 판단하여야 한다.

2. 민사사건과 선결문제

(1) 행정행위의 위법 여부가 쟁점인 경우(국가배상청구소송)

1) 학설

① 부정설은 행정소송법 제11조를 제한적으로 해석하여 구성요건적 효력은 행정행위의 적법성 추정력을 의미하므로 민사법원은 행정행위의 위법성을 판단할 수 없다는 견해이며, ② 긍정설은 행정소송법 제11조를 예시적으로 해석하여 구성요건적 효력은 유효성의 통용력을 의미하므로 해당 행정행위의 위법성을 판단할 수 있다는 견해이다.

2) 판례

계고처분이 위법임을 이유로 손해배상을 청구한 사안에서 미리 그 행정처분의 취소판결이 있어야만 손해배상을 청구할 수 있는 것은 아니라고 판시하여 긍정설의 입장을 취하고 있다.

3) 검토

민사법원이 위법성을 확인해도 행정행위의 효력을 부정하는 것이 아니므로 긍정설이 타당하다.

(2) 행정행위의 효력 유무가 쟁점인 경우(부당이득청구소송)

1) 학설

무효인 행정행위는 구성요건적 효력이 없어 민사법원은 선결문제가 무효임을 전제로 본안판단이 가능하다는 것이 학설과 판례의 입장이다. 그러나 단순위법(취소사유)인 경우에는 민사법원은 위법성을 판단할 수 있으나 행정행위의 구성요건적 효력으로 인해 행정행위의 효력을 부인할 수 없다고 본다.

2) 판례

과세처분의 하자가 취소할 수 있는 정도에 불과할 때, 과세청이 이를 스스로 취소하거나, 항고소송으로 취소되지 않는 한 부당이득이라 할 수 없다고 판시하였다.

3. 형사사건과 선결문제

(1) 문제점

행정행위의 무효 시 형사법원의 판단이 가능하다. 그러나 취소사유인 경우 효력부인이 가능한지 여부가 문제된다.

(2) 학설

① 긍정설은 신속한 권리구제 및 형사사건의 특성상 국민의 권익보호를 위해 효력을 인정하는 견해이며, ② 부정설은 행정행위의 구성요건적 효력으로 인해 효력을 부인할 수 없다는 견해이다.

(3) 판례 및 검토

미성년자에 대한 운전면허 발급은 취소 전까지 무면허 운전이라고 볼 수 없다고 판시하여, 판례는 부정설의 입장을 취하고 있다. 이러한 판례의 부정설은 일면 타당하지만, 형사소송과 관련하여 신속한 권리구제를 통해 인권을 충분하게 보장하기 위해서는 긍정하는 것이 타당하다.

05 절 행정행위의 하자

I A급 빈출

Ⅰ. 무효와 취소의 구별

1. 학설

① **중대명백설** : 중대명백설이란 행정행위의 하자의 내용이 중대하고, 그 하자가 외관상 명백한 때에는 해당 행정행위는 무효가 되고, 그중 어느 한 요건이라도 결여한 경우에는 취소할 수 있는 데 그친다고 하는 견해이다.

② **조사의무설** : 기본적으로 중대명백설의 입장이지만, 하자의 명백성을 완화하여 무효사유를 넓히는 견해이다.

③ **명백성보충요건설** : 하자의 중대성을 원칙으로 하고, 제3자나 공공의 신뢰보호가 있는 경우 보충적으로 명백성을 요구하는 견해이다.

④ **중대설** : 행정행위에 중대한 하자만 있으면 무효가 되고, 명백성은 무효요건이 아니라고 보는 견해이다.

⑤ **구체적 가치형량설** : 구체적 사안마다 구체적, 개별적으로 이익형량하여 무효 또는 취소 여부를 결정하여야 한다는 견해이다.

2. 판례

판례는 행정처분이 당연무효가 되기 위하여는 그 하자가 법규의 중요한 부분을 위반한 중대한 것으로서 객관적으로 명백한 것이어야 하며, 하자가 중대하고 명백한 것인지 여부를 판별함에 있어서는 그 법규의 목적, 의미, 기능 등을 목적론적으로 고찰함과 동시에 구체적 사안 자체의 특수성에 관하여도 합리적으로 고찰함을 요한다고 판시하여 중대명백설을 취한다.

3. 검토

법적 안정성 및 국민의 권리구제를 조화롭게 고려하는 측면에서 중대명백설이 타당하다.

Ⅱ. 하자의 승계

1. 의의

하자의 승계란 일련의 행정행위에서 선행 행정행위의 위법을 이유로 적법한 후행행위의 위법을 주장할 수 있는 것을 말한다. 불가쟁력이 발생한 경우 국민의 권리보호와 재판받을 권리를 보장하기 위한 취지로 인정된다.

2. 전제요건

① 선·후행행위가 모두 항고대상의 처분일 것

② 선행행위의 위법이 취소사유에 해당할 것

③ 후행행위는 적법해야 할 것

④ 선행행위에 대한 불가쟁력이 발생할 것

3. 하자의 승계 인정 여부

(1) 학설

① **전통적 승계론** : 선행행위와 후행행위가 결합하여 동일한 하나의 법률효과를 목적으로 하는 경우에는 하자승계를 긍정하고, 서로 다른 법률효과를 목적으로 하는 경우에는 하자승계를 부정한다.

② **구속력이론** : 선행행위의 불가쟁력이 대물적, 대인적, 시간적 한계와 예측가능성·수인가능성 한도 내에서는 후행행위를 구속하므로 하자승계가 부정된다. 선행처분의 구속력이 후행처분을 구속하나 예외적으로 예측가능성·수인가능성이 없다면 그 구속력은 소멸되고 인정되지 않는다.

(2) 판례

판례는 목적의 동일성 유무로 전통적 견해에 입각하여 판단하는 듯하나 별개의 법률효과를 목적으로 하는 경우에도 예측가능성·수인가능성이 없는 경우에 한하여 하자승계를 긍정하여 개별사안의 구체적 타당성을 고려하고 있다.

가. 두 개 이상의 행정처분이 연속적으로 행하여지는 경우 선행처분과 후행처분이 서로 결합하여 1개의 법률효과를 완성하는 때에는 선행처분에 하자가 있으면 그 하자는 후행처분에 승계되므로 선행처분에 불가쟁력이 생겨 그 효력을 다툴 수 없게 된 경우에도 선행처분의 하자를 이유로 후행처분의 효력을 다툴 수 있는 반면 선행처분과 후행처분이 서로 독립하여 별개의 법률효과를 목적으로 하는 때에는 선행처분에 불가쟁력이 생겨 그 효력을 다툴 수 없게 된 경우에는 선행처분의 하자가 중대하고 명백하여 당연무효인 경우를 제외하고는 선행처분의 하자를 이유로 후행처분의 효력을 다툴 수 없는 것이 원칙이나 선행처분과 후행처분이 서로 독립하여 별개의 효과를 목적으로 하는 경우에도 선행처분의 불가쟁력이나 구속력이 그로 인하여 불이익을 입게 되는 자에게 수인한도를 넘는 가혹함을 가져오며, 그 결과가 당사자에게 예측가능한 것이 아닌 경우에는 국민의 재판받을 권리를 보장하고 있는 헌법의 이념에 비추어 선행처분의 후행처분에 대한 구속력은 인정될 수 없다.

나. 개별공시지가결정은 이를 기초로 한 과세처분 등과는 별개의 독립된 처분으로서 서로 독립하여 별개의 법률효과를 목적으로 하는 것이나, 개별공시지가는 이를 토지소유자나 이해관계인에게 개별적으로 고지하도록 되어 있는 것이 아니어서 토지소유자 등이 개별공시지가결정 내용을 알고 있었다고 전제하기도 곤란할 뿐만 아니라 결정된 개별공시지가가 자신에게 유리하게 작용될 것인지 또는 불이익하게 작용될 것인지 여부를 쉽사리 예견할 수 있는 것도 아니며, 더욱이 장차 어떠한 과세처분 등 구체적인 불이익이 현실적으로 나타나게 되었을 경우에 비로소 권리구제의 길을 찾는 것이 우리 국민의 권리의식임을 감안하여 볼 때 토지소유자 등으로 하여금 결정된 개별공시지가를 기초로 하여 장차 과세처분 등이 이루어질 것에 대비하여 항상 토지의 가격을 주시하고 개별공시지가결정이 잘못된 경우 정해진 시정절차를 통하여 이를 시정하도록 요구하는 것은 부당하게 높은 주의의무를 지우는 것이라고 아니할 수 없고, 위법한 개별공시지가결정에 대하여 그 정해진 시정절차를 통하여 시정하도록 요구하지 아니하였다는 이유로 위법한 개별공시지가를 기초로 한 과세처분 등 후행 행정처분에서 개별공시지가결정의 위법을 주장할 수 없도록 하는 것은 수인한도를 넘는 불이익을 강요하는 것으로서 국민의 재산권과 재판받을 권리를 보장한 헌법의 이념에도 부합하는 것이 아니라고 할 것이므로, 개별공시지가결정에 위법이 있는 경우에는 그 자체를 행정소송의 대상이 되는 행정처분으로 보아 그

위법 여부를 다툴 수 있음은 물론 이를 기초로 한 과세처분 등 행정처분의 취소를 구하는 행정소송에서도 선행처분인 개별공시지가결정의 위법을 독립된 위법사유로 주장할 수 있다고 해석함이 타당하다.
(대판 1994.1.25, 93누8542 판결[양도소득세 등 부과처분취소])
표준지공시지가결정은 이를 기초로 한 수용재결 등과는 별개의 독립된 처분으로서 서로 독립하여 별개의 법률효과를 목적으로 하지만, 표준지공시지가는 이를 인근 토지의 소유자나 기타 이해관계인에게 개별적으로 고지하도록 되어 있는 것이 아니어서 인근 토지의 소유자 등이 표준지공시지가결정 내용을 알고 있었다고 전제하기가 곤란할 뿐만 아니라, 결정된 표준지공시지가가 공시될 당시 보상금 산정의 기준이 되는 표준지의 인근 토지를 함께 공시하는 것이 아니어서 인근 토지 소유자는 보상금 산정의 기준이 되는 표준지가 어느 토지인지를 알 수 없으므로, 인근 토지 소유자가 표준지의 공시지가가 확정되기 전에 이를 다투는 것은 불가능하다. 더욱이 장차 어떠한 수용재결 등 구체적인 불이익이 현실적으로 나타나게 되었을 경우에 비로소 권리구제의 길을 찾는 것이 우리 국민의 권리의식임을 감안하여 볼 때, 인근 토지소유자 등으로 하여금 결정된 표준지공시지가를 기초로 하여 장차 토지보상 등이 이루어질 것에 대비하여 항상 토지의 가격을 주시하고 표준지공시지가결정이 잘못된 경우 정해진 시정절차를 통하여 이를 시정하도록 요구하는 것은 부당하게 높은 주의의무를 지우는 것이고, 위법한 표준지공시지가결정에 대하여 그 정해진 시정절차를 통하여 시정하도록 요구하지 않았다는 이유로 위법한 표준지공시지가를 기초로 한 수용재결 등 후행 행정처분에서 표준지공시지가결정의 위법을 주장할 수 없도록 하는 것은 수인한도를 넘는 불이익을 강요하는 것으로서 국민의 재산권과 재판받을 권리를 보장한 헌법의 이념에도 부합하는 것이 아니다. 따라서 표준지공시지가결정이 위법한 경우에는 그 자체를 행정소송의 대상이 되는 행정처분으로 보아 그 위법 여부를 다툴 수 있음은 물론, 수용보상금의 증액을 구하는 소송에서도 선행처분으로서 그 수용대상 토지 가격 산정의 기초가 된 비교표준지공시지가결정의 위법을 독립한 사유로 주장할 수 있다.
(대판 2008.8.21, 2007두13845 판결[토지보상금])

> 2개 이상의 행정처분이 연속적 또는 단계적으로 이루어지는 경우 선행처분과 후행처분이 서로 합하여 1개의 법률효과를 완성하는 때에는 선행처분에 하자가 있으면 그 하자는 후행처분에 승계된다. 이러한 경우에는 선행처분에 불가쟁력이 생겨 그 효력을 다툴 수 없게 되더라도 선행처분의 하자를 이유로 후행처분의 효력을 다툴 수 있다. 그러나 선행처분과 후행처분이 서로 독립하여 별개의 법률효과를 발생시키는 경우에는 선행처분에 불가쟁력이 생겨 그 효력을 다툴 수 없게 되면 선행처분의 하자가 중대하고 명백하여 선행처분이 당연무효인 경우를 제외하고는 특별한 사정이 없는 한 선행처분의 하자를 이유로 후행처분의 효력을 다툴 수 없는 것이 원칙이다. 다만 그 경우에도 선행처분의 불가쟁력이나 구속력이 그로 인하여 불이익을 입게 되는 자에게 수인한도를 넘는 가혹함을 가져오고, 그 결과가 당사자에게 예측가능한 것이 아니라면, 국민의 재판받을 권리를 보장하고 있는 헌법의 이념에 비추어 선행처분의 후행처분에 대한 구속력을 인정할 수 없다.
>
> (대판 2019.1.31, 2017두40372 판결[중개사무소의 개설등록취소처분취소])

(3) 검토

전통적 견해의 형식적 기준을 원칙으로 하되 개별사안에서 예측가능성·수인가능성을 판단하여 구체적 타당성을 기함이 타당하다 할 것이다.

Ⅲ. 하자의 치유

1. 의의 및 취지

하자의 치유란 성립 당시 존재하였던 하자를 사후에 보완하여 행정행위의 효력을 유지하는 것으로, 이는 행정행위의 무용한 반복을 방지하여 행정경제를 도모하는 데 그 취지가 인정된다.

2. 인정 여부

(1) 학설

① **긍정설** : 행정의 능률성 확보 등을 이유로 광범위하게 허용된다는 견해이다.

② **부정설** : 행정결정의 신중성 확보와 자의 배제 등을 이유로 하자치유를 부정하는 견해이다.

③ **제한적 긍정설** : 국민의 방어권 보장을 침해하지 않는 범위 내에서 제한적으로만 허용된다는 견해이다.

(2) 판례 및 검토

판례는 하자 있는 행정행위의 치유는 원칙적으로 허용될 수 없는 것이지만, 예외적으로 국민의 권리나 이익을 침해하지 않는 범위에서 인정하고 있어 제한적 긍정설의 입장이다. 행정의 능률성과 개인의 권리구제를 고려할 때 제한적 긍정설이 타당하다.

3. 인정시기

(1) 학설 및 판례

쟁송제기이전시설, 행정소송제기이전설, 쟁송종결시설 등의 견해가 대립한다. 판례는 하자의 치유가 허용되기 위해서는 늦어도 하자처분에 대한 불복 여부의 결정 및 불복신청에 편의를 줄 수 있는 상당한 기간 내에 하여야 한다는 입장을 취하여 쟁송제기이전시설의 입장을 취하고 있다.

(2) 검토

행정의 공정성 확보 및 행정의 소송경제 등을 고려하여 쟁송제기 이전까지 인정함이 타당하다.

4. 인정범위

(1) 내용상 하자의 치유 여부

치유의 대상이 되는 하자와 관련하여 절차상 하자와 형식상 하자에만 인정하는 견해와 내용상 하자까지 포함하는 견해가 대립한다. 판례는 내용상 하자까지 하자치유를 인정하면 행정의 법률적합성과의 조화를 깨뜨리는 것이므로 인정하지 않는다.

(2) 무효인 행정행위의 치유 여부

무효인 행정행위에도 하자의 치유를 인정하는 견해도 있으나, 통설 및 판례는 무효는 취소할 수 있는 행정행위에 대해서만 치유를 인정한다.

5. 하자치유의 효과

행정행위의 하자가 치유되면 해당 행정행위는 처분 시부터 하자가 없는 적법한 행정행위로 효력을 발생한다.

06 절 행정행위의 취소와 철회 | A급 빈출

Ⅰ. 행정행위의 취소

행정기본법 제18조(위법 또는 부당한 처분의 취소)

① 행정청은 위법 또는 부당한 처분의 전부나 일부를 소급하여 취소할 수 있다. 다만, 당사자의 신뢰를 보호할 가치가 있는 등 정당한 사유가 있는 경우에는 장래를 향하여 취소할 수 있다.

② 행정청은 제1항에 따라 당사자에게 권리나 이익을 부여하는 처분을 취소하려는 경우에는 취소로 인하여 당사자가 입게 될 불이익을 취소로 달성되는 공익과 비교·형량(衡量)하여야 한다. 다만, 다음 각 호의 어느 하나에 해당하는 경우에는 그러하지 아니하다.

1. 거짓이나 그 밖의 부정한 방법으로 처분을 받은 경우
2. 당사자가 처분의 위법성을 알고 있었거나 중대한 과실로 알지 못한 경우

1. 의의 및 법적 근거

행정행위의 취소란 일단 유효하게 성립된 행정행위에 대하여 그 성립상의 하자를 이유로 그 효력을 전부 또는 일부를 소멸시키는 행정청의 의사표시를 말하며, 이를 직권취소라 한다. 행정기본법 제18조에 근거를 두고 있다.

2. 취소권자

① 취소할 수 있는 권한을 가진 자는 원칙적으로 해당 행정행위를 한 행정청, 즉 처분청이다. ② 감독청의 경우 직접 취소할 수 있는 권한을 가지는가에 대하여는 견해의 대립이 있으나, 감독청은 피감독청에 대한 취소명령권만을 가진다고 보는 부정설의 입장이 타당하다 할 것이다.

3. 법적 근거 필요 여부

행정행위를 취소하는 경우 별도의 법적 근거를 필요로 하는지에 대해서 ① 필요설은 법률유보의 원칙에 따라 법령의 근거를 요한다는 견해이며, ② 불요설은 하자 있는 행정행위는 법령에 특별히 취소사유를 규정하고 있지 아니하여도 행정청은 위법한 행정처분을 취소할 수 있다는 견해로 다수설이며 판례의 입장이다. 현재는 행정기본법 제18조(위법 또는 부당한 처분의 취소) 규정이 신설되어 개별법령이 구체적으로 없더라도 행정기본법 제18조 규정을 근거로 취소할 수 있는 법적 근거가 마련되었다고 볼 수 있다.

4. 취소의 사유

취소사유에 있어서는 관계법령에서 명문의 규정을 두고 있는 경우도 있으나 그러한 규정이 없는 경우에는 행정행위의 하자가 있거나 부당한 경우 취소사유가 된다.

5. 취소의 제한법리

신뢰보호의 원칙, 실권의 법리, 비례의 원칙, 부당결부금지의 원칙, 자기구속의 원칙 등에 위반이 있으면 취소권의 행사를 제한해야 한다.

6. 취소의 절차

직권취소는 독립적인 행정행위의 성격을 갖고 있기 때문에 행정절차법상의 처분절차에 따라 행하여져야 한다. 개별법에서 구체적 절차를 규정하면 그에 따른다.

7. 취소의 취소

(1) 문제점

직권취소가 당연 무효인 경우 취소처분은 당연 무효가 되어 처음부터 취소의 효과가 발생하지 않으며, 쟁송에 의하여 무효확인 또는 직권에 의한 무효선언이 가능하다. 문제는 처분청이 직권취소한 행정행위를 다시 직권으로 취소하여 원래의 행정행위를 회복시킬 수 있는지이다.

(2) 학설

① **긍정설** : 취소의 취소도 행정행위인바 행정행위의 하자에 관한 일반 원칙에 따라 취소할 수 있다는 견해이다.

② **부정설** : 취소로 인해 해당 행위의 효력은 상실되므로 재취소를 통한 원처분의 회복은 불가능하다는 견해이다.

③ **절충설** : 침익적 행정행위의 경우 상대방의 신뢰이익보호를 위해 원칙적으로 부정하고, 수익적 행정행위의 경우 제3자의 이해관계가 없는 경우 원행정행위의 효력을 회복시킬 수 있다는 견해이다.

(3) 판례

판례는 침익적 행정행위의 취소의 취소에 대해서는 부정하는 입장을, 수익적 행정행위의 취소의 취소에 대해서는 긍정하는 입장을 취하여 절충설의 입장인 것으로 보인다.

(4) 검토

원행정행위의 효력 회복 여부는 제3자의 이해관계를 고려하는 것이 타당하므로 판례의 태도가 합당하다.

Ⅱ. 행정행위의 철회

1. 의의 및 법적 근거

행정기본법 제19조(적법한 처분의 철회)

① 행정청은 적법한 처분이 다음 각 호의 어느 하나에 해당하는 경우에는 그 처분의 전부 또는 일부를 장래를 향하여 철회할 수 있다.
1. 법률에서 정한 철회 사유에 해당하게 된 경우
2. 법령 등의 변경이나 사정변경으로 처분을 더 이상 존속시킬 필요가 없게 된 경우
3. 중대한 공익을 위하여 필요한 경우

② 행정청은 제1항에 따라 처분을 철회하려는 경우에는 철회로 인하여 당사자가 입게 될 불이익을 철회로 달성되는 공익과 비교·형량하여야 한다.

행정행위의 철회란 적법하게 성립한 행정행위의 효력을 성립 후에 발생된 새로운 사정에 의하여 그 효력을 더 이상 존속시킬 수 없는 경우에 본래의 행정행위의 효력을 장래에 향하여 상실시키는 독립된 행정행위를 말한다. 행정기본법 제19조에서 적법한 처분의 철회 근거 규정을 두고 있다.

2. 철회권자

행정행위의 철회는 처분청만이 할 수 있으며, 감독청은 법률에 근거가 있는 경우에만 할 수 있다.

3. 법적 근거 필요 여부

(1) 학설

① **불요설** : 행정은 공익에 적합하고 변화에 적응하여야 하며, 원행정행위의 수권규정을 철회 근거 규정으로 볼 수 있다는 점에서 법률의 근거를 요하지 않는다는 견해이다.

② **필요설** : 철회는 새로운 행정행위의 발급에 해당하므로 법률유보의 원칙상 법률에 근거가 있어야 한다는 견해이다.

(2) 판례

판례는 불요설의 입장에서 법적 근거가 없더라도 사정변경 등 예외적인 경우에는 공익적 요청상 철회가 가능하다고 판시하고 있다.

(3) 검토

철회는 행정행위에 의하여 형성된 법률관계를 소멸시키는 법효과를 발생시키는 것이므로 원칙적으로 별도의 근거법규를 필요로 함이 타당하다. 다만, 다양한 행정행위의 개별, 구체적 검토를 통하여 구체적 사안에 따라 공익적합성과의 조화를 이루어 나가는 범위 내에서 그 예외를 인정할 수 있을 것이다. 현재는 행정기본법 제19조에서 적법한 처분의 철회에 대한 일반적인 근거 규정이 있어 개별법에 근거 규정이 없더라도 이 규정을 중심으로 적용하면 될 것으로 보인다.

4. 철회의 사유 – 행정기본법 제19조 제1항

행정청은 적법한 처분이 다음 각 호의 어느 하나에 해당하는 경우에는 그 처분의 전부 또는 일부를 장래를 향하여 철회할 수 있다.

① 법률에서 정한 철회 사유에 해당하게 된 경우

② 법령 등의 변경이나 사정변경으로 처분을 더 이상 존속시킬 필요가 없게 된 경우

③ 중대한 공익을 위하여 필요한 경우

5. 철회의 제한법리 – 행정기본법 제19조 제2항

행정청은 행정기본법 제19조 제1항에 따라 처분을 철회하려는 경우에는 철회로 인하여 당사자가 입게 될 불이익을 철회로 달성되는 공익과 비교·형량하여야 한다(공익과 사익의 비교형량).

그 밖에에도 신뢰보호의 원칙, 실권의 법리, 비례의 원칙, 부당결부금지의 원칙, 평등의 원칙, 자기구속의 원칙 등에 위반이 있으면 철회의 행사를 제한해야 한다.

6. 철회의 절차

철회 그 자체는 행정행위에 해당되기 때문에 행정절차법상의 처분절차에 따라야 한다. 특히 수익적 행정행위의 철회는 상대방에게 부담적 효과를 주기 때문에 사전통지, 의견제출, 이유제시 등의 절차를 따라야 한다.

7. 철회의 취소

(1) 문제점

철회가 당연 무효인 경우 그 철회는 당연 무효가 되며, 쟁송에 의하여 무효확인 또는 직권에 의한 무효선언이 가능하다. 문제는 철회에 단순위법의 하자가 있을 때 그 철회를 직권취소하여 원행정행위의 효력을 소생시킬 수 있는지이다.

(2) 학설

① **긍정설** : 철회도 행정행위인바 행정행위의 하자에 관한 일반원칙에 따라 취소할 수 있다는 견해이다.

② **부정설** : 철회로 인해 해당 행위의 효력은 상실되므로 재취소를 통한 원처분의 회복은 불가능하다는 견해이다.

③ **절충설** : 침익적 행정행위의 경우 상대방의 신뢰이익보호를 위해 원칙적으로 부정하고, 수익적 행정행위의 경우 제3자의 이해관계가 없는 경우 원행정행위의 효력을 회복시킬 수 있다는 견해이다.

(3) 판례

판례는 침익적 행정행위의 철회의 취소에 대해서는 부정하는 입장을, 수익적 행정행위의 철회의 취소에 대해서는 긍정하는 입장을 취하여 절충설의 입장인 것으로 보인다.

(4) 검토

원행정행위의 효력 회복 여부는 제3자의 이해관계를 고려하는 것이 타당하므로 판례의 태도가 합당하다.

07 절 단계적 행정결정 | C급 빈출

1. 의의 및 종류

단계적 행정결정이란 행정청의 결정이 여러 단계의 행정결정을 통해서 연계적으로 이루어지는 것을 말한다. 그 예로는 확약, 사전결정 등이 있다.

2. 확약

행정절차법 제40조의2(확약)

① 법령 등에서 당사자가 신청할 수 있는 처분을 규정하고 있는 경우 행정청은 당사자의 신청에 따라 장래에 어떤 처분을 하거나 하지 아니할 것을 내용으로 하는 의사표시(이하 "확약"이라 한다)를 할 수 있다.
② 확약은 문서로 하여야 한다.
③ 행정청은 다른 행정청과의 협의 등의 절차를 거쳐야 하는 처분에 대하여 확약을 하려는 경우에는 확약을 하기 전에 그 절차를 거쳐야 한다.
④ 행정청은 다음 각 호의 어느 하나에 해당하는 경우에는 확약에 기속되지 아니한다.
1. 확약을 한 후에 확약의 내용을 이행할 수 없을 정도로 법령 등이나 사정이 변경된 경우
2. 확약이 위법한 경우
⑤ 행정청은 확약이 제4항 각 호의 어느 하나에 해당하여 확약을 이행할 수 없는 경우에는 지체 없이 당사자에게 그 사실을 통지하여야 한다.

(1) 의의

확약은 장래 일정한 행정행위를 하거나 하지 아니할 것을 약속하는 의사표시를 말한다.

(2) 법적 성질(대외적 구속력 여부)

① 다수설은 확약이 행정청에 대하여 확약의 내용대로 이행할 법적 의무를 발생시킨다는 점에 비추어 확약의 처분성을 인정한다.

② 처분성 부정설은 사정변경에 의해 변경될 수 있으므로 종국적 규율성을 가지지 못한다는 점을 근거로 처분성을 부정하고, 판례는 처분성을 부정하였다. 확약의 처분성을 인정함으로 권리구제를 도모할 수 있다는 점을 고려하여 확약의 처분성을 인정함이 타당하다.

③ 최근 행정절차법 제40조의2 규정으로 "법령 등에서 당사자가 신청할 수 있는 처분을 규정하고 있는 경우 행정청은 당사자의 신청에 따라 장래에 어떤 처분을 하거나 하지 아니할 것을 내용으로 하는 의사표시를 할 수 있다."라고 확약을 규정하고, 확약은 문서로 하도록 함으로써 처분으로 인식하는 것이 타당하다고 보인다.

(3) 확약의 효력

확약의 효과는 행정청이 확약의 내용인 행위를 하여야 할 법적 의무를 지며, 상대방에게는 행정청에 대한 확약내용의 이행청구권이 인정된다.

3. 사전결정

(1) 의의

사전결정이란 종국적인 행정행위에 요구되는 여러 요건 중 개개의 요건들에 대해 사전적으로 심사하여 내린 결정을 말한다.

(2) 법적 성질

사전결정은 그 결정에서 정해진 부분에만 제한적인 효력을 갖지만, 그 자체가 하나의 행정행위이다. 본 처분이 기속행위이면 사전결정은 기속행위, 본 처분이 재량행위인 경우 사전결정은 재량행위이다.

(3) 사전결정의 효력(대외적 구속력)

① 긍정설은 사전결정이 무효가 아닌 한 구속력을 인정하였으나, ② 부정설은 신뢰보호의 이익만을 인정하였다. 판례는 구속력을 부정하는 입장으로 사전결정 시 재량권을 행사하였더라도, 최종처분 시 다시 재량권 행사가 가능하다고 판시하였다. 하지만 사전결정으로 신뢰가 형성되어 그에 따른 행위가 있을 시, 신뢰보호를 위해 구속력을 긍정함이 타당하다.

Chapter

03 행정계획

01 절 행정계획

| B급 빈출

Ⅰ. 행정계획

> **행정절차법 제40조의4(행정계획)**
>
> 행정청은 행정청이 수립하는 계획 중 국민의 권리·의무에 직접 영향을 미치는 계획을 수립하거나 변경·폐지할 때에는 관련된 여러 이익을 정당하게 형량하여야 한다.

1. 의의

행정계획이란 행정주체 또는 그 기관이 일정한 행정활동을 행함에 있어서 일정한 목표를 설정하고 그 목표를 달성하기 위하여 필요한 수단을 선정하고 그러한 수단들을 조정하고 종합화한 것을 말한다.

2. 법적 성질

(1) 학설

① **입법행위설** : 행정계획은 일반적·추상적 규율을 행하는 입법행위로서 일반적 구속력을 가질 수 있다는 견해이다.

② **행정행위설** : 행정계획은 법률관계의 변동이란 고유 효과를 가지는 행정행위로서 행정행위의 성질을 갖는다는 견해이다.

③ **복수행위설** : 행정계획을 개별적으로 검토하여 항고소송의 대상 여부를 판단해야 한다는 견해이다.

④ **독자성설** : 행정계획은 규범도 아니고, 행정행위도 아닌 독자적 성질을 갖는다는 견해이다.

(2) 판례

① 도시관리계획결정과 관련하여 처분성을 인정하였으나, ② 도시기본계획은 일반지침에 불과하다고 하여 처분성을 부정하였다.

(3) 검토

행정계획은 종류, 내용이 매우 다양하고 상이한 바, 목적과 내용에 따라 개별적으로 검토되어야 할 것이다.

II. 계획재량과 형량명령

1. 계획재량의 의의

행정계획을 수립 및 변경함에 있어서 계획청에 인정되는 재량을 의미한다.

2. 계획재량과 일반행정재량의 구별

계획재량이 일반의 행정재량과 질적으로 구별되는 것인지에 대하여

① 구분부정설은 양자에 있어서 재량이 인정되는 부분은 다르지만 양자 사이에 질적인 차이를 인정할 수는 없고 계획재량에 있어서 일반행정재량에 비하여 재량권이 폭넓게 인정된다는 양적인 차이가 인정될 뿐이라고 한다.

② 구분설은 일반행정재량은 요건과 효과로 구성된 조건규범구조이나, 계획재량은 목적과 수단형식의 목적규범구조로 양자의 재량의 내용이 다르다고 보는 견해이며, 일반적으로 구분하여 보는 것이 타당하다.

3. 형량명령 – 행정절차법 제40조의4 : 여러 이익을 정당하게 형량

(1) 의의

형량명령이란 행정계획을 수립·변경함에 있어서 관련된 이익을 정당하게 형량하여야 한다는 원칙을 말한다.

(2) 형량의 하자

① 형량의 해태 : 형량을 전혀 행하지 않은 경우

② 형량의 흠결 : 형량의 대상에 마땅히 포함시켜야 할 사항을 누락한 경우

③ 형량의 오형량 : 형량에 있어 관계 사익의 의미·내용 등을 오판한 경우

(3) 소결 : 정당하게 형량

행정청은 행정청이 수립하는 계획 중 국민의 권리·의무에 직접 영향을 미치는 계획을 수립하거나 변경·폐지할 때에는 관련된 여러 이익을 정당하게 형량하여야 한다.

4. 권리구제

(1) 사전적 권리구제

행정계획의 수립과정에 이해관계인들의 절차적 참여를 보장하여, 공익과 사익과의 갈등을 조정하거나 최소화하는 데에 의의가 있는 구제수단이다.

(2) 사후적 권리구제

① 위법한 행정계획의 수립·변경 또는 폐지로 인하여 손해를 받은 자는 국가배상법에 근거하여 국가배상청구가 가능하다.

② 적법한 행정계획의 수립·변경 또는 폐지로 인하여 손실을 받은 경우 손실보상의 요건을 갖춘 경우 손실보상청구가 가능하다.

③ 행정계획의 처분성이 인정되면 항고쟁송이 가능하며, 행정계획이 공권력 행사이지만 처분이 아닌 경우 헌법소원의 대상이 된다.

(3) 계획보장청구권

계획보장청구권이란 계획의 변경 또는 폐지에 대하여 계획의 존속을 주장하는 권리를 말한다. 특별한 사정이 없는 한 행정의 탄력적 운용을 위해 부정된다. 그러나 국민의 권리보호에 유리하게 해석하여 법규상·조리상 신청권이 존재하고, 신뢰가 충분히 형성된 경우 신뢰보호원칙에 따른 청구가 가능하다.

Ⅲ. 공법상 계약

> **행정기본법 제27조(공법상 계약의 체결)**
> ① 행정청은 법령 등을 위반하지 아니하는 범위에서 행정목적을 달성하기 위하여 필요한 경우에는 공법상 법률관계에 관한 계약(이하 "공법상 계약"이라 한다)을 체결할 수 있다. 이 경우 계약의 목적 및 내용을 명확하게 적은 계약서를 작성하여야 한다.
> ② 행정청은 공법상 계약의 상대방을 선정하고 계약 내용을 정할 때 공법상 계약의 공공성과 제3자의 이해관계를 고려하여야 한다.

1. 의의

공법상 계약이란 행정주체 상호 간 또는 행정주체와 사인 간에 공법적 효과의 발생을 내용으로 하는 계약을 말한다.

2. 행정행위를 갈음하는 공법상 계약

(1) 문제점

법률유보원칙과 관련하여 특히 행정행위를 갈음하는 공법계약을 법률의 수권 없이 체결할 수 있는가 하는 것이 문제가 된다.

(2) 학설 및 검토

긍정설과 부정설이 대립하며 이 문제는 공법상 계약으로서 어느 정도의 내용을 정할 수 있느냐의 문제로 귀결된다.

Chapter

04 행정절차

01 절 처분절차

| A급 빈출

행정절차법

[시행 2023.3.24.] [법률 제18748호, 2022.1.11, 일부개정]

【제정 · 개정이유】

◇ 개정이유

행정의 공정성 · 투명성을 제고하고 국민의 권익을 보호하기 위하여 인허가 등의 취소 등 국민에게 불이익한 처분을 하는 경우 당사자 등의 신청이 없는 경우에도 청문을 하도록 청문의 대상을 확대하고, 공정하고 전문적인 청문을 위하여 다수 국민의 이해가 상충되는 처분 등을 하는 경우에는 청문 주재자를 2명 이상으로 선정할 수 있도록 하며, 코로나바이러스감염증-19의 장기화 등으로 인하여 온라인 중심으로 빠르게 변화하는 행정환경을 반영하여 종전에는 오프라인 공청회와 병행하여서만 온라인 공청회를 개최할 수 있도록 하던 것을, 온라인 공청회를 단독으로도 개최할 수 있도록 하는 한편, 행정청이 법령에 따른 의무를 위반한 자의 성명 · 법인명, 위반사실 등을 공표하는 경우에 필요한 공통 절차를 정하는 등 현행 제도의 운영상 나타난 일부 미비점을 개선 · 보완하려는 것임.

◇ 주요내용

가. 인허가 등의 취소, 신분 · 자격의 박탈 등의 처분을 하는 경우에 당사자의 신청이 없는 경우에도 청문을 실시하도록 함(제22조 제1항 제3호).

나. 공정하고 전문적인 청문을 위하여 다수 국민의 이해가 상충되는 처분이나 다수 국민에게 불편이나 부담을 주는 처분 등을 하는 경우에는 청문 주재자를 2명 이상으로 선정할 수 있도록 함(제28조 제2항 신설).

다. 국민의 생명 · 신체 · 재산의 보호 등 국민의 안전 또는 권익보호 등의 이유로 오프라인 공청회를 개최하기 어려운 경우 등에는 온라인 공청회를 단독으로 개최할 수 있도록 함(제38조의2 제2항 신설).

라. 위반사실 등의 공표에 관한 공통 절차를 마련함(제40조의3 신설).

마. 행정청이 국민의 권리의무에 직접 영향을 미치는 계획을 수립하거나 변경・폐지할 때에는 관련된 여러 이익을 정당하게 형량하도록 함(제40조의4 신설).
바. 행정예고기간은 예고 내용의 성격 등을 고려하여 정하되 20일 이상으로 하며, 행정목적 달성을 위하여 긴급한 필요가 있는 경우로서 행정예고기간을 단축하는 경우에도 단축된 행정예고기간이 10일 이상이 되도록 함(제46조). 〈출처: 법제처 제공〉

Ⅰ. 사전통지(행정절차법 제21조)

1. 의의 및 취지

행정청은 당사자에게 의무를 부과하거나 권익을 제한하는 처분을 하는 경우에는 미리 처분을 하고자 하는 내용 및 법적 근거, 의견 제출기한, 기타 필요한 사항 등을 당사자에게 통지하여야 한다.

2. 필수적 절차 여부(생략사유)

① 공공의 안전 또는 복리를 위하여 긴급히 처분을 할 필요가 있는 경우
② 법령 등에서 요구된 자격이 없거나 없어지게 되면 반드시 일정한 처분을 하여야 하는 경우에 그 자격이 없거나 없어지게 된 사실이 법원의 재판 등에 의하여 객관적으로 증명된 경우
③ 해당 처분의 성질상 의견청취가 현저히 곤란하거나 명백히 불필요하다고 인정될 만한 상당한 이유가 있는 경우

3. 거부처분 시 사전통지

(1) 문제점

거부처분이 행정절차법 제21조에서 규정하는 '당사자에게 의무를 부과하거나 권익을 제한하는 처분'인지가 문제된다.

(2) 학설

① **부정설** : 신청만으로는 당사자의 권익이 부여된 것이 아닌 바 권익을 제한하는 처분이 아니라는 견해이다.

② **긍정설** : 당사자가 신청을 한 경우 긍정적 처분이 이루어질 것으로 기대하므로 거부처분도 사전통지가 필요하다는 견해이다.

③ **제한적 긍정설** : 인·허가에 부가된 갱신의 경우 권익을 제한하는 것으로 보아 긍정하는 견해이다.

(3) 판례

① 종전의 대법원 판례는 신청에 따른 처분이 이루어지지 않은 경우에는 아직 당사자에게 권익이 부여되지 않았으므로, 거부처분은 권익을 제한하는 처분이 아니라고 하였다.

② 최근 판례는 재량행위에서 거부처분을 하는 경우 사전통지의 흠결로 당사자의 의견진술 기회 박탈 시 이는 재량권 일탈남용에 해당하여 위법하다고 판시하여 비례의 원칙으로 보았을 때 절차상 하자가 인정된다고 하여 긍정설의 견지에서 판시하였다.

(4) 검토

거부처분도 기대 이익의 제한이며, 사전통지 흠결은 재량권 일탈남용한 것으로 위법하다고 보고 있는바 이러한 대법원의 논지가 타당하다 판단된다.

Ⅱ. 의견청취(행정절차법 제22조 청문)

1. 청문의 의의 및 취지

청문이란 '행정청이 어떠한 처분을 하기에 앞서 당사자 등의 의견을 직접 듣고 증거를 조사하는 절차'를 말한다. 이는 사전적 권리구제에 취지가 있다.

2. 필수적 절차 여부(청문사유)

① 공공복리를 위하여 긴급히 처분을 할 필요가 있는 경우
② 법령상 일정한 처분을 하여야 함이 객관적으로 증명된 경우
③ 처분의 성질상 의견청취가 현저히 곤란하거나 명백히 불필요한 경우
④ 당사자가 의견 진술의 기회를 포기한다는 뜻을 명백히 표시한 경우

3. 관련 판례

(1) 청문서 도달기간을 준수하지 않은 청문의 효력

청문서 도달기간을 지키지 않은 것은 절차적 요건을 준수하지 않은 것이므로 이를 바탕으로 한 행정청의 처분은 위법하다고 판시하였다. 다만 청문서 도달기간을 다소 어겼다 하더라도 당사자 스스로 청문기일에 참석하여 충분한 방어기회를 가졌다면 하자는 치유된다고 판시하였다.

(2) 당사자 간 협의에 의한 청문배제 가능성

행정청이 당사자와 사이에 관계법령 및 행정절차법에 규정된 청문의 실시 등 의견청취절차를 배제하는 협약을 하였더라도 청문을 실시하지 않아도 되는 예외적인 경우에 해당한다고 할 수 없다고 판시한 바 있다. 절차법의 목적, 절차취지를 고려할 때 청문을 배제할 수 없다.

(3) 청문통지서 반송 및 청문불출석이 의견청취가 현저히 곤란한 경우에 해당하는지 여부

청문통지서가 반송되었다거나, 행정처분의 상대방이 불출석하였다는 이유로 청문을 실시하지 아니하고 한 침해적 행정처분은 위법하다고 판시한 바 있다.

4. 청문관련 규정의 개정 – 신분 · 자격의 박탈 시 반드시 청문함

행정절차법 제22조 제1항을 "행정청이 처분을 할 때 다음 각 호의 어느 하나에 해당하는 경우에는 청문을 한다."라고 개정하여 신분 · 자격의 박탈의 경우 청문을 반드시 실시하도록 하여 국민의 권익을 한층 보호하도록 하였다.

① 다른 법령 등에서 청문을 하도록 규정하고 있는 경우

② 행정청이 필요하다고 인정하는 경우

③ 다음 각 목의 처분을 하는 경우

가. 인허가 등의 취소

나. 신분 · 자격의 박탈

다. 법인이나 조합 등의 설립허가의 취소

Ⅲ. 처분의 이유제시(행정절차법 제23조)

1. 의의 및 취지

이유제시란 행정청이 처분을 함에 있어 처분의 근거와 이유를 제시하는 것을 말한다. 이는 행정을 보다 신중・공정하게 하기 위함이고, 쟁송제기 여부의 판단 및 쟁송준비의 편의 제공 등의 목적에 취지가 인정된다.

2. 필수적 절차 여부

① 신청내용을 모두 그대로 인정하는 처분인 경우
② 단순・반복적인 처분 및 경미한 처분으로서 당사자가 그 이유를 명백히 알 수 있는 경우
③ 긴급히 처분을 할 필요가 있는 경우

3. 이유제시 정도와 하자

행정청의 이유제시는 상대방이 처분의 법적 근거와 사실상의 사유를 충분히 납득할 수 있을 정도로 구체적이고 명확하게 하여야 한다.

이유제시의 하자란 행정청이 처분이유를 제시해야 함에도 제시하지 않거나, 불충분하게 제시한 경우를 말한다. 이 경우 무효취소의 구별기준에 따라 무효인 하자나 취소할 수 있는 하자가 되며 판례는 통상 취소사유로 보고 있다.

4. 이유제시의 시기 및 방식

이유제시는 행정처분의 시기와 동시에 이루어져야 한다. 이유제시의 방식은 해당 행정처분의 방식에 의존하는 것이 보통으로, 처분에 관하여 쟁송제기 여부, 기타 불복 가능 여부, 청구절차 및 청구기간 등을 알려야 한다.

02 절 절차상 하자

I A급 빈출

1. 문제점

행정처분에 실체적 하자는 없으나, 절차상 위법성만을 이유로 취소 또는 무효를 확인할 수 있는지가 문제된다.

2. 학설

① **긍정설** : 적법절차보장의 관점 및 행정절차의 실효성 보장 등을 위하여 긍정하는 견해이다.

② **부정설** : 절차는 수단에 불과하며, 실체법적 하자가 없는 경우 다시 동일한 처분을 내릴 수 있어 행정경제 및 소송경제에 반하므로 부정하는 견해이다.

③ **절충설** : 기속행위와 재량행위를 구별하여, 재량행위인 경우 독자적 위법사유를 인정하는 견해이다.

3. 판례

판례는 재량행위와 기속행위 모두 긍정설의 입장을 취하고 있다.

4. 검토

행정의 법률적합성의 원칙에 따라 실체법상뿐만 아니라 절차적 적법성을 지키는 것이 필요하며, 행정소송법 제30조 제3항의 기속력이 인정되는바 긍정설이 타당하다.

5. 하자의 치유

판례는 절차상 하자를 긍정하며 그 시간적 한계는 행정심판제기 이전까지로 본다.

Chapter

05 행정상 의무이행확보수단

01 절 행정의 의무이행확보수단 | B급 빈출

행정기본법 제30조(행정상 강제)

① 행정청은 행정목적을 달성하기 위하여 필요한 경우에는 법률로 정하는 바에 따라 필요한 최소한의 범위에서 다음 각 호의 어느 하나에 해당하는 조치를 할 수 있다.

1. 행정대집행 : 의무자가 행정상 의무(법령 등에서 직접 부과하거나 행정청이 법령 등에 따라 부과한 의무를 말한다. 이하 이 절에서 같다)로서 타인이 대신하여 행할 수 있는 의무를 이행하지 아니하는 경우 법률로 정하는 다른 수단으로는 그 이행을 확보하기 곤란하고 그 불이행을 방치하면 공익을 크게 해칠 것으로 인정될 때에 행정청이 의무자가 하여야 할 행위를 스스로 하거나 제3자에게 하게 하고 그 비용을 의무자로부터 징수하는 것
2. 이행강제금의 부과 : 의무자가 행정상 의무를 이행하지 아니하는 경우 행정청이 적절한 이행기간을 부여하고, 그 기한까지 행정상 의무를 이행하지 아니하면 금전급부의무를 부과하는 것
3. 직접강제 : 의무자가 행정상 의무를 이행하지 아니하는 경우 행정청이 의무자의 신체나 재산에 실력을 행사하여 그 행정상 의무의 이행이 있었던 것과 같은 상태를 실현하는 것
4. 강제징수 : 의무자가 행정상 의무 중 금전급부의무를 이행하지 아니하는 경우 행정청이 의무자의 재산에 실력을 행사하여 그 행정상 의무가 실현된 것과 같은 상태를 실현하는 것
5. 즉시강제 : 현재의 급박한 행정상의 장해를 제거하기 위한 경우로서 다음 각 목의 어느 하나에 해당하는 경우에 행정청이 곧바로 국민의 신체 또는 재산에 실력을 행사하여 행정목적을 달성하는 것
   가. 행정청이 미리 행정상 의무 이행을 명할 시간적 여유가 없는 경우
   나. 그 성질상 행정상 의무의 이행을 명하는 것만으로는 행정목적 달성이 곤란한 경우

> ② 행정상 강제 조치에 관하여 이 법에서 정한 사항 외에 필요한 사항은 따로 법률로 정한다.
> ③ 형사(刑事), 행형(行刑) 및 보안처분 관계 법령에 따라 행하는 사항이나 외국인의 출입국·난민인정·귀화·국적회복에 관한 사항에 관하여는 이 절을 적용하지 아니한다.

Ⅰ. 행정강제

행정강제란 행정목적의 실현을 확보하기 위하여 사람의 신체 또는 재산에 실력을 가함으로써 행정권이 직접 행정상 필요한 상태를 실현하는 권력적 행위이다. 행정강제에는 행정상 강제집행과 행정상 즉시강제가 있다.

1. 행정상 강제집행(행정기본법 제30조)

행정상 강제집행이란 행정법상의 의무불이행이 있는 경우에 행정청이 의무자의 신체 또는 재산에 실력을 가하여 그 의무를 이행시키거나 이행한 것과 동일한 상태를 실현시키는 작용을 말한다. 행정상 강제집행에는 대집행, 직접강제, 강제징수, 집행벌이 있다.

(1) 대집행

1) 의의

의무자가 행정상 의무(법령 등에서 직접 부과하거나 행정청이 법령 등에 따라 부과한 의무를 말한다. 이하 이 절에서 같다)로서 타인이 대신하여 행할 수 있는 의무를 이행하지 아니하는 경우 법률로 정하는 다른 수단으로는 그 이행을 확보하기 곤란하고 그 불이행을 방치하면 공익을 크게 해칠 것으로 인정될 때에 행정청이 의무자가 하여야 할 행위를 스스로 하거나 제3자에게 하게 하고 그 비용을 의무자로부터 징수하는 것을 말한다.

2) 요건

① 공법상 대체적 작위의무의 불이행이 있을 것
② 다른 수단으로 그 이행을 확보하기 곤란할 것
③ 그 이행을 방치함이 심히 공익을 해한다고 인정될 것

3) 절차

① **계고** : 대집행을 하려면 상당한 이행기간을 정하여 그때까지 이행하지 아니할 때에는 대집행을 한다는 뜻을 미리 문서로 계고하여야 한다.
② **통지** : 대집행을 실행하겠다는 의사를 구체적으로 통지하는 행위이다.
③ **실행** : 해당 행정청이 스스로 또는 타인으로 하여금 대체적 작위의무를 이행시키는 물리력의 행사를 말한다.
④ **비용징수** : 대집행에 소요된 모든 비용은 해당 행정청이 의무자로부터 징수한다.

⑵ **직접강제**

직접강제란 의무자가 행정상 의무를 이행하지 아니하는 경우 행정청이 의무자의 신체나 재산에 실력을 행사하여 그 행정상 의무의 이행이 있었던 것과 같은 상태를 실현하는 것을 말한다.

⑶ **행정상 강제징수**

강제징수는 의무자가 행정상 의무 중 금전급부의무를 이행하지 아니하는 경우 행정청이 의무자의 재산에 실력을 행사하여 그 행정상 의무가 실현된 것과 같은 상태를 실현하는 것이다.

⑷ **집행벌**(이행강제금)

이행강제금의 부과는 의무자가 행정상 의무를 이행하지 아니하는 경우 행정청이 적절한 이행기간을 부여하고, 그 기한까지 행정상 의무를 이행하지 아니하면 금전급부의무를 부과하는 것이다.

2. 행정상 즉시강제(행정기본법 제30조 제1항 제5호)

행정상 즉시강제란 급박한 행정상의 장해를 제거할 필요가 있는 경우에 미리 의무를 명할 시간적 여유가 없을 때 또는 성질상 의무를 명하여 가지고는 목적달성이 곤란할 때에 즉시 국민의 신체 또는 재산에 실력을 가하여 행정상의 필요한 상태를 실현하는 행정작용을 말한다. 행정상 즉시강제의 법적 성질은 권력적 사실행위이다.

II. 행정벌

행정벌이란 행정법상의 의무위반행위에 대하여 제재로서 가하는 처벌을 말하며, 행정형벌과 행정질서벌이 있다.

1. 행정형벌

행정형벌이란 형법상의 형벌을 과하는 행정벌을 말한다.

2. 행정질서벌

행정질서벌이란 과태료가 과하여지는 행정벌이다. 일반법으로는 질서위법행위규제법이 있고 이 법률에 따라 과태료 부과, 징수 및 재판 등에 관한 사항을 규율하고 있다.

III. 새로운 의무이행확보수단

1. 과징금(행정기본법 제28조와 제29조)

과징금이란 행정법규의 위반이나 행정법상의 의무 위반으로 경제상의 이익을 얻게 되는 경우에 해당 위반으로 인한 경제적 이익을 박탈하기 위하여 그 이익액에 따라 행정기관이 과하는 행정상 제재금을 말한다.

2. 변형된 과징금(감정평가사법 제41조)

업무정지처분에 갈음하여 과징금을 부과할 수 있는 것으로 규정하고 있는 경우가 적지 않은데, 이와 같이 업무정지에 갈음하여 부과되는 과징금을 변형된 과징금이라 한다.

3. 가산세

가산세란 세법상의 의무의 성실한 이행을 확보하기 위하여 그 세법에 의하여 산출된 세액에 가산하여 징수되는 세금을 말한다.

4. 명단의 공표

명단의 공표란 행정법상의 의무 위반 또는 의무불이행이 있는 경우에 그 위반자의 성명, 위반사실 등을 일반에게 공개하여 명예 또는 신용에 침해를 가함으로써 심리적인 압박을 가하여 행정법상의 의무이행을 확보하는 간접강제수단을 말한다. 최근 감정평가사법 제39조의2가 신설되어 징계자에 대한 실질적인 명단 공표를 하고 있는 것으로 볼 수 있다.

감정평가사법 제39조의2(징계의 공고)

① 국토교통부장관은 제39조 제1항 및 제2항에 따라 징계를 한 때에는 지체 없이 그 구체적인 사유를 해당 감정평가사, 감정평가법인 등 및 협회에 각각 알리고, 그 내용을 대통령령으로 정하는 바에 따라 관보 또는 인터넷 홈페이지 등에 게시 또는 공고하여야 한다.

② 협회는 제1항에 따라 통보받은 내용을 협회가 운영하는 인터넷홈페이지에 3개월 이상 게재하는 방법으로 공개하여야 한다.

-이하 생략-

5. 공급거부

공급거부란 행정법상의 의무를 위반하거나 불이행한 자에 대하여 행정상의 서비스 또는 재화의 공급을 거부하는 행위를 말한다.

6. 관허사업의 제한

관허사업의 제한이란 행정법상의 의무를 위반하거나 불이행한 자에 대하여 각종 인·허가를 거부할 수 있게 함으로써 행정법상 의무의 이행을 확보하는 간접적 강제수단을 말한다.

7. 제재처분(행정기본법 제22조)

1) 의의

제재처분이란 법령 등에 따른 의무를 위반하거나 이행하지 아니하였음을 이유로 당사자에게 의무를 부과하거나 권익을 제한하는 처분을 말한다. 행정기본법에 따른 제재처분에는 행정대집행, 이행강제금, 직접강제, 강제징수, 즉시강제와 같은 행정상 강제는 포함되지 않는다.

2) 제재처분 법정주의

제재처분의 법적 근거는 법률에 규정되어야 한다(행정기본법 제22조 제1항).

3) 제재처분 시 고려사항(행정기본법 제22조 제2항, 행정기본법 시행령 제3조)

① 위반행위의 동기, 목적 및 방법

② 위반행위의 결과

③ 위반행위의 횟수

④ 그밖에 제1호부터 제3호까지에 준하는 사항으로서 대통령령으로 정하는 사항(위반행위자의 귀책사유 유무와 그 정도, 위반행위자의 법 위반상태 시정·해소를 위한 노력 유무)

4) 제재처분의 제척기간(행정기본법 제23조 제1항)

제척기간이란 행정청이 일정한 기간 내에 권한을 행사하지 아니하면 그 기간의 경과로 해당권한이 소멸되어 더 이상 권한을 행사할 수 없게 하는 제도를 말한다. 행정기본법 제23조 제1항은 "행정청은 법령 등의 위반행위가 종료된 날부터 5년이 지나면 해당 위반행위에 대하여 제재처분을 할 수 없다."고 규정하고 있다.

5) 제재처분의 제척기간 적용의 배제(행정기본법 제23조 제2항)

① 거짓이나 그 밖의 부정한 방법으로 인허가를 받거나 신고를 한 경우

② 당사자가 인허가나 신고의 위법성을 알고 있었거나 중대한 과실로 알지 못한 경우

③ 정당한 사유 없이 행정청의 조사 · 출입 · 검사를 기피 · 방해 · 거부하여 제척기간이 지난 경우

④ 제재처분을 하지 아니하면 국민의 안전 · 생명 또는 환경을 심각하게 해치거나 해칠 우려가 있는 경우

6) 재결 · 판결 후의 새로운 제재처분(행정기본법 제23조 제3항)

행정청은 행정기본법 제23조 제1항에도 불구하고 행정심판의 재결이나 법원의 판결에 따라 제재처분이 취소 · 철회된 경우에는 재결이나 판결이 확정된 날부터 1년(합의제행정기관은 2년)이 지나기 전까지는 그 취지에 따른 새로운 제재처분을 할 수 있다.

7) 개별법 우선의 원칙 적용(행정기본법 제23조 제4항)

다른 법률에서 행정기본법 제23조 제1항 및 제3항의 기간보다 짧거나 긴 기간을 규정하고 있으면 그 법률에서 정하는 바에 따른다.

02 절 행정조사

| B급 빈출

Ⅰ. 의의

행정조사란 행정기관이 사인으로부터 행정상 필요한 자료나 정보를 수집하기 위하여 행하는 일체의 행정활동을 말한다.

Ⅱ. 법적 성질

다수설은 행정조사의 법적 성질을 사실행위로 보고 있다. 그러나 행정조사에는 보고서요구명령, 출두명령 등 행정행위의 형식을 취하는 것과 질문, 출입검사, 실시조사, 검진, 앙케이트 조사 등의 사실행위의 형식을 취하는 것이 있다.

Ⅲ. 법적 근거

권력적 행정조사는 국민의 자유와 재산에 대한 제한을 수반하므로 법적 근거가 있어야 한다.

Ⅳ. 행정조사의 한계

1. 실체법적 한계

(1) 법령상 한계

행정조사기본법은 행정조사의 기본원칙과 그 한계를 규정하고 있으므로 행정조사는 이 법에 위반해서는 안 된다.

(2) 행정법의 일반원칙상 한계

① 목적부합의 원칙에 따라 행정조사는 수권법령상의 조사목적만을 위하여 행해져야 한다.

② 비례의 원칙에 따라 행정조사는 행정목적을 달성하기 위하여 필요한 최소한도에 그쳐야 한다.

③ 평등의 원칙에 따라 행정조사 실시에 있어 합리적 사유 없이 피조사자를 차별해서는 안 된다.

(3) 실력행사의 거부

행정조사에 대하여 상대방이 조사를 거부 또는 방해하는 경우 해당 공무원은 실력을 행사하여 행정조사를 행할 수 있는가 하는 문제가 제기된다. 이에 대하여 긍정설, 부정설 및 예외적 긍정설이 대립되고 있다. 생각건대, 국민의 신체나 재산에 대한 실력행사에는 명문의 근거가 있어야 하므로 부정설이 타당하다.

2. 절차법적 한계

(1) 적법절차의 원칙

행정조사는 적법한 절차에 따라 행해져야 한다.

(2) 영장주의의 적용 여부

행정조사를 위해 압수수색이 필요한 경우에 명문의 규정이 없이도 영장주의가 적용될 것인가 하는 문제가 있다. 이에 대해 다수설은 원칙적 긍정설에 의해 행정조사에 대하여 영장주의가 적용되어야 하나 긴급한 경우 등 영장을 기다려서는 행정조사목적을 달성하기 어려운 경우 영장이 요구되지 않는다고 본다. 생각건대, 행정조사에 영장주의가 적용될 것인가의 여부는 행정조사의 성격, 조사의 필요성, 기타 권익보호제도를 고려하여 개별적으로 결정되어야 할 것이다.

Ⅴ. 행정조사와 권리구제

1. 위법한 행정조사와 행정행위의 효력

(1) 문제점

행정조사가 위법한 경우에 그 행정조사에 의해 수집된 정보에 기초하여 내려진 행정결정이 위법한 것으로 되는가가 문제된다.

(2) 학설

① 적극설 : 절차의 적법보장의 원칙에 비추어 행정조사가 위법한 경우에 해당 조사를 기초로 한 행정결정은 위법하다는 견해이다.

② **소극설** : 행정조사는 법령에서 특히 행정행위의 전제조건으로 규정되어 있는 경우를 제외하고는 일응 별개의 제도로 볼 수 있는 것이고, 이 경우 조사의 위법이 바로 행정행위를 위법하게 만들지는 않는다는 견해이다.

③ **절충설** : 행정조사와 행정처분은 하나의 과정을 구성하는 것이므로 적정절차 관점에서 행정조사에 중대한 위법사유가 있는 때에는 이를 기초로 한 행정행위도 위법하다는 견해이다.

(3) 판례

판례는 적극설을 취하고 있다. 다만, 행정조사 절차하자가 경미한 경우에는 위법사유가 되지 않는 것으로 본다.

(4) 검토

행정결정에 필요한 정보를 수집하기 위해 행해진 행정조사가 위법한 경우 해당 행정행위의 절차하자가 있는 것으로 볼 수 있다. 따라서 이 경우 행정행위의 효력은 절차하자의 문제가 될 것이다.

2. 행정조사에 대한 행정구제

(1) 손실보상

적법한 행정조사로 재산상 특별한 손해를 받은 자에 대하여는 손실보상을 해주어야 한다. 문제는 보상규정이 없는 경우 헌법 제23조 제3항을 근거로 손실보상을 청구할 수 있는가 하는 것이다.

(2) 위법한 행정조사에 대한 구제

위법한 행정조사에 대하여 항고쟁송이 가능하기 위해서는 행정조사의 처분성이 인정되어야 하며 소의 이익이 인정될 수 있도록 행정조사의 상태가 계속되어야 한다. 행정행위의 형식을 취하는 행정조사는 물론 사실행위로서의 행정조사도 권력적인 경우에는 행정소송법상의 처분이라고 보아야 한다. 위법한 행정조사로 손해를 입은 국민은 국가배상을 청구할 수 있다.

Chapter 06

처분에 대한 이의신청 및 재심사

01 절 처분에 대한 이의신청

I C급 빈출

Ⅰ. 처분에 대한 이의신청

1. 처분에 대한 이의신청의 의의와 요건(행정기본법 제36조 제1항)

(1) 이의신청의 의의

행정청의 처분에 이의가 있는 당사자는 처분을 받은 날부터 30일 이내에 해당 행정청에 이의신청을 할 수 있다. 행정기본법 제36조 제1항을 바탕으로 이의신청이란 행정청의 처분에 이의가 있는 당사자가 해당 행정청(처분청)에 이의를 신청하는 절차로 정의할 수 있다.

(2) 이의신청의 대상

이의신청의 대상이 되는 처분은 행정심판법 제2조에 따라 같은 법에 따른 행정심판의 대상이 되는 처분을 말한다. 행정심판법 제3조는 행정청의 처분 또는 부작위에 대하여 다른 법률에 특별한 규정이 있는 경우에는 그 특별한 규정을, 특별한 규정이 없는 경우에는 행정심판법을 적용토록 규정하고 있다.

2. 이의신청에 대한 결과통지의 기한(행정기본법 제36조 제2항)

(1) 이의신청에 대한 통지

행정청은 행정기본법 제36조 제1항에 따른 이의신청을 받으면 그 신청을 받은 날부터 14일 이내에 그 이의신청에 대한 결과를 신청인에게 통지하여야 한다.

(2) 기간의 연장

다만, 부득이한 사유로 14일 이내에 통지할 수 없는 경우에는 그 기간을 만료일 다음 날부터 기산하여 10일의 범위에서 한 차례 연장할 수 있으며, 연장 사유를 신청인에게 통지하여야 한다. 통지는 문서로 함이 원칙이다(행정절차법 제24조).

3. 처분에 대한 이의신청과 행정심판 · 행정소송(행정기본법 제36조 제3항)

행정기본법 제36조 제1항에 따라 이의신청을 한 경우에도 그 이의신청과 관계없이 「행정심판법」에 따른 행정심판 또는 「행정소송법」에 따른 행정소송을 제기할 수 있다. 행정기본법상 이의신청은 임의적 절차이다.

4. 행정심판청구 · 행정소송 제기의 기간(행정기본법 제36조 제4항)

(1) 이의신청을 거친 경우

이의신청에 대한 결과를 통지받은 후 행정심판 또는 행정소송을 제기하려는 자는 그 결과를 통지받은 날(제2항에 따른 통지기간 내에 결과를 통지받지 못한 경우에는 같은 항에 따른 통지기간이 만료되는 날의 다음 날을 말한다)부터 90일 이내에 행정심판 또는 행정소송을 제기할 수 있다.

(2) 이의신청을 거치지 않은 경우

행정청의 처분에 이의가 있는 당사자가 해당 행정청에 이의신청을 하지 않고 바로 행정심판을 청구하는 경우에는 그 청구기간은 행정심판법이 정하는 기간, 바로 행정소송을 제기하는 경우에는 그 제소기간은 행정소송법이 정하는 바에 의한다.

5. 처분에 대한 이의신청의 적용 제외사항(행정기본법 제36조 제7항)

① 공무원 인사 관계 법령에 따른 징계 등 처분에 관한 사항
② 「국가인권위원회법」 제30조에 따른 진정에 대한 국가인권위원회의 결정
③ 「노동위원회법」 제2조의2에 따라 노동위원회의 의결을 거쳐 행하는 사항
④ 형사, 행형 및 보안처분 관계 법령에 따라 행하는 사항
⑤ 외국인의 출입국 · 난민인정 · 귀화 · 국적회복에 관한 사항
⑥ 과태료 부과 및 징수에 관한 사항

02 절 처분의 재심사 | C급 빈출

Ⅰ. 처분의 재심사

1. 처분의 재심사의 의의와 요건(행정기본법 제37조 제1항)

(1) 의의

처분의 재심사란 행정청의 처분에 일정한 사유가 있는 경우, 당사자가 해당 행정청에 그 처분의 취소·철회 또는 변경을 신청하는 절차이다.

(2) 대상과 제외사항

처분의 재심사의 대상은 처분이다. 다만 재심사 대상에서 제외되는 처분은 ① 제재처분 및 행정상 강제, ② 법원이 확정판결이 있는 처분이다. 제재처분 및 행정상 강제는 처분의 재심사의 대상에서 제외된다. 제재처분이나 행정상 강제에 해당하지 않는 처분일지라도 그 처분에 관해 법원의 판결이 있다면, 처분의 재심사의 대상에서 제외된다.

(3) 신청사유(요건)

행정기본법 제37조 제1항은 처분의 재심사 신청의 남용을 방지하기 위하여 처분의 재심사를 신청할 수 있는 사유를 3가지 경우로 제한하고 있다.

① 처분의 근거된 사실관계 또는 법률관계가 추후에 당사자에게 유리하게 바뀐 경우
② 당사자에게 유리한 결정을 가져다 주었을 새로운 증거가 있는 경우
③ 민사소송법 제451조에 따른 재심사유에 준하는 사유가 발생한 경우 등 대통령으로 정하는 경우

2. 처분의 재심사 신청의 제한(행정기본법 제37조 제2항)

(1) 의의 및 취지

행정기본법 제37조 제1항에 따른 신청은 해당 처분의 절차, 행정심판, 행정소송 및 그 밖의 쟁송에서 당사자가 중대한 과실 없이 제1항 각 호의 사유를 주장하지 못한 경우에만 할 수 있다.

(2) 제한사유로서의 중대한 과실

행정기본법 제37조 제1항이 정하는 사유가 있다고 하여도, 당사자가 해당 처분의 절차, 행정심판, 행정소송 및 그 밖의 쟁송에서 중대한 과실로 그 사유를 주장하지 않았다면, 당사자는 그 사유를 근거로 처분의 재심사를 청구할 수 없다. 고의로 그 사유를 주장하지 아니한 경우도 마찬가지이다. 따라서 당사자가 처분의 재심사를 신청할 수 있는 것은 해당 처분의 절차, 행정심판, 행정소송 및 그 밖의 쟁송에서 경과실 또는 경과실 없이 그 사유를 주장하지 못한 경우에 한한다.

3. 처분의 재심사 신청기한(행정기본법 제37조 제3항)

행정기본법 제37조 제1항에 따른 신청은 당사자가 동조 제1항 각 호의 사유를 안 날부터 60일 이내에 하여야 한다. 다만, 처분이 있은 날부터 5년이 지나면 신청할 수 없다.

4. 처분의 재심사 결과 통지의 기간(행정기본법 제37조 제4항)

행정기본법 제37조 제1항에 따른 신청을 받은 행정청은 특별한 사정이 없으면 신청을 받은 날부터 90일(합의제행정기관은 180일) 이내에 처분의 재심사 결과(재심사 여부와 처분의 유지 · 취소 · 철회 · 변경 등에 대한 결정을 포함한다)를 신청인에게 통지하여야 한다. 다만, 부득이한 사유로 90일(합의제행정기관은 180일) 이내에 통지할 수 없는 경우에는 그 기간을 만료일 다음 날부터 기산하여 90일(합의제행정기관은 180일)의 범위에서 한 차례 연장할 수 있으며, 연장 사유를 신청인에게 통지하여야 한다.

5. 처분의 재심사와 행정심판 · 행정소송의 관계(행정기본법 제37조 제5항)

행정기본법 제37조 제4항에 따른 처분의 재심사 결과 중 처분을 유지하는 결과에 대해서는 행정심판, 행정소송 및 그 밖의 쟁송수단을 통하여 불복할 수 없다.

6. 처분의 재심사와 직권취소 · 철회의 관계(행정기본법 제37조 제6항)

행정기본법 제37조 제6항에서 "행정청의 제18조에 따른 취소와 제19조에 따른 철회는 처분의 재심사에 의하여 영향을 받지 아니한다."고 규정하고 있어 직권취소나 철회는 처분의 재심사에 영향을 받지 아니한다.

7. 처분의 재심사의 적용 제외사항(행정기본법 제37조 제8항)

① 공무원 인사 관계 법령에 따른 징계 등 처분에 관한 사항

② 「노동위원회법」 제2조의2에 따라 노동위원회의 의결을 거쳐 행하는 사항

③ 형사, 행형 및 보안처분 관계 법령에 따라 행하는 사항

④ 외국인의 출입국 · 난민인정 · 귀화 · 국적회복에 관한 사항

⑤ 과태료 부과 및 징수에 관한 사항

⑥ 개별 법률에서 그 적용을 배제하고 있는 경우

PART

03

행정구제법

Chapter 01

행정상 손해전보

01 절 행정상 손해배상

| B급 빈출

I. 국가배상

1. 의의

국가배상제도란 국가가 자신의 사무수행과 관련하여 위법하게 타인에게 손해를 가한 경우 피해자에게 손해를 배상해 주는 제도이다. 국가배상제도는 법치국가에서 기본권을 존중하고 보장하기 위한 제도이다.

2. 법적 성질

(1) 학설 및 판례

① **사권설** : 사권설은 국가배상법을 손해배상에 관한 민법의 특별법으로 보는 것으로 이는 다수견해 및 판례의 견해이다.

② **공권설** : 공권설은 국가배상법은 공법적 원인으로 야기되는 배상문제를 규율하는 법이므로 공권으로 보는 견해이다.

(2) 검토

공법적 원인으로 발생한 법적 효과 문제는 공법적으로 다루는 것이 타당하므로, 공법설이 타당하다.

3. 국가배상법상 배상책임의 유형

국가배상법은 배상책임의 유형으로 ① 공무원의 직무상 불법행위로 인한 배상책임과 ② 영조물의 설치·관리상의 하자로 인한 배상책임의 2가지 유형을 규정하고 있다.

Ⅱ. 공무원의 직무상 불법행위로 인한 손해배상책임

1. 공무원

국가배상법상 공무원이란 행정조직법상의 공무원뿐만 아니라, 널리 공무를 위탁받아 공무에 종사하는 기능적 의미의 공무원을 의미한다.

2. 직무행위(직무행위의 범위)

(1) 학설

① **협의설** : 국가배상법 제2조 제1항의 직무는 공법상 권력작용만을 의미한다고 보는 견해이다.

② **광의설** : 국가배상법 제2조 제1항의 직무행위를 권력작용뿐만 아니라 관리작용까지도 포함하여 모든 공행정작용을 포함하는 것으로 보는 견해이다.

③ **최광의설** : 이는 본조의 직무행위를 국가 등의 공행정작용뿐만 아니라 사경제적 작용까지도 포함한다고 보는 견해이다.

(2) 판례 및 검토

판례는 광의설의 입장이며, 국가배상법상 직무란 공법상 행정작용을 의미하므로 광의설이 타당하다.

3. 직무를 집행하면서

국가배상법 제2조 제1항의 '직무를 집행하면서'라 함은 직무행위 자체는 물론 객관적으로 직무의 범위에 속한다고 판단되는 행위 및 직무와 밀접히 관련된 행위를 말한다. 직무행위인지의 여부는 외형설에 따라 객관적으로 직무행위의 외관을 갖추고 있는지의 여부에 따라 판단하여야 한다는 것이 판례의 태도이다.

4. 고의 또는 과실

고의란 위법행위 발생가능성을 인식하고 그 결과를 용인하는 것이고, 과실이란 위법한 결과의 발생을 부주의로 인식하지 못하는 것을 말한다. 다수설 및 판례는 공무원의 직무집행상 과실이란 직무 담당 평균인이 통상 갖추어야 할 주의의무를 게을리한 것을 말한다.

5. 법령에 위반할 것

(1) 문제점

국가배상법상의 위법성이란 법령에 위반하는 것으로, 여기에서 국가배상의 본질을 어떻게 볼 것인가에 따라 법령위반의 판단대상 및 판단기준이 다르게 이해된다.

(2) 학설

① **결과불법설** : 결과불법설은 국가배상법상의 위법을 가해행위의 결과인 손해의 불법을 의미한다.

② **행위위법설** : 행위위법설은 국가배상법상의 위법은 행위의 법규범에의 위반을 의미한다고 보는 견해이다.

③ **직무의무위반설** : 직무의무위반설은 국가배상법상 위법을 대국민관계에서의 공무원의 직무의무 위반으로 보는 견해이다.

④ **상대적 위법성설** : 상대적 위법성설은 국가배상법상의 위법성을 행위의 적법·위법뿐만 아니라, 피침해이익의 성격과 침해의 정도 및 가해행위의 태양을 종합적으로 고려하여 행위와 객관적으로 정당성을 결여한 경우를 의미한다고 보는 견해이다.

(3) 판례

판례는 광의의 행위위법설을 주류적 입장으로 취한 것으로 보인다. 즉 엄격한 의미의 법령 위반뿐만 아니라 인권존중, 권력남용금지, 신의성실, 공서양속 등 위반도 포함하여 널리 그 행위가 객관적 정당성을 결여하고 있음을 의미한다고 하였다. 다만, 객관적 정당성을 상실하였는지 여부는 피침해이익의 종류 및 성질, 침해행위가 되는 행정처분의 태양 및 원인,

행정처분의 발동에 대한 피해자측의 관여의 유무, 정도 및 손해의 정도 등 제반 사정을 종합하여 판단하여야 한다고 하여 상대적 위법성설을 취한 판결도 있다.

(4) 검토

사안에 따른 공평하고 탄력적인 결론을 이끌어 낼 수 있고, 위법성을 완화하여 해석함으로써 피해자에게 유리하다는 점에서 상대적 위법성설이 타당하다고 보인다.

6. 타인에게 손해가 발생할 것

국가 등이 배상책임을 지기 위하여는 공무원의 직무상 불법행위로 인하여 타인에게 손해가 발생되어야 한다.

7. 인과관계

가해행위인 직무집행행위와 손해 발생 사이 상당인과관계가 있어야 한다. 인과관계 유무의 판단은 관련법령의 내용, 가해행위의 태양, 피해의 상황 등 제반사정을 종합적으로 고려하면서 이루어져야 한다(판례). 특히 부작위에 의한 침해로 인한 국가배상청구소송의 경우에도 종합적으로 고려하여 인과관계를 판단해야 한다.

02 절 행정상 결과제거청구권 | C급 빈출

Ⅰ. 의의

행정상 결과제거청구권이란 위법한 행정작용의 결과로서 남아 있는 상태로 인하여 자기의 법률상 이익을 침해받고 있는 자가 행정주체를 상대로 그 위법한 상태를 제거해 줄 것을 청구하는 권리를 말한다.

Ⅱ. 법적 성질

행정상 결과제거청구권의 성질이 공권인지 물권적 청구권인지의 견해가 대립되나, 행정상 결과제거청구권은 행정주체의 공권적 행정작용에 의하여 야기된 결과로서 위법한 상태의 제거를 목적으로 한다는 점에서 공권으로 보아야 할 것이다.

Ⅲ. 법적 근거

공법상 결과제거청구권을 일반적으로 인정하는 명문 규정은 없다. 법치행정의 원리, 기본권 규정, 민법상 소유권방해배제청구권 등의 관계 규정의 유추적용에서 법적 근거를 찾고, 취소판결의 기속력 규정인 행정소송법 제30조를 근거로 보는 견해가 있다.

Ⅳ. 성립요건

① 법적 행위뿐만 아니라 사실행위도 포함하는 공행정작용으로 인한 침해로 위법한 상태가 야기되어 권리 또는 법적 이익이 침해되고 있어야 한다.

② 위법한 상태의 존재 여부는 사실심 변론종결 시를 기준으로 판단한다.

③ 원상회복이 사실상 가능하고, 법률상 허용되어야 하며, 원상회복이 행정주체에게 기대가능한 것이어야 한다.

Ⅴ. 내용 및 한계

결과제거청구권은 위법한 행정작용에 의하여 야기된 현존하는 결과의 제거를 그 내용으로 한다. 위법한 상태의 발생에서 피해자의 과실도 있는 경우에 민법상 과실상계규정(민법 제396조)은 결과제거청구권의 행사에도 준용될 수 있다.

Ⅵ. 쟁송절차

공법상 결과제거청구권에 관한 소송은 행정소송의 일종으로서 당연히 행정소송법상 당사자소송에 의해야 할 것이다. 그러나 현재 판례는 당사자소송으로서 공법상 위법상태의 제거를 구하는 당사자소송(이행소송)을 인정하지 않고 있다.

03 절 행정상 손실보상 | A급 빈출

Ⅰ. 의의

행정상 손실보상이란 공공필요에 의한 적법한 공권력행사에 의하여 개인에게 가하여진 특별한 희생에 대하여 사유재산권의 보장과 공평부담의 견지에서 행정주체가 행하는 조절적인 재산적 전보를 말한다. 행정상 손실보상은 그 보상원인이 적법한 공권력행사에 의한 것이며, 그 손실은 적법하게 과하여진 특별한 희생이라는 점 등에서 행정상 손해배상과 다르다.

Ⅱ. 근거

1. 이론적 근거

① 기득권설, ② 은혜설, ③ 특별한 희생설, ④ 생존권보장설 등의 견해가 있다. 특별한 희생을 보상하는 것이 일반적 견해이다.

2. 헌법적 근거

헌법 제23조 제3항에서는 '공공필요에 의한 재산권의 수용, 사용 또는 제한 및 그에 대한 보상은 법률로써 하되, 정당한 보상을 지급하여야 한다.' 고 규정하고 있다.

3. 개별법

공익사업을 위한 토지 등의 취득 및 보상에 관한 법률과 그 외 개별법에 산재되어 있다.

Ⅲ. 손실보상의 법적 성질

(1) 학설 및 판례

손실보상청구권에 대해 공권설과 사권설의 견해가 대립하고 있다. 이에 대해 종전 판례는 사권으로 보았으나 최근 하천법상 손실보상청구권과 관련하여 행정상 당사자소송의 대상이 된다고 판시한바 있다.

(2) 검토

손실보상청구권은 ① 공익을 위하여 공권력으로 적법하게 개인의 재산권을 침해하는 것으로서 사법관계에서 볼 수 없는 공법에 특유한 현상이라는 점, ② 손실보상에 관하여 규정한 실정법이 손실보상의 청구에 관하여 전심절차로서 행정심판절차(토지보상법 제83조 이의신청 등)를 고려할 때 공권으로 봄이 타당하다.

Ⅳ. 손실보상의 요건

1. 공공필요

공공필요는 일정한 공익사업을 시행하거나 공공복리를 달성하기 위해 재산권의 제한이 불가피한 것을 말한다. 재산권에 대한 침해로 얻게 되는 공익과 사인이 재산권을 보유함으로써 얻게 되는 사익 간의 이익형량을 통해 판단한다.

2. 재산권에 대한 공권적 침해

재산적 가치가 있는 공, 사법적 권리에 대한 침해를 말하며, 침해의 형태는 수용, 사용, 제한이 있다.

3. 침해의 적법성 및 법적 근거

재산권 보장의 예외인바, 법률유보원칙, 법률우위원칙에 위반되서는 안 되며, 법적 근거를 갖는 적법한 침해여야 한다.

4. 특별한 희생

(1) 의의

특별한 희생이란 타인과 비교하여 재산권에 일반적으로 내재하는 사회적 제약을 넘어선 손실을 의미한다.

(2) 학설

① **형식설** : 재산권에 대한 침해행위가 일반적인 것이냐 개별적인 것이냐의 형식적 표준에 따라 특정인 또는 한정된 범위 안의 자에 대한 침해행위만을 '특별한 희생'으로 본다.

② **실질설** : 재산권 침해의 본질성과 강도라고 하는 실질적 표준에 의하여 구별하려는 견해로서, 그 침해가 재산권의 본질인 배타적 지배권을 침해하지 아니하는 범위 안의 것일 때에는 재산권에 내재한 사회적 제약이고, 일반적 부담 이상으로 재산권의 본질을 침해하는 것일 때에는 재산권의 내재적 제약의 범위를 넘은 것이므로 손실보상을 요하는 '특별희생'에 해당된다는 것이다. 실질설에 입각한 견해도 그 구체적인 주장은 다음과 같이 다르다.

㉠ 목적위배설 : 공용침해가 재산권의 객관적인 종래 목적을 침해하는 경우에는 특별한 희생으로 본다는 견해이다.

㉡ 사적효용설 : 헌법이 보장하는 사유재산제도의 본질을 사적효용성이라 보고 당해 재산권의 본래의 사적효용을 침해한 경우 특별한 희생이라고 보는 견해이다.

㉢ 보호가치성설 : 사회의 역사, 가치관, 법률의 취지 등에 의해 보호가치 있는 재산권에 대한 침해는 특별한 희생이라고 보는 견해이다.

㉣ 수인기대가능성설 : 공공필요에 의한 재산권의 침해가 수인을 기대할 수 있는지의 여부에 따라서 특별희생을 판단하는 견해이다.

㉤ 중대성설 : 침해의 중대성과 범위에 비추어 사인이 수인할 수 없는 경우에만 보상이 주어지는 특별한 희생이라고 보는 견해이다.

㉥ 상황구속성설 : 공용침해 당시 토지의 이용형태 및 사회적 상황 등 구체적 상황에 따라 특별희생을 판단하는 견해로서, 당해 재산권이 처한 상황에 비추어 재산권주체가 이미 예견할 수 있는 단순한 행사상의 제한이 가해지는 경우는 사회적 제약에 해당되나, 당해 재산권의 효용이 거부되거나 본질적으로 제약당하는 경우에는 공용침해로 인한 특별한 희생으로 보는 견해이다.

㉦ 사회적 비용설 : 재산권추계에게 손실보상을 하기 위해서는 범위와 액수의 조사비용, 제도운용비용 등의 현실적 한계가 있으므로 개인의 특별한 희생이 사회적 비용을 상회하는 시점을 손실보상의 기점으로 보는 견해이다.

③ 절충설(통설)

특별희생과 사회적 제약을 구별하는 기준으로서 형식설과 실질설은 일면 타당성을 지니는 반면 어느 하나만으로는 완전한 구별기준이 될 수 없으므로 양 설을 종합적으로 고려하여 개별적, 구체적으로 판단하여야 한다는 견해이다.

(3) 판례

대법원은 개발제한구역지정은 공공복리에 적합한 합리적인 제한이라 판시하였으며, 헌법재판소는 토지를 종래 목적으로의 사용이 불가하거나, 실질적으로 토지의 사용, 수익이 제한된 경우 이는 수인한도를 넘어선다고 판시하였다.

(4) 검토

형식설과 실질설 모두 특별한 희생을 파악하는 데 적절하므로, 이를 종합적으로 고려하는 절충설이 타당하다고 보인다.

5. 보상규정의 존재

(1) 문제점(헌법 제23조 제3항의 효력논의)

법률에 보상규정이 있어야 하나 보상규정이 없는 경우에도 보상을 할 수 있는지가 헌법 제23조 제3항의 해석과 관련하여 문제된다.

(2) 학설

① **방침규정설** : 법률에 보상규정을 두지 않으면 손실보상을 청구할 수 없다는 견해이다.

② **직접효력설** : 헌법 제23조 제3항을 직접 근거로 손실보상청구가 가능하다는 견해이다.

③ **유추적용설** : 헌법 제23조 제1항 및 헌법 제11조에 근거하고, 헌법 제23조 제3항 및 관계규정을 유추적용한다는 견해이다.

④ **위헌무효설** : 헌법 제23조 제3항은 불가분조항이므로 보상규정이 없으면 이에 반하는 위법한 수용인바 손해배상을 청구해야 한다는 견해이다.

⑤ **보상입법부작위위헌설** : 손실보상을 규정하지 않은 입법부작위가 위헌으로 입법부작위에 대한 헌법소원을 통해 해결해야 한다는 견해이다.

(3) 판례

대법원은 시대적 상황에 따라 직접효력설, 유추적용설 등 태도를 달리하고, 헌법재판소는 보상입법의무의 부과를 통해 보상규정이 없는 경우의 문제를 해결한다고 판시하였다.

(4) 검토

특별한 희생에 해당하는 경우 보상해주어야 하므로 헌법 제23조의 유추적용이 타당하나, 헌법재판소는 보상입법을 강조하며 유추적용을 부정한다. 생각건대, 보상입법의 경우 입법에 상당기간이 소요되므로 국민권익의 신속한 구제를 위해 직접적용설의 입장에서 해결하는 것이 타당하다.

Ⅴ. 손실보상의 기준

1. 헌법상 기준

(1) 문제점

헌법 제23조 제3항에서는 '정당한 보상'이라고 규정하고 있으나, 정당보상의 의미가 추상적인 바 해석이 문제된다.

(2) 학설

① **완전보상설** : 피침해재산이 가지는 완전한 가치를 보상해야 한다는 견해이다.

② **상당보상설** : 사회통념상 합당한 보상이면 되고 합리적 사유가 있으면 하회할 수 있다는 견해이다.

③ **절충설** : 완전보상을 요하는 경우와 상당보상을 요하는 경우로 나누어 판단해야 한다는 견해이다.

(3) 판례

대법원은 시기, 방법 등에 어떠한 제한도 없는 완전한 보상을 의미한다고 판시하였으며, 헌법재판소는 피수용자의 객관적 가치를 완전하게 보상하여야 한다고 판시하였다.

(4) 검토

피수용자의 객관적 가치를 완전하게 보상함은 물론 대물적 보상만으로는 보상되지 않는 부분에 대한 생활보상을 지향함이 타당하다.

2. 토지보상법상 기준

(1) 시가보상(토지보상법 제67조 제1항)

시가보상이란 협의 성립 당시의 가격 및 재결 당시의 가격을 기준으로 보상하는 것을 말하며 이는 개발이익배제 보상액의 적정성 등에 취지가 있다.

(2) 개발이익배제(토지보상법 제67조 제2항)

개발이익배제란 보상액 산정에 있어서 해당 공익사업으로 인하여 토지 등의 가격에 변동이 있는 때에는 이를 고려하지 않는 것을 말한다.

(3) 공시지가 기준보상(토지보상법 제70조 제1항)

협의나 재결에 의하여 취득하는 토지에 대하여는 공시지가를 기준으로 하여 보상하되, 그 공시기준일부터 가격시점까지의 관계 법령에 따른 그 토지의 이용계획, 해당 공익사업으로 인한 지가의 영향을 받지 아니하는 지역의 대통령령으로 정하는 지가변동률, 생산자물가상승률과 그 밖에 그 토지의 위치, 형상, 환경, 이용상황 등을 고려하여 평가한 적정가격으로 보상하여야 한다. 이는 개발이익배제에 취지가 인정된다.

3. 생활보상의 지향

재산권보상만으로 메워지지 않는 종전 생활 이익에 대한 보상으로, 이주대책 등 주거의 총체적 가치의 보상으로 생활보상이 지향되어야 한다.

VI. 손실보상의 방법(원칙)

사업시행자보상, 사전보상, 현금보상, 개인별보상, 일괄보상, 사업시행이익 상계금지, 시가보상, 개발이익배제, 복수평가의 원칙이 있다.

Chapter 02

행정심판

Ⅰ. 행정심판의 의의

행정심판이란 행정청의 위법·부당한 처분 또는 부작위에 대한 불복에 대하여 행정기관이 심판하는 행정심판법상의 행정쟁송절차이다.

Ⅱ. 행정심판의 종류

1. 취소심판

취소심판이란 행정청의 위법 또는 부당한 처분으로 인하여 권익을 침해당한 자가 그 취소 또는 변경을 구하는 행정심판을 말한다.

2. 무효등확인심판

무효등확인심판이란 처분의 효력 유무 또는 존재 여부에 대한 확인을 구하는 행정심판을 말한다.

3. 의무이행심판

의무이행심판이란 행정청의 위법 또는 부당한 거부처분 또는 부작위가 있는 경우에 법률상 의무가 지워진 처분의 이행을 구하는 행정심판을 말한다.

Ⅲ. 행정심판의 청구

1. 행정심판의 대상

행정심판의 대상은 '행정청의 처분 또는 부작위'이다.

2. 행정심판의 당사자

① **청구인적격** : 청구인적격이란 행정심판의 청구인이 될 수 있는 자격을 말한다. 행정심판의 청구인은 '행정심판을 제기할 법률상 이익이 있는 자'이다.

② **피청구인적격** : 피청구인이란 심판청구를 제기받은 상대방인 당사자를 말한다.

3. 행정심판 청구기간

(1) 원칙적인 청구기간

행정심판의 청구는 원칙적으로 처분이 있음을 안 날로부터 90일 이내, 처분이 있은 날로부터 180일 이내에 제기하여야 한다. 처분이 있음을 안 날이란 처분이 있음을 현실적으로 안 날을 말하며, 90일은 불변기간이고, 기간준수 여부는 행정심판위원회의 직권조사사항이다.

(2) 예외적인 심판청구기간

① **90일에 대한 예외** : 천재지변・전쟁・사변 그 밖의 불가항력으로 인하여 처분이 있음을 안 날로부터 90일 이내에 심판청구를 할 수 없었을 때에는 그 사유가 소멸한 날로부터 14일 이내에 심판청구를 제기할 수 있다. 행정청이 행정심판 청구기간을 상대방에게 고지하지 아니한 경우에는 당사자가 처분이 있음을 알았다고 하더라도 심판청구기간은 처분이 있은 날부터 180일 이내가 된다.

② **180일에 대한 예외** : 처분이 있은 날로부터 180일 이내에 제기하여야 하지만 정당한 사유가 있는 경우에는 180일이 넘어도 제기할 수 있다. 어떤 사유가 '정당한 사유'에 해당하는가는 건전한 사회통념에 의해 판단되어야 한다.

(3) 심판청구기간에서의 불고지 등의 경우

행정청이 서면에 의하여 처분을 하는 경우에 그 처분의 상대방에게 행정심판청구에 관한 고지를 하도록 되어 있다. 그런데 행정청이 심판청구기간을 처분이 있음을 알게 된 날부터 90일보다 긴 기간으로 잘못 알린 경우, 그 잘못 알린 기간에 심판청구가 있으면 그 행정심판은 90일 내에 청구된 것으로 본다.

Chapter 03

취소소송

01 절 취소소송 | A급 빈출

Ⅰ. 취소소송의 의의 및 성격

취소소송이란 행정청의 위법한 처분이나 재결의 취소 또는 변경을 구하는 소송을 말한다(행정소송법 제4조 제1호). 취소소송은 주관적 소송이며, 형성소송의 성질을 갖는다는 것이 통설과 판례의 태도이며, 행정소송법 제4조 제1호의 규정상 형성소송설이 타당하다.

Ⅱ. 취소소송의 소송물

취소소송의 소송물이란 소송에서 심판의 대상이 되는 소송상의 청구를 말한다. 소송물은 소송의 기본단위로서 소의 병합, 처분사유의 추가·변경, 소의 변경을 결정하는 경우와 기판력의 객관적 범위를 정하는 경우 등에 있어서 의미를 갖는다.

취소소송의 소송물을 무엇으로 볼 것인가에 관하여 학설과 판례가 견해가 대립하고 있는데, 취소소송의 소송물을 처분의 위법성 일반(추상적 위법성)이라고 보는 견해가 다수견해이며 판례의 입장이다.

> 취소판결의 기판력은 소송물로 된 행정처분의 위법성 존부에 관한 판단 그 자체에만 미치는 것이므로 전소와 후소가 그 소송물을 달리하는 경우에는 전소 확정판결의 기판력이 후소에 미치지 아니한다.
> (대판 1996.4.26, 95누5820[주택건설사업 계획승인 처분무효])

02 절 취소소송의 요건

I A급 빈출

Ⅰ. 재결과 취소소송

1. 원처분주의와 재결주의의 의의

(1) 원처분주의

원처분주의란 원처분을 취소소송의 대상으로 하고, 재결 자체의 고유한 하자가 있는 경우에는 재결을 취소소송의 대상으로 하는 것을 말한다.

(2) 재결주의

재결주의는 재결을 대상으로 취소소송을 제기하는 것을 말한다.

(3) 재결소송의 인정 필요성

재결소송을 인정하는 것은 원처분을 다툴 필요가 없거나 다툴 수 없는 자도 재결로 인하여 다툴 필요가 생긴 경우의 권리구제를 도모하기 위함이다(판례).

2. 행정소송법 제19조의 태도 및 토지보상법 제85조의 태도

행정소송법 제19조는 '취소소송은 처분 등을 대상으로 한다. 다만, 재결취소소송의 경우에는 재결 자체에 고유한 위법이 있음을 이유로 하는 경우에 한한다.'고 하여 원처분주의를 채택하고 있다. 토지보상법 제85조 제1항 또한 피고에서 재결청을 삭제하여 원처분주의 원칙을 천명하고 있다.

3. 원처분주의 판례(2008두1504)

종전 판례는 재결주의 입장을 보이는 듯하였으나 최근 판례는 수용재결에 불복하여 취소소송을 제기하는 때에는 이의신청을 거친 경우에도 수용재결을 한 관할 토지수용위원회를 피고로 하여 수용재결의 취소를 구하여야 하고, 다만 이의신청에 대한 재결 자체의 고유한 위법이 있음을 이유로 하는 경우에는 그 이의재결을 한 중앙토지수용위원회를 피고로 하여 취소를 구할 수 있다고 판시하였다.

> 공익사업을 위한 토지 등의 취득 및 보상에 관한 법률 제85조 제1항 전문의 문언 내용과 같은 법 제83조, 제85조가 중앙토지수용위원회에 대한 이의신청을 임의적 절차로 규정하고 있는 점, 행정소송법 제19조 단서가 행정심판에 대한 재결은 재결 자체에 고유한 위법이 있음을 이유로 하는 경우에 한하여 취소소송의 대상으로 삼을 수 있도록 규정하고 있는 점 등을 종합하여 보면, 수용재결에 불복하여 취소소송을 제기하는 때에는 이의신청을 거친 경우에도 수용재결을 한 중앙토지수용위원회 또는 지방토지수용위원회를 피고로 하여 수용재결의 취소를 구하여야 하고, 다만 이의신청에 대한 재결 자체에 고유한 위법이 있음을 이유로 하는 경우에는 그 이의재결을 한 중앙토지수용위원회를 피고로 하여 이의재결의 취소를 구할 수 있다고 보아야 한다.
> (대판 2010.1.28, 2008두1504 판결[수용재결취소등])

4. 재결 고유의 하자 유형

주체, 절차, 형식, 내용의 하자가 있으나 내용상 하자의 경우 견해대립이 있다. 판례는 '재결청의 권한 또는 구성의 위법, 재결의 절차나 형식의 위법, 내용의 위법은 위법·부당하게 인용재결을 한 경우에 해당한다.'고 판시한바 내용상 하자를 재결 고유의 하자로 인정하고 있다.

5. 고유한 위법이 없을 시 판결의 종류

각하의 견해가 있으나 판례는 기각해야 한다고 본다. 재결 자체의 위법 여부는 본안판단사항이다.

6. 심리범위

판례는 인용재결의 취소를 구하는 소송의 심리, 판단의 범위에 관하여 인용재결의 당부는 원처분의 당부를 포함하는 것으로 보고 있다.

7. 원처분주의의 위반효과(재결의 고유한 위법 없이 소를 제기한 경우)

고유한 위법 없이 소송을 제기한 경우에는 각하판결을 해야 한다는 견해가 있으나 다수설, 판례는 재결 자체의 위법 여부는 본안판단사항이므로 기각판결을 해야 한다고 본다.

8. 원처분주의에 따라 항고소송의 대상으로 삼을지 여부

① 기각재결의 경우 항고소송의 대상 : 원처분이 대상이 되며 기각재결에 고유한 하자가 있는 경우에 한한다.

② 일부취소재결 : 남은 원처분을 취소소송의 대상으로 한다는 것이 학설과 일반적인 견해이다.

③ 적극적인 변경재결의 경우 항고소송의 대상 : 판례는 적극적 변경재결로 인하여 감경되고 남은 원처분을 대상으로 원처분청을 피고로 하여 소송을 제기하여야 한다.

④ 적극적 변경명령재결에 따른 변경처분의 경우 : 판례는 적극적 변경명령재결에 따라 변경처분이 행해진 경우에 다투고자 하는 경우 변경되고 남은 원처분을 소송의 대상으로 한다.

II. 대상적격

1. 취소소송의 대상(행정소송법 제19조)

행정소송법은 취소소송의 대상을 "취소소송은 처분 등을 대상으로 한다." 고 제19조에서 규정하고 있다.

2. 처분 등의 개념

(1) 처분 등의 의미(행정소송법 제2조 제1항)

처분 등이라 함은 행정청이 행하는 구체적 사실에 관한 법 집행으로서의 공권력의 행사 또는 그 거부와 그 밖에 이에 준하는 행정작용 및 행정심판에 대한 재결을 말한다.

(2) 처분 등의 종류

① 행정청이 행하는 구체적 사실에 관한 법집행으로서의 공권력의 행사

② 행정청이 행하는 구체적 사실에 관한 법집행으로서의 공권력 행사의 거부

③ 그 밖에 이에 준하는 행정작용(권력적 사실행위)

④ 행정심판의 재결

3. 거부처분

(1) 거부처분의 의의 및 구별개념

거부처분이란 공권력 행사의 신청에 대하여 처분의 발령을 거부하는 행정청의 의사작용을 의미한다. 행정소송법상 처분개념으로서 거부란 신청된 행정작용이 처분에 해당되는 경우의 거부만을 의미하며, 거부는 처분의 신청에 대한 거절의 의사표시라는 점에서 부작위와 구별된다.

(2) 거부가 처분이 되기 위한 요건

판례의 태도에 의하면 거부가 처분이 되기 위해선

① 공권력의 행사 또는 이에 준하는 행정작용일 것

② 그 거부행위가 국민의 권리와 의무에 영향을 미칠 것

③ 국민에게 법규상 또는 조리상 신청권이 있을 것이다.

(3) 신청권에 대한 견해의 대립

① **대상적격설** : 신청권은 응답의무에 대응하는 절차적 권리로 대상적격이라는 견해이다.

② **원고적격설** : 처분성은 소송법상 개념요소만 필요하므로 신청권은 원고적격과 관련된다는 견해이다.

③ **본안요건설** : 신청권 존부는 본안심리에서 판단할 사안이라는 견해이다.

위의 신청권에 대한 견해의 대립에 대해 판례는 대상적격의 입장을 취하고 있으며, 생각건대 대상적격은 소송요건 판단 시 가장 우선적으로 고려되는 바 이는 소송경제상 타당하다.

Ⅲ. 원고적격

1. 의의 및 취지(행정소송법 제12조)

원고적격이란 본안판결을 받을 수 있는 자격으로, 행정소송법 제12조는 "취소소송은 처분 등의 취소를 구할 법률상 이익이 있는 자가 제기할 수 있다."고 하여 원고적격으로 법률상 이익을 요구한다. 원고적격은 소를 제기할 수 있는 자를 규정하여 남소방지를 도모함에 취지가 인정된다.

2. 법률상 이익의 의미

(1) 문제점

취소소송의 원고적격을 규정한 '법률상 이익'이라는 표현은 매우 추상적이므로 그 의미의 해석이 문제된다.

(2) 학설

① **권리구제설** : 취소소송의 목적이 위법한 처분으로 야기된 개인의 권리의 회복에 있으므로 권리가 침해된 자만이 소송을 제기할 수 있다는 견해이다.

② **법률상 이익구제설** : 처분의 근거법규에 의하여 보호되는 이익을 침해받은 자도 처분을 다툴 수 있다는 견해이다.

③ **보호가치이익설** : 재판상 보호할 가치가 있는 이익을 침해당한 자가 소송을 제기할 수 있다는 견해이다.

④ **적법성 보장설** : 처분을 다툴 가장 적합한 이익 상태에 있는 자가 원고적격을 갖는다는 견해이다.

(3) 판례(2006두330)

법률상 보호되는 이익이라 함은 해당 처분의 근거법규 및 관련법규에 의하여 보호되는 개별적 · 직접적 · 구체적 이익이 있는 경우를 말하고, 공익보호의 결과로 국민 일반이 공통적으로 가지는 일반적 · 간접적 · 추상적 이익이 생기는 경우에는 법률상 보호되는 이익이 있다고 할 수 없다고 판시하여 법률상 이익구제설의 입장을 취하고 있다.

(4) 검토

행정소송법이 항고소송의 주된 기능을 권리구제로 보고 있고, 취소소송을 주관적 · 형성소송으로 보면 법률상 이익구제설이 타당하다.

3. 법률의 범위

(1) 학설

법률상 이익구제설의 경우 보호법률의 범위가 문제되는데, 이에 대하여 ① 해당 처분의 직접적인 근거가 되는 법률에만 한정해야 한다는 견해

② 처분의 근거가 되는 법률 외에 관련규정까지도 고려해야 한다는 견해
③ 헌법상 기본권 원리까지 포함하여야 한다는 견해가 있다.

(2) 판례

대법원은 해당 처분의 근거법규 뿐 아니라 관계법률까지 고려하는 입장으로 판시하고 있다.

(3) 검토

공권의 확대화 경향에 따라 근거법규, 관계법규 및 헌법상 기본권까지 고려하여 법률상 이익의 범위를 확대해 나가는 것이 국민의 권리구제에 유리하다 판단된다.

4. 제3자의 원고적격

(1) 경업자(경쟁관계 영업자)소송

경업자소송이란 여러 영업자가 경쟁관계에 있는 경우에 경쟁관계에 있는 영업자에 대한 처분 또는 부작위를 경쟁관계에 있는 다른 영업자가 다투는 소송을 말한다. 판례는 일반적으로 특허로 받는 기존영업자의 이익은 법률상 이익으로 보고, 허가로 받는 영업자의 이익은 원칙상 반사적 이익 내지는 사실상 이익에 불과한 것으로 본다. 최근 판례에서는 허가인 경우도 과당경쟁방지 목적일 시에는 법률상 이익을 인정하였다.

(2) 경원자소송

경원자소송이란 수인의 신청을 받아 일부에 대하여만 인·허가 등의 수익적 행정처분을 할 수 있는 경우에 인·허가 등을 받지 못한 자가 인·허가 처분에 대하여 제기하는 항고소송을 말한다. 통설 및 판례는 경원관계만으로 취소를 구할 법률상 이익이 있다고 본다.

(3) 인인소송

인인소송이란 어떠한 시설의 설치를 허가하는 처분에 대하여 해당 시설의 인근 주민이 다투는 소송을 말한다.

① 환경영향평가에 관한 관련 규정의 취지가 환경영향평가 대상지역 안의 주민들이 수인한도를 넘는 환경침해를 받지 아니하고 쾌적한 환경

에서 생활할 수 있는 개별적 이익을 보호하는 데 있다고 보아 원고적격을 인정하였다.

② 환경영향평가 대상지역 밖의 주민이라도 처분 전과 비교하여 수인한도를 넘는 환경피해를 받거나 받을 우려가 있는 경우에는, 환경상 이익에 대한 침해 또는 침해우려가 있다는 것을 입증함으로써 그 처분 등의 무효확인을 구할 원고적격을 인정받을 수 있다고 판시하였다.

IV. 협의의 소익

1. 의의 및 취지

협의의 소익이란 본안판결을 받을 현실적 · 법률적 필요성을 의미하며, 협의의 소익은 남소방지와 소송경제에 그 취지가 있다.

2. 원고적격과의 구별

① 다수설에 의하면 행정소송법 제12조 전문은 원고적격의 근거, 후문은 협의의 소익의 근거라 보며, ② 소수설에 의하면 행정소송법 제12조는 원고적격의 근거이며, 협의의 소익은 학설과 판례로 인정하고 있다. ③ 명문규정에 근거하여 법적타당성을 기할 수 있는 다수설의 입장이 타당하며, 따라서 '회복되는 법률상의 이익'은 협의의 소익으로 봄이 타당하다.

3. 행정소송법 제12조 제2문의 해석

① 처분의 위법성을 확인하는 소송이라는 확인소송설과 ② 처분이 소멸한 뒤에도 취소할 위법상태가 존재한다는 형성소송설의 견해가 대립한다. ③ 취소소송을 형성소송으로 이해할 때, 처분의 효력이 소멸한 경우에는 배제할 법적 효과가 없게 되어 현행 법체계상 확인소송으로 보는 것이 타당하다고 생각된다.

4. 행정소송법 제12조 제2문의 '회복되는 법률상 이익'의 의미

(1) 문제점

법률상 이익은 기본적 이익과 부수적 이익을 포함한다. 이때 명예나 신용이 포함되는지 여부에 견해의 대립이 있다.

(2) 학설

① **소극설** : 개별적, 구체적 이익만 포함한다고 견해이다.
② **적극설** : 명예, 신용 등도 이익에 포함된다는 견해이다.
③ **정당한 이익설** : 사회적, 문화적 이익도 포함된다는 견해이다.

(3) 판례

판례는 개별적, 직접적, 구체적 이익은 포함하나, 간접적이거나 사실적·경제적 이익·명예·신용 등의 인격적 이익을 가지는 데 불과한 경우는 이에 해당하지 않는다고 본다고 판시하였다.

(4) 검토

부수적 이익을 임의적, 형식적으로 해석하여 판별할 수 없으므로, 명예, 신용도 개별, 구체적인 경우에는 법률상 이익으로 인정함이 타당하다.

5. 취소소송에서의 협의의 소익

① **처분의 효력이 소멸된 경우** : 처분의 효력기간의 경과 등으로 행정처분의 효력이 상실된 경우에도 해당 처분을 취소할 현실적 이익이 있는 경우 그 처분의 취소를 구할 협의의 소익이 있다.
② **원상회복이 불가능한 경우** : 위법한 처분을 취소한다 하더라도 원상회복이 불가능한 경우 그 취소를 구할 이익이 없으나, 회복되는 부수적 이익이 있는 경우에는 소의 이익을 인정한다.
③ **처분 후 사정에 의한 침해가 해소된 경우** : 처분 후 사정에 의해 권익침해가 해소된 경우 소의 이익이 없으나, 처분 후에 사정변경이 있더라도 권익침해가 해소되지 않은 경우에는 소의 이익이 있다.
④ **보다 간이한 구제방법이 있는 경우** : 해당 취소소송보다 실효적인 권리구제절차가 있는 경우에는 소의 이익이 부정되지만, 다른 권리구제절

차가 있는 경우에도 취소를 구할 현실적 이익이 있는 경우에는 소의 이익이 인정된다.

6. 가중처벌 관련 제재적 처분기준의 경우 협의의 소익(감정평가사법 시행령 제29조 별표3 관련)

(1) 문제점

제재적 처분기준이 장래 처분의 가중요건이 될 시 처분의 효력이 소멸한 후에도 협의의 소익이 인정되는지 여부가 문제된다.

(2) 판례

① **종전판례** : 제재적 처분기준이 대통령령 형식(법규성 인정)인 경우에는 소의 이익이 있다고 보았으나, 부령 형식(법규성 불인정)인 경우에는 소의 이익을 부정하였다.

② **최근 판례** : 행정청은 처분기준을 준수할 의무가 있으므로 장래 처분의 가중요건이 되는 처분의 효력이 소멸한 경우에도, 가중처벌규정이 대외적 구속력을 갖는 법규명령인지와 상관없이 장래에 현실적·구체적 위험이 존재한다. 따라서 이러한 불이익을 조기에 제거할 필요가 있으므로 가중적 처벌규정의 대외적 구속력 여부와 관계없이 협의 소익을 인정하는 것이 타당하다고 판시하였다.

> [다수의견] 제재적 행정처분이 그 처분에서 정한 제재기간의 경과로 인하여 그 효과가 소멸되었으나, 부령인 시행규칙 또는 지방자치단체의 규칙(이하 이들을 '규칙'이라고 한다)의 형식으로 정한 처분기준에서 제재적 행정처분(이하 '선행처분'이라고 한다)을 받은 것을 가중사유나 전제요건으로 삼아 장래의 제재적 행정처분(이하 '후행처분'이라고 한다)을 하도록 정하고 있는 경우, 제재적 행정처분의 가중사유나 전제요건에 관한 규정이 법령이 아니라 규칙의 형식으로 되어 있다고 하더라도, 그러한 규칙이 법령에 근거를 두고 있는 이상 그 법적 성질이 대외적·일반적 구속력을 갖는 법규명령인지 여부와는 상관없이, 관할 행정청이나 담당공무원은 이를 준수할 의무가 있으므로 이들이 그 규칙에 정해진 바에 따라 행정작용을 할 것이 당연히 예견되고, 그 결과 행정작용의 상대방인 국민으로서는 그 규칙의 영향을 받을 수

밖에 없다. 따라서 그러한 규칙이 정한 바에 따라 선행처분을 받은 상대방이 그 처분의 존재로 인하여 장래에 받을 불이익, 즉 후행처분의 위험은 구체적이고 현실적인 것이므로, 상대방에게는 선행처분의 취소소송을 통하여 그 불이익을 제거할 필요가 있다. 또한, 나중에 후행처분에 대한 취소소송에서 선행처분의 사실관계나 위법 등을 다툴 수 있는 여지가 남아 있다고 하더라도, 이러한 사정은 후행처분이 이루어지기 전에 이를 방지하기 위하여 직접 선행처분의 위법을 다투는 취소소송을 제기할 필요성을 부정할 이유가 되지 못한다. 그러한 쟁송방법을 막는 것은 여러 가지 불합리한 결과를 초래하여 권리구제의 실효성을 저해할 수 있기 때문이다. 오히려 앞서 본 바와 같이 행정청으로서는 선행처분이 적법함을 전제로 후행처분을 할 것이 당연히 예견되므로, 이러한 선행처분으로 인한 불이익을 선행처분 자체에 대한 소송에서 사전에 제거할 수 있도록 해 주는 것이 상대방의 법률상 지위에 대한 불안을 해소하는 데 가장 유효적절한 수단이 된다고 할 것이고, 또한 그 소송을 통하여 선행처분의 사실관계 및 위법 여부가 조속히 확정됨으로써 이와 관련된 장래의 행정작용의 적법성을 보장함과 동시에 국민생활의 안정을 도모할 수 있다. 이상의 여러 사정과 아울러, 국민의 재판청구권을 보장한 헌법 제27조 제1항의 취지와 행정처분으로 인한 권익침해를 효과적으로 구제하려는 행정소송법의 목적 등에 비추어 행정처분의 존재로 인하여 국민의 권익이 실제로 침해되고 있는 경우는 물론이고 권익침해의 구체적·현실적 위험이 있는 경우에도 이를 구제하는 소송이 허용되어야 한다는 요청을 고려하면, 규칙이 정한 바에 따라 선행처분을 가중사유 또는 전제요건으로 하는 후행처분을 받을 우려가 현실적으로 존재하는 경우에는, 선행처분을 받은 상대방은 비록 그 처분에서 정한 제재기간이 경과하였다 하더라도 그 처분의 취소소송을 통하여 그러한 불이익을 제거할 권리보호의 필요성이 충분히 인정된다고 할 것이므로, 선행처분의 취소를 구할 법률상 이익이 있다고 보아야 한다.

(대판 2006.6.22, 2003두1684 전원합의체 판결[영업정지처분취소])

V. 피고적격

1. 처분 등을 행한 행정청(처분청)

취소소송은 다른 법률에 특별한 규정이 없는 한 그 처분 등을 행한 행정청, 즉 처분청을 피고로 하여 제기한다(행정소송법 제13조). 행정청이란 국가 또는 공공단체의 기관으로 국가나 공공단체의 의사를 결정하여 외부에 표시할 수 있는 권한, 즉 처분권한을 가진 기관을 말한다.

[구체적 사례의 유형]

① **대통령이 처분청인 경우 :** 각각의 소속장관이 피고가 된다.
② **권한의 위임·위탁인 경우 :** 권한을 받아 처분을 행한 수임·수탁청이 피고가 된다.
③ **권한의 대리나 내부위임인 경우 :** 대리관계를 밝히고 처분을 한 경우 피대리관청이 처분청으로 피고가 되나, 대리관계를 밝히지 않은 경우 해당 행정청이 피고가 된다.

2. 피고의 경정(행정소송법 제14조)

⑴ 의의 및 취지

피고의 경정이란 소송의 계속 중에 피고를 잘못 지정한 경우 피고로 지정된 자를 다른 자로 변경하는 것을 말한다. 이는 행정조직이 복잡하기에 피고를 잘못 지정하는 경우 소를 각하하고 새로운 소를 제기하는 것보다 피고경정이 더 효과적이라는 점에 그 취지가 있다.

⑵ 절차

원고의 신청에 의하여, 법원은 요건이 인정되면 피고경정허가결정을 한다. 결정을 하면 법원은 결정의 정본을 새로운 피고에게 송달하여야 하며, 피고경정신청을 각하하는 결정에 대하여는 신청인은 즉시 항고할 수 있다.

⑶ 효과

피고경정허가결정이 있은 때에는 새로운 피고에 대한 소송은 처음에 소를 제기한 때에 제기된 것으로 보며, 종전의 피고에 대한 소송은 취하된 것으로 본다.

VI. 제소기간

1. 의의

제소기간이란 처분의 상대방 등이 소송을 제기할 수 있는 시간적 간격을 말하며, 제소기간 준수 여부는 소송요건으로서 법원의 직권조사사항이다.

2. 처분 등이 있음을 안 날로부터 90일 이내

(1) 행정심판을 거치지 않은 경우

취소소송은 처분 등이 있음을 안 날부터 90일 이내에 제기하여야 한다. 처분 등이 있음을 안 날이란 통지·공고 기타의 방법에 의하여 해당 처분이 있었다는 사실을 현실적으로 안 날을 의미한다(판례).

(2) 행정심판을 거친 경우

행정심판을 거친 경우에는 재결서의 정본을 송달받은 날부터 90일 이내에 소송을 제기하여야 한다. 그 기간은 재결서 정본을 송달받은 날부터 기산한다.

3. 처분 등이 있은 날로부터 1년 이내

(1) 행정심판을 거치지 않은 경우

취소소송은 처분 등이 있은 날부터 1년을 경과하면 이를 제기하지 못한다. '처분 등이 있은 날'이란 처분 등이 대외로 표시되어 효력이 발생한 날, 즉 효력발생일을 말한다.

(2) 행정심판을 거친 경우

행정심판을 거친 경우는 재결이 있은 날로부터 1년 이내에 소송을 제기해야 한다. "재결이 있은 날"이란 재결의 효력이 발생한 날로서 재결서 정본을 송달받은 날이 된다.

(3) 정당한 사유가 있는 경우

정당한 사유가 있으면 1년의 기간이 경과하여도 제소할 수 있다. 정당한 사유란 행정심판법 제27조 제2항의 '천재지변, 전쟁, 사변, 그 밖의 불가항력'보다 넓은 불확정 개념으로서 사회통념상 여러 사정을 종합하여 판단한다. 특히 처분의 직접 상대방이 아닌 제3자는 처분이 있음을 알 수 없는 처지이므로 제척기간 내에 처분이 있음을 알았다는 특별한 사정이 없는 한 정당한 사유에 해당한다(판례).

4. 안 날과 있은 날의 관계

처분이 있음을 안 날과 있은 날 중 어느 하나의 기간만이라도 경과하면 제소할 수 없다.

시험에 자주 나오는 제소기간 대법원 판례(2008두19987)

【판시사항】

개별공시지가에 대하여 이의가 있는 자가 행정심판을 거쳐 행정소송을 제기하는 경우 제소기간의 기산점

【판결요지】

부동산 가격공시 및 감정평가에 관한 법률 제12조, 행정소송법 제20조 제1항, 행정심판법 제3조 제1항의 규정 내용 및 취지와 아울러 부동산 가격공시 및 감정평가에 관한 법률에 행정심판의 제기를 배제하는 명시적인 규정이 없고 부동산 가격공시 및 감정평가에 관한 법률에 따른 이의신청과 행정심판은 그 절차 및 담당 기관에 차이가 있는 점을 종합하면, 부동산 가격공시 및 감정평가에 관한 법률이 이의신청에 관하여 규정하고 있다고 하여 이를 행정심판법 제3조 제1항에서 행정심판의 제기를 배제하는 '다른 법률에 특별한 규정이 있는 경우'에 해당한다고 볼 수 없으므로, 개별공시지가에 대하여 이의가 있는 자는 곧바로 행정소송을 제기하거나 부동산 가격공시 및 감정평가에 관한 법률에 따른 이의신청과 행정심판법에 따른 행정심판청구 중 어느 하나만을 거쳐 행정소송을 제기할 수 있을 뿐 아니라, 이의신청을 하여 그 결과 통지를 받은 후 다시 행정심판을 거쳐 행정소송을 제기할 수도 있다고 보아야 하고, 이 경우 행정소송의 제소기간은 그 행정심판 재결서 정본을 송달받은 날부터 기산한다.

(대판 2010.1.28, 2008두19987 판결[개별공시지가결정처분취소])

Ⅶ. 행정심판 전치주의

1. 의의 및 취지

행정심판 전치주의란 법령에 의하여 위법·부당한 행정행위에 대한 행정심판이 인정되고 있는 경우에는 그 행정심판의 재결을 거칠 것을 행정소송의 제기요건으로 하는 제도를 말한다. 이는 행정권의 자기통제 확보, 법원의 부담 경감, 개인 자신의 권리보호에 그 취지가 있다.

2. 적용범위

행정심판 전치주의는 취소소송과 부작위위법확인소송에서는 인정되며, 무효확인소송 및 당사자소송에는 적용되지 않는다.

3. 행정심판 전치주의의 예외

(1) 행정심판의 재결 없이 행정소송을 제기할 수 있는 경우

① 행정심판의 청구가 있은 날로부터 60일이 지나도 재결이 없는 때

② 처분의 집행 또는 절차의 속행으로 생길 중대한 손해를 예방하여야 할 긴급한 필요가 있는 때

③ 법령의 규정에 의한 행정심판기관이 의결 또는 재결을 하지 못할 사유가 있는 때

④ 그 밖의 정당한 사유가 있는 때

(2) 행정심판의 제기 없이 행정소송을 제기할 수 있는 경우

① 동종사건에 관하여 이미 행정심판의 기각재결이 있은 때

② 서로 내용상 관련되는 처분 또는 같은 목적을 위하여 단계적으로 진행되는 처분 중 어느 하나가 이미 행정심판의 재결을 거친 때

③ 행정청이 사실심 변론 종결 후 소송의 대상인 처분을 변경하여 해당 변경된 처분에 관하여 소를 제기하는 때

④ 처분을 행한 행정청이 행정심판을 거칠 필요가 없다고 잘못 알린 때

Ⅷ. 재판관할

1. 의의

재판관할이란 재판권을 행사하는 각 법원 사이에서 재판권의 분장관계를 정해 놓은 것을 말하는 것으로서 결국 한 법원의 다른 법원과의 관계에서 정한 직무범위이다. 행정소송은 헌법 제101조 제1항과 제107조 제2항에 근거를 둔 법원조직법 제2조 및 행정소송법에 의하여 일반법원의 관할에 속하지만 구체적인 관할 문제는 소송유형에 따라서 반드시 같지는 않다.

2. 관할의 특징

① 피고소재지

② 중앙행정기관장이 피고인 경우 대법원소재지에서 할 수 있다.

③ 토지에 관련된 행정소송의 경우 토지소재지 관할법원에서 할 수 있다.

④ 행정소송의 관할은 행정법원의 전속관할이다.

⑤ 임의관할 : 합의관할은 당사자의 편의를 고려하여 당사자 합의에 의해 생기게 되는 관할이며, 변론관할이란 관할권 없는 법원에 소를 제기하였는데, 피고가 이의 없이 본안 변론함으로써 생기는 관할이다.

03 절 청구의 병합, 소의 변경, 소송의 이송 | A급 빈출

Ⅰ. 청구의 병합

1. 의의

행정소송법상 청구의 병합이란 취소소송, 무효등확인소송에 해당 취소소송 등과 관련이 있는 청구소송(관련청구소송)을 병합하여 제기하는 것을 말한다. 이는 소송경제를 도모하고, 서로 관련 있는 사건 사이에 판결의 모순 저촉을 피하기 위한 것이다.

2. 종류

행정소송법은 취소소송과 관련하여 객관적 병합과 주관적 병합을 인정하고 있다. 이러한 소의 병합은 다시 병합의 시점에 따라 제소 시에 행하는 원시적 병합과 소송의 계속 중에 행하는 후발적 병합으로 나누어진다.

3. 청구의 병합 요건

① 취소소송 등에 병합할 것
② 각 청구소송이 적법할 것
③ 관련청구소송이 병합될 것
④ 주된 취소소송이 사실심 계속 중일 것(후발적 병합의 경우)

Ⅱ. 소의 변경

1. 의의

소의 변경이란 소송 중에 원고가 심판의 대상인 청구를 변경하는 것을 말하며, 청구의 변경이라고도 한다. 소의 변경은 청구 그 자체의 변경일 것을 요하고 청구를 이유 있게 하기 위한 공격・방어방법의 변경은 소의 변경이 아니다.

2. 행정소송법상 소의 변경

(1) 소의 종류의 변경

1) 의의 및 취지

행정소송법 제21조 제1항은 취소소송을 당사자소송 또는 취소소송 이외의 항고소송(무효등확인소송 또는 부작위위법확인소송)으로 변경하는 것이 상당하다고 인정할 때에는 청구의 기초에 변경이 없는 한 사실심의 변론 종결 시까지 원고의 신청에 의하여 결정으로써 소의 변경을 허가할 수 있다고 규정하였다. 이는 국민의 권리구제를 보호하기 위한 데에 그 취지가 있다.

2) 요건 및 절차

① 취소소송이 계속되고 있을 것
② 사실심의 변론 종결 시까지 원고의 신청이 있을 것
③ 취소소송을 당사자소송 또는 취소소송 외의 항고소송으로 변경하는 것일 것
④ 청구의 기초에 변경이 없을 것(구제받으려는 원고의 법률상 이익의 동일성이 유지될 것)
⑤ 법원이 상당하다고 인정하여 허가결정을 할 것
⑥ 피고로 될 자의 의견청취(새로이 피고가 될 자의 의견을 들어야 한다.)

3) 효과 및 불복

소의 변경을 허가하는 결정이 확정되면 새로운 소는 변경된 소를 처음에 제기한 때에 제기된 것으로 보며, 변경된 구소는 취하된 것으로 본다(동법 제21조 제4항). 법원의 소변경허가결정에 대하여는 새로운 소의 피고와 변경된 소의 피고는 즉시 항고할 수 있다(동법 제21조 제3항).

(2) 처분변경으로 인한 소의 변경

1) 의의 및 취지

행정청이 소송의 대상인 처분을 소가 제기된 후 변경한 때에는 원고의 신청에 의하여 법원의 허가를 받아 소를 변경하는 것을 말한다(행정소송법

제22조 제2항). 이는 소의 각하나 무용한 절차의 반복 금지, 국민의 권리구제에 취지가 있다.

2) 요건

① 처분의 변경이 있을 것

② 처분의 변경이 있은 것을 안 날로부터 60일 이내일 것

③ 기타요건 : 구소가 계속 중이고 사실심변론 종결 전이어야 하고, 변경되는 신소가 적법하여야 한다. 다만 변경 전의 처분에 대하여 행정심판 전치절차를 거쳤으면 새로운 처분에 대하여 별도의 전심절차를 거치지 않아도 된다(동법 제22조 제3항).

3) 절차 및 효과

원고의 신청에 의하여 법원이 변경을 허가하는 결정을 함으로써 이루어진다. 소의 변경을 허가하는 결정이 있으면 신소는 구소가 제기된 때에 제기된 것으로 보며, 구소는 취하된 것으로 본다.

(3) 민사소송법에 의한 소의 변경

행정소송법에 의한 소 변경은 민사소송법상 그것에 대해서 특별한 것이다. 따라서 원고는 행정소송법에 의한 소 변경 외에 소송절차를 지연케 함이 현저한 경우가 아닌 한 청구의 기초에 변경이 없는 한도에서 민사소송법(제262조 · 제263조)에 의하여 변론의 종결 시까지 소 변경을 할 수 있다(행정소송법 제8조 제2항). 물론 이 경우에는 법원의 적극적인 허가결정은 요하지 않는다.

Ⅲ. 처분사유의 추가 · 변경

1. 의의 및 취지

처분사유 추가 · 변경이란 처분 당시에 존재하였으나 처분이유로 제시되지 않았던 사실 및 법적 근거를 사후에 행정청이 행정소송 계속 중에 추가하거나 변경하는 것을 말한다. 이는 소송의 경제성에 그 취지가 인정된다.

2. 구별개념

처분사유 추가 · 변경은 처분 시에 객관적으로 이미 존재하였던 사유를 대상으로 한다는 점에서 처분 성립 당시의 하자를 사후에 보완함으로써 그 처분의 효력을 유지시키는 하자의 치유와 구별된다.

3. 인정 여부

(1) 학설

① **긍정설** : 분쟁의 일회적 해결 및 소송경제의 측면에서 긍정하는 견해이다.

② **부정설** : 원고의 공격 방어권이 침해됨을 이유로 부정하는 견해이다.

③ **제한적 긍정설** : 처분의 상대방의 신뢰보호와 소송경제의 측면에서 일정한 범위 내 제한적으로 허용된다는 견해이다.

(2) 판례

처분청은 당초 처분의 근거로 삼은 사유와 기본적 사실관계의 동일성이 있다고 인정되는 한도 내에서만 다른 사유를 추가하거나 변경할 수 있을 뿐 기본적 사실관계의 동일성이 인정되지 않는 별개의 사실을 들어 처분사유로 주장하는 것은 허용되지 않는다고 하여 제한적 긍정설의 입장이다.

(3) 검토

처분사유 추가 · 변경은 소송경제와 원고의 방어권 보장 등을 위한 것이므로 이를 조화롭게 고려한 제한적 긍정설이 타당하다.

4. 인정범위

(1) 시간적 범위

위법판단의 기준시점에 대해 처분시설을 취하는 경우 추가 · 변경의 사유는 처분 시 객관적으로 존재하는 사유이어야 하며, 행정청은 사실심 변론종결 시까지 처분사유를 추가 · 변경하여야 한다.

(2) 객관적 범위(기본적 사실관계의 동일성)

통설 및 판례는 기본적 사실관계의 동일성 유무는 처분관계를 법률적으로 평가하기 이전의 구체적 사실관계의 동일성 여부에 따라 결정하여야 하며, 구체적 판단은 시간적·장소적 근접성, 행위의 태양·결과 등을 종합적으로 고려해야 한다고 본다.

(3) 재량행위와 처분사유 추가·변경

재량행위의 처분사유 추가·변경은 처분의 동일성을 변경시켜 이는 새로운 처분을 한 것이 되어 부정하는 견해가 있으나, 처분사유 추가·변경은 처분이 변경되지 않음을 전제로 하는 것이므로 재량행위에서도 긍정함이 타당하다.

5. 처분사유 추가·변경의 효과

기본적 사실관계의 동일성이 인정되어 처분사유 추가·변경이 인정되면 법원은 변경된 사유를 기준으로 본안심사를 하고, 인정되지 않는다면 당초의 처분사유를 기준으로 해야 한다.

IV. 소송의 이송

1. 의의

취소소송과 관련청구소송이 각각 다른 법원에 계속되고 있는 경우에 관련청구소송이 계속된 법원이 상당하다고 인정하는 때에는 당사자의 신청 또는 직권에 의하여 이를 취소소송이 계속된 법원으로 이송할 수 있다(동법 제10조 제1항). 이 조항은 다른 항고소송은 물론 당사자소송·기관소송·민중소송에도 준용된다(동법 제38조, 제44조, 제46조).

2. 이송의 요건

① 취소소송과 관련청구소송이 각각 다른 법원에 계속 중일 것
② **이송의 상당성** : 법원이 병합심리의 필요성을 인정하는 경우에만 이송이 가능하고, 모든 관련청구소송이 당연히 이송되는 것은 아니다.
③ 당사자의 신청이나 법원의 직권으로 행해질 수 있다.

3. 이송재판

관련청구소송을 취소소송이 계속된 법원에 이송하는 재판에 관하여는 민사소송법이 준용된다(민사소송법 제34조, 행정소송법 제8조 제2항).

① 이송재판의 효력 : 이송결정은 이송을 받은 법원을 기속하며, 이에 따라 해당 법원은 그 사건을 다른 법원에 이송하지 못한다(민사소송법 제38조).

② 즉시항고 : 이송결정과 이송신청의 기각결정에 대하여는 즉시항고를 할 수 있다(민사소송법 제39조).

③ 이송의 효과 : 이송결정이 확정된 때에는 해당 관련청구소송은 처음부터 이송을 받은 법원에 계속된 것으로 본다(민사소송법 제40조 제1항).

Ⅴ. 소송참가

1. 의의

소송참가란 소송의 계속 중에 소송 외의 제3자가 타인 사이의 소송의 결과에 따라 자기의 법률상의 이익에 영향을 미치게 될 경우에 자기의 이익을 위하여 그 소송절차에 가입하는 것을 말한다.

2. 제3자의 소송참가

(1) 의의 및 취지

제3자의 소송참가란 법원이 소송 결과에 따라 권리 또는 이익을 침해받을 제3자가 있는 경우 당사자 또는 제3자의 신청 또는 직권에 의해 결정으로써 그 제3자를 소송에 참가시킬 수 있는 제도이다(행정소송법 제16조 제1항). 이는 행정소송의 공정한 해결, 모든 이해관계자의 이익보호에 취지가 있다.

(2) 참가요건

① 타인 간에 소송이 계속 중일 것

② 소송의 결과에 따라 권리 또는 이익의 침해를 받을 제3자일 것

(3) 참가절차

법원은 당사자 또는 제3자의 신청 또는 직권에 의해 소송참가를 결정하고, 소송참가를 결정하고자 할 때는 미리 당사자 및 제3자의 의견을 들어야 한다. 참가신청이 각하된 경우 신청을 한 제3자는 즉시 항고할 수 있다.

(4) 참가인의 지위

법원의 참가결정이 있게 되면 제3자는 참가인의 지위를 취득한다. 참가인인 제3자에 대하여는 필요적 공동소송에 관한 민사소송법 제67조의 규정이 준용된다(행정소송법 제16조 제4항). 따라서 참가인은 필요적 공동소송에 있어서의 공동소송인에 준한 지위에 서는 것이나 참가인이 당사자로서 독자적인 청구권을 가지고 있는 것은 아니므로 그 성질은 공동소송적 보조참가와 비슷하다고 보는 것이 통설이다.

3. 행정청의 소송참가

(1) 의의

법원은 다른 행정청을 소송에 참가시킬 필요가 있다고 인정할 때에는 당사자 또는 해당 행정청의 신청 또는 직권에 의하여 결정으로써 그 행정청을 소송에 참가시킬 수 있다는 것을 말한다(행정소송법 제17조 제1항).

(2) 참가 요건 및 절차

① 타인의 취소소송이 계속 중일 것

② 참가행정청은 '다른 행정청'으로서 법적인 이해관계를 가지고 있을 것

③ 법원이 소송에 참가시킬 필요성이 있을 것

④ 당사자 또는 당해 행정청의 신청 또는 법원의 직권에 의하여 법원이 결정의 형식으로 행하며 법원이 참가결정을 하고자 할 때에는 사전에 당사자 및 당해 행정청의 의견 청취 필요

04 절 취소소송의 심리

| B급 빈출

Ⅰ. 취소소송의 심리

1. 의의

소송의 심리는 소에 대하여 판결하기 위하여 그 기초가 될 소송자료(주로 사실과 증거)를 수집하는 것을 의미한다.

2. 심리의 내용

① 요건심리 : 소송요건을 충족했는지 여부를 판단하는 심리이다.

② 본안심리 : 소송요건이 충족된 경우 원고의 청구가 이유 있는지의 여부를 판단하는 심리이다.

3. 심리의 범위

(1) 불고불리의 원칙

이는 소의 제기가 없으면 재판할 수 없다는 소송원칙의 하나로, 법원은 당사자가 주장하지 않는 사안에 대해서는 심리하거나 재판할 수 없다는 원칙이다.

(2) 법률문제 · 사실문제 · 재량문제의 심리

법원은 소송의 대상이 된 처분 등의 모든 법률 문제 및 사실 문제에 대하여 심사할 수 있다. 또한 행정청의 재량에 속하는 처분이라도 재량권의 한계를 넘거나 남용이 있는 때에는 심리의 대상이 될 수 있다. 따라서 재량행위에 대해 취소소송이 제기된 경우 법원은 이를 각하할 것이 아니라 재량권 행사의 위법 여부를 심리하여 그에 따라 처분 등을 취소하여야 한다.

4. 심리의 원칙

행정소송의 심리에도 민사소송의 경우와 마찬가지로 소송의 심리에 관한 일반원칙이 적용된다. 심리에 관한 일반원칙으로서 ① 공개심리주의, ② 구술심리주의, ③ 당사자주의가 채택되고 있다.

5. 직권탐지주의(행정소송의 심리절차에 있어서의 특수성)

(1) 문제점

행정소송법 제26조는 "법원은 필요하다고 인정할 때에는 직권으로 증거조사를 할 수 있고 당사자가 주장하지 아니한 사실에 대하여도 판단할 수 있다."라고 규정하고 있는바, 이는 행정소송법이 변론주의를 기본으로 하면서 아울러 부분적으로 직권탐지주의를 가미하고 있다고 볼 수 있다. 행정소송법 제26조의 해석에 관하여 견해가 나뉜다.

(2) 학설 및 판례

① **변론보충설** : 본조가 직권증거조사를 인정한 것은 변론주의에 대한 보충으로서 당사자가 제출하는 증거가 불충분하여 심증을 얻기 어려운 경우에 직권으로서 증거를 조사할 수 있다는 주장이며, 종래의 판례의 입장이다.

② **직권탐지주의설** : 직권탐지설은 보충적 증거조사뿐만 아니라 더 나아가서 당사자가 주장하지 아니하는 사실에 대하여 직권으로 증거를 조사하여 이를 판단의 자료로 삼을 수 있다는 견해이다.

(3) 검토

변론주의를 원칙으로 하여 법원이 필요하다고 인정할 때 청구범위 내에서 직권으로 증거조사를 판단할 수 있음을 허용하는 변론보충설의 입장이 타당하다.

6. 주장책임과 입증책임

(1) 주장책임

변론주의 하에서는 당사자는 주요사실에 대한 주장책임을 부담하며, 주요사실을 주장하지 않으면 그만큼 유리한 법률효과상의 불이익을 부담하게 된다는 것이다.

(2) 입증책임

입증책임이란 소송상의 일정한 사실의 존부가 확정되지 아니한 경우에 불리한 법적 판단을 받게 되는 당사자 일방의 불이익 내지 위험을 말한다. 취소소송에서 소송을 제기하는 원고인 국민과 피고인 행정청 중 누가 입증책임을 부담하는지 명문 규정이 없어 원고책임설, 피고책임설, 법률요건분류설, 독자분배설 등의 견해가 대립한다. 이에 대해 판례는 입증책임은 원칙적으로 민사소송의 일반원칙에 따라 당사자 간에 분배된다고 하여 법률요건분류설 입장이다.

Ⅱ. 위법성 판단의 기준시점

1. 문제점

취소소송의 대상이 되는 처분의 위법성 판단 기준시점이 어디인지 견해대립이 있다. 이에 관하여 처분시설과 판결시설이 대립하고 있는바, 이것은 취소소송의 목적이나 기능에 대한 견해의 차이에서 생기는 것이다.

2. 학설

① **처분시설** : 행정처분의 위법 여부의 판단은 처분 시의 법령 및 사실을 기준으로 하여 판단하여야 한다는 견해이다.

② **판결시설** : 항고소송의 목적은 계쟁처분의 효력을 현재에 유지할 것인가의 여부를 결정하는 데 있다고 보고 처분의 취소 여부를 판결 시를 기준으로 판단하여야 한다고 보는 견해이다.

3. 판례

행정소송에서 행정처분의 위법 여부는 행정처분이 있을 때의 법령과 사실상태를 기준으로 판단해야 한다고 하여 처분시설의 입장이다. 거부처분의 경우에도 거부처분 시를 기준으로 판단해야 한다고 한다.

4. 검토

항고소송의 본질은 개인의 권익구제와 처분의 적법성을 사후심리하는 데 있으므로 처분시설이 타당하다.

05 절 취소소송의 판결 | A급 빈출

Ⅰ. 판결의 의의와 종류

1. 의의 및 종류

취소소송의 판결이란 법원이 원칙적으로 변론을 거쳐 구체적인 취소소송 사건에 대한 법적 판단을 선언하는 행위를 말한다.

2. 소송판결

소송판결이란 소송제기의 적부에 관한 판결로서 요건심리의 결과 그 소송제기를 부적법한 것으로 각하하는 판결을 말한다. 각하판결은 소송대상인 처분의 적법성을 확정하는 것이 아니므로 다시 소송요건을 갖추어 소를 제기하면 법원은 이를 심리·판단하여야 한다.

3. 본안판결

본안판결은 청구의 당부에 관한 판결로서 청구내용의 전부 또는 일부를 기각하거나 인용하는 것을 그 내용으로 한다.

① **청구인용판결** : 처분의 취소·변경을 구하는 청구가 이유 있음을 인정하여 그 청구의 전부 또는 일부를 인용하는 형성판결을 말한다. 이에는 처분 또는 재결의 취소판결, 무효선언 의미의 취소판결, 처분 또는 재결의 변경판결 등이 포함된다.

② **청구기각판결** : 청구기각판결이란 처분의 취소청구가 이유 없다고 하여 원고의 청구를 배척하는 판결을 말한다. 다만, 원고의 청구가 이유 있는 경우(처분 등이 위법한 경우)라도 그 처분 등을 취소·변경함이 현저하게 공공복리에 적합하지 않다고 인정되는 경우에는 기각판결을 할 수 있는데, 이 경우의 기각판결을 사정판결이라 한다.

4. 사정판결

(1) 의의(행정소송법 제28조)

사정판결이란 원고의 청구가 이유 있음에도 처분 등을 취소하는 것이 현저히 공공복리에 적합하지 않다고 인정되는 경우 법원이 원고의 청구를 기각하는 판결이다. 사정판결은 법치주의의 예외로서 공공복리 유지를 위해 예외적으로 인정되는 만큼 그 적용은 극히 엄격한 요건 아래 제한적으로 하여야 한다.

(2) 사정판결의 요건

① 처분 등에 관한 취소소송일 것
② 청구가 이유 있는 경우일 것
③ 청구인용의 판결이 현저히 공공복리에 적합하지 아니할 것

(3) 위법성 판단시점

사정판결의 대상이 되는 처분의 위법성 판단의 기준시점은 사정판결제도의 취지에 비추어 성질상 처분 후의 사정이 고려될 수밖에 없으므로 일반적인 처분의 위법성 판단 시점인 처분 시가 아니라 판결 시를 기준으로 판단하여야 할 것이다.

(4) 사정판결과 직권주의

행정소송법 제28조에는 직권주의에 관한 내용은 없다. 그러나 동법 제26조 후단에 의하여 법원이 당사자의 변론주의를 배제하고 직권심리에 의하여 사정판결을 하여 원고의 청구를 기각할 수 있는지가 문제될 수 있다. 이에 대하여 직권주의가 인정된다고 하여 변론주의가 전적으로 배제되는 것이 아니므로 당사자의 주장 없이는 사정판결에 의한 청구기각의 판결을 할 수 없다는 것이 이제까지의 통설과 판례였다. 그러나 최근의 판례는 법원이 직권으로 사정판결을 할 수 있다는 것을 정면에서 인정하였다.

(5) 인정범위(무효소송에서의 사정판결 가능성)

1) 문제점

행정소송법은 취소소송에만 사정판결 규정을 두고, 동법 제38조 제1항은 제28조를 준용하지 않아 무효등확인소송에는 준용하지 않고 있다. 취소소송상 인정되는 사정판결이 무효등확인소송에 유추적용되는지가 문제된다.

2) 학설

① **부정설** : 준용 규정이 없으며, 사정판결은 법치주의 예외로서 그 범위를 최소화하여야 하며, 처분이 무효인 경우는 사정판결로 유지될 처분의 효력 자체가 존재하지 않으므로 부정하는 견해이다.

② **긍정설** : 무효와 취소는 하자 정도의 차이에 불과하며, 무효인 처분에 근거한 기성사실도 이를 백지화하는 것이 공공복리를 해치는 경우가 있음은 그 하자가 취소사유에 그치는 처분과 다를 바 없다는 점을 근거로 긍정하는 견해이다.

3) 판례

판례는 무효의 경우에는 존치시킬 처분이 없으므로 사정판결을 할 수 없기 때문에 부정설의 입장이다.

4) 검토

무효인 처분은 존치시킬 효력인 처분이 없고 사정판결제도는 법치주의의 예외로서 이를 무효확인소송에서 확대적용하는 것은 법치주의에 맞지 않으므로 부정함이 타당하다.

(6) 원고의 권리구제

① 법원이 사정판결을 하기 위해서는 원고가 그로 인하여 입게 될 손해의 정도와 배상방법, 그 밖의 사정을 미리 조사하여야 한다.

② 사정판결 시 법원은 그 판결주문에서 처분 등이 위법함을 명시하여야 한다.

③ 소송비용은 피고가 부담하여야 한다.

Ⅱ. 기판력(실질적 확정력)

1. 의의 및 취지

기판력이란 판결이 확정되면 후소에서 동일한 사항이 문제되는 경우 당사자와 이들 승계인은 전소의 판결에 반하는 주장을 할 수 없고, 법원도 그에 반하는 판결을 할 수 없는 구속력이다. 기판력은 소송절차의 반복과 모순된 재판의 방지라는 법적 안정성의 요청에 따라 인정되는 효력이다.

2. 내용(반복금지효, 모순금지효)

기판력이 발생하면 동일 소송물에 대하여 다시 소를 제기하지 못하게 되는 일사부재리효가 발생한다. 또한 후소에서 당사자는 이미 소송물에 대해 내려진 전소확정판결에 반하는 주장을 할 수 없고, 후소법원은 전소판결을 후소판결의 기초로 삼지 않으면 안 된다. 이를 모순금지효라 한다.

3. 범위

(1) 주관적 범위

기판력은 해당 소송의 당사자 및 당사자와 동일시할 수 있는 자에게만 미치고, 제3자에게는 미치지 않는다.

(2) 객관적 범위(물적 범위)

기판력은 소송물에 관한 판단에만 미치고, 그에 이르기까지의 전제적인 문제에 관한 판단에는 미치지 않는 것이 원칙이다. 따라서 취소소송의 판결의 기판력도 민사소송과 마찬가지로 판결문 중에 표시된 소송물에 대한 판단에 대해서만 발생하는 것이 원칙이다.

(3) 시간적 범위

기판력은 사실심의 변론종결시를 기준으로 하여 효력을 발생한다. 따라서 변론종결 후 사실관계·법률관계에 변화가 있으면, 관계행정청은 새로운 사유에 근거하여 동일한 처분을 할 수도 있다.

4. 기판력과 국가배상소송

(1) 문제점

취소판결의 위법성에 대한 기판력이 국가배상청구소송의 위법성 판단에 영향을 미치는지가 문제된다.

(2) 학설

① **협의의 행위위법설** : 이는 취소소송의 위법성과 국가배상소송의 위법성은 동일한 개념으로 기판력이 미친다고 보는 견해이다.

② **광의의 행위위법설**(제한적 긍정설) : 이는 국가배상소송의 위법성을 취소소송의 위법성보다 넓은 개념으로 보아 인용판결에서는 기판력이 미치나, 기각판결에서는 기판력이 미치지 않는다고 보는 견해이다.

③ **상대적 위법성설과 결과 위법설** : 이는 취소소송의 위법성과 국가배상소송의 위법성은 전혀 다른 개념으로, 기판력이 미치지 않는다고 보는 견해이다.

(3) 검토

인용판결 시 영향을 미치며, 기각판결 시에는 국가배상소송에서 다시 위법성 여부를 따져야 하며, 권리구제 취지의 측면에서 제한적 긍정설이 타당하다.

Ⅲ. 기속력

1. 의의 및 취지

기속력이란 소송당사자인 행정청과 그 밖의 관계행정청이 판결의 내용에 따라 행동해야 하는 실체법상의 의무를 발생시키는 효력을 말한다. 이는 인용판결에 한하여 인정되며 인용판결의 실효성 확보에 그 취지가 있다.

2. 법적 성질

기판력의 법적 성질에 대해 ① 기속력은 기판력과 동일하게 보는 기판력설, ② 기속력은 취소판결의 실효성 확보를 위해 행정소송법이 취소판결에 인정한 특유한 효력이라는 특수효력설이 있다. 이에 대해 판례의 입장은 불분명하나, 기속력은 인용판결에만 발생하며, 기속력과 기판력은 그 미치는 범위가 다르다는 점 등에 비추어 기속력은 기판력과는 다른 특수한 효력이라고 보는 특수효력설이 타당하다.

3. 내용

(1) 반복금지효

반복금지효란 당사자인 행정청과 그 밖의 관계행정청은 동일한 사실관계 아래서 동일 당사자에게 동일한 내용의 처분을 할 수 없다는 부작위의무를 의미한다.

(2) 원상회복의무

취소판결이 확정되면 행정청은 취소된 처분에 의해 초래된 위법상태를 제거하여 원상회복할 의무를 진다. 이에 대해 견해의 대립이 있으나 다수 견해는 원상회복의무를 기속력의 내용으로 본다.

(3) 재처분의무

재처분의무란 행정청이 판결의 취지에 따른 처분을 해야 함을 의미한다. 판결에 의하여 취소되는 처분이 당사자의 신청에 대한 거부처분인 경우에는 행정청은 판결의 취지에 따라 이전 신청에 대한 처분을 하여야 한다. 절차의 위법을 이유로 취소되는 경우에도 같다.

4. 범위

(1) 주관적 범위

기속력은 당사자인 행정청과 그 밖의 관계행정청을 기속한다. 여기서 관계행정청이란 취소된 처분 등을 기초로 하여 그와 관련되는 처분이나 부수되는 행위를 할 수 있는 행정청을 총칭한다.

(2) 객관적 범위

기속력은 판결의 주문과 이유에 적시된 개개의 위법사유에만 미친다.

(3) 시간적 범위

기속력은 처분 당시를 기준으로 처분 당시에 존재하던 사유에 한하고 그 이후 생긴 사유에는 미치지 않는다.

Ⅳ. 형성력

1. 의의 및 취지

형성력이란 취소판결이 확정되면 행정청의 의사표시 없이도 당연히 행정상 법률관계의 발생 · 변경 · 소멸 즉 형성의 효과를 가져오는 효력을 의미한다. 이는 처분, 재결을 원상회복하여 소송의 목적을 달성하는 데 취지가 인정된다.

2. 형성력의 내용

(1) 형성효

형성효란 계쟁처분의 효력을 상실(배제)시키는 효력을 말한다.

(2) 소급효

소급효란 취소판결의 취소의 효과는 처분 시에 소급하는 효력을 말한다. 소급효가 미치는 결과 취소된 처분을 전제로 형성된 법률관계는 모두 효력을 상실한다.

(3) 제3자효(대세효)

제3자효(대세효)란 소송에 관여하지 않은 제3자에게도 판결의 효력이 미치는 것을 의미한다. 판례는 당사자 이외에 일반 당사자에게도 영향을 미친다는 입장이며, 이는 승소한 자의 권리를 보호하는 취지가 있다.

Ⅴ. 집행력(간접강제)

1. 의의

집행력이란 이행판결에서 명령된 이행의무를 강제집행절차로써 실현할 수 있는 효력을 말한다.

2. 요건

① 거부처분취소판결 등이 확정되어야 한다.

② 행정청이 취소판결 등이 확정되었음에도 아무런 처분을 하지 않았어야 한다.

③ 법원은 당사자의 신청에 의하여 결정으로써 상당한 기간을 정하고 행정청이 그 기간 내에 이행하지 아니한 때에는 그 지연기간에 따라 일정한 배상을 할 것을 명하거나, 즉시 손해배상을 할 것을 명할 수 있다.

3. 인정범위

무효등확인판결의 경우 준용되는지에 대해 견해의 대립이 있으나, 판례는 무효등확인판결에 관하여 간접강제 조문을 준용하지 않음을 근거로 부정한다.

4. 절차

간접강제는 당사자가 법원에 신청해야 한다. 간접강제 결정에도 불구하고 해당 행정청이 판결의 취지에 따른 처분을 하지 아니하는 경우에 신청인은 집행문을 부여받아 이행강제금을 강제집행할 수 있다.

5. 배상금의 법적 성격과 추심

판례는 배상금은 재처분지연에 대한 손해배상이 아니라 재처분 이행에 관한 심리적 강제수단에 불과한 것이므로 배상금의 추심은 허용되지 않는다고 본다.

Chapter 04

무효등확인소송

Ⅰ. 의의 및 종류

무효등확인소송은 행정청의 위법한 처분 등의 효력 유무 또는 존재 여부를 확인하는 소송을 말한다(행정소송법 제4조 제2호). 무효확인소송에는 처분 등의 유효확인소송, 처분 등의 무효확인소송, 처분 등의 존재확인소송, 처분 등의 부존재확인소송, 처분 등의 실효확인소송 등이 있다.

Ⅱ. 법적 성질 및 적용법규

무효등확인소송은 주관적 소송으로서 형성판결이 아니고 확인판결에 속한다. 현행법은 이를 항고소송의 하나로 규정하고 있다. 행정소송법은 무효등확인소송도 취소소송과 같이 항고소송의 성질을 가진다는 점에서 성질상 준용될 수 없는 것을 제외하고는 취소소송에 대한 대부분의 규정을 광범위하게 준용하고 있다.

Ⅲ. 소송요건

1. 원고적격, 피고적격, 대상적격

취소소송의 경우와 동일하다.

2. 협의의 소익

(1) 문제점

행정소송법 제35조에서 법률상 이익을 요구하는데, 민사소송에서와 같이 '확인의 이익'이 필요한지 문제가 된다.

(2) 학설

① **법적보호이익설**(불요설) : 이는 무효등확인소송에는 민사소송에 있어 확인소송과 같이 특별히 확인의 이익은 요구되지 않으므로 무효등확인소송의 보충성을 부정하는 견해이다.

② **즉시확정이익설**(필요설) : 이는 행정소송법 제35조는 원고적격뿐만 아니라 권리보호필요성(협의소익)에 관한 의미도 가지고 있는 것이고, 따라서 민사소송에서 확인의 이익과 같이 무효등확인소송에서도 "즉시

확정의 이익"이 필요하며, 다른 소송으로 구제되지 않을 때에만 보충적으로 이 소송이 인정된다고 보는 견해이다.

(3) 판례

종전 판례는 확인의 이익이 필요하다고 보았으나, 최근 판례에서는 행정소송은 민사소송과는 목적, 취지 및 기능 등을 달리하고, 행정소송법 제4조는 무효확인소송을 항고소송의 일종으로 규정하고 있으며, 행정소송법 제38조 제1항에서는 처분 등을 취소하는 확정판결의 기속력 및 행정청의 재처분 의무에 관한 행정소송법 제30조를 무효확인소송에도 준용하고 있으므로 무효확인판결 자체만으로도 실효성을 확보할 수 있다는 등의 이유로 무효확인소송의 보충성이 요구되지 않는다고 판례를 변경하였다.

(4) 검토

무효등확인판결 자체만으로도 실효성을 확보할 수 있는바 별도로 무효확인소송의 보충성이 요구되지 않는다고 봄이 타당하다.

Ⅳ. 심리

1. 입증책임

(1) 문제점

처분이 무효인 것에 대한 입증책임을 누가 지는가에 관해서는 원고가 부담한다는 견해와 취소소송의 경우와 다를 것이 없다는 견해로 나누어져 있다.

(2) 학설

① **원고책임설** : 이 견해에 의하면 원고는 그 처분에 존재하는 흠이 중대하고 명백하다는 것을 주장·입증하여야 하며, 이를 입증하지 못하면 패소의 불이익을 당한다.

② **취소소송 동일설** : 취소소송의 경우와 마찬가지로 피고인 행정청이 해당 처분 등의 유효요건에 대한 입증책임을 져야 한다고 보는 견해이다.

(3) 판례

판례는 무효등확인소송의 입증책임에 대하여 "행정처분의 당연무효를 구하는 소송에 있어서는 그 무효를 구하는 사람(원고)에게 그 행정처분에 존재하는 하자가 중대하고 명백하다는 것을 주장·입증할 책임이 있다."라고 하여 취소소송과는 달리 원고책임설을 취하고 있다.

2. 위법성 판단 시

취소소송에 있어서와 마찬가지로 처분 시를 기준으로 처분의 무효 등을 판단해야 할 것이다.

V. 판결의 기각이유가 취소사유인 경우 판결

1. 문제점

무효등확인소송으로 소를 제기하였는데, 단순 취소사유인 경우의 판단이 문제된다.

2. 학설

① **소변경필요설** : 무효확인청구는 취소소송을 포함하지만, 법원은 석명권을 행사하여 취소소송으로 변경 후 취소판결을 해야 한다는 견해이다.

② **취소소송포함설** : 무효등확인청구에는 취소의 청구가 포함되므로, 취소여부를 동시에 판단하여야 한다는 견해이다.

3. 판례

"일반적으로 행정처분의 무효확인을 구하는 소에는 원고가 그 처분의 취소를 구하지 아니한다고 밝히지 아니한 이상 그 처분이 만약 당연무효가 아니라면 그 취소를 구하는 취지도 포함되어 있는 것으로 보아야 한다(94누977)."고 판시하였다.

4. 검토

당사자가 처분의 취소는 구하지 않는다고 명백히 하지 않는 이상, 취소소송의 소송요건을 갖추었다면 당사자에게 무효확인이 아니면 취소라도 구하는 것인지를 석명하여 취소소송으로 청구취지를 변경하도록 한 후 취소판결을 하여야 한다. 만약 소변경이 이루어지지 않은 경우에는 행정행위의 공정력 때문에 무효확인판결을 내릴 수 없고, 처분권주의 때문에 취소판결을 내릴 수도 없으므로 청구기각판결이 내려질 것이다.

Chapter 05

부작위위법확인소송

Ⅰ. 의의 및 취지

부작위위법확인소송이란 행정청이 당사자의 신청에 대해 상당한 기간 내에 일정한 처분을 해야 할 법률상 의무가 있음에도 불구하고 이를 행하지 않는 경우 그 부작위가 위법하다는 확인을 구하는 소송이다(행정소송법 제4조 제3호). 이는 소극적 위법상태를 제거하여 국민의 권리를 보호하는 데에 그 취지가 인정된다.

Ⅱ. 법적 성질 및 적용법규

행정소송법은 부작위위법확인소송을 항고소송 중 하나로 규정하지만, 실질은 확인소송의 성질을 가진다. 행정소송법은 무효등확인소송과 마찬가지로 부작위위법확인소송에 대해서도 별도의 상세한 규정을 두지 않고 성질상 준용될 수 없는 것을 제외하고는 취소소송에 대한 대부분의 규정을 광범위하게 준용하고 있다.

Ⅲ. 소송요건

1. 대상적격

(1) 부작위의 의의

부작위란 행정청이 당사자의 신청에 대하여 상당한 기간 내에 일정한 처분을 하여야 할 법률상 의무가 있음에도 불구하고 이를 하지 아니하는 것을 말한다(행정소송법 제2조 제1항 제2호).

(2) 부작위의 성립요건

부작위가 성립되기 위하여는 ① 당사자의 적법한 신청이 있어야 하고, ② 행정청이 상당한 기간 내에, ③ 일정한 처분을 하여야 할 법률상 의무가 있음에도 불구하고, ④ 그 처분을 하지 아니할 것의 요건을 충족하여야 한다. 그러므로 이 요건을 충족하지 못하는 단순한 부작위는 부작위위법확인소송의 대상이 되지 아니한다.

2. 원고적격

부작위위법확인소송은 처분의 신청을 한 자로서 부작위의 위법의 확인을 구할 법률상 이익이 있는 자만이 제기할 수 있다(동법 제36조). 신청권을 원고적격의 문제로 보면 원고적격이 인정되기 위해서는 신청한 것으로는 부족하고 신청권이 있어야 한다.

3. 제소기간

(1) 문제점

행정심판을 거쳐 부작위위법확인소송을 제기하는 경우, 재결이 존재하므로 행정소송법 제20조가 적용되어 문제가 없다. 그러나 행정심판을 거치지 않고 부작위위법확인소송을 제기하는 경우 동법 제20조가 적용될 수 있는지가 문제된다.

(2) 학설

제소기간이 준용된다는 견해와 행정소송법상 명문의 규정이 없으므로 제소기간의 제한이 없다는 견해의 대립이 있다.

(3) 판례

판례는 부작위상태가 계속되는 한 부작위위법의 확인을 구할 이익이 있다고 보아야 하므로 제소기간의 제한을 받지 않는다고 본다.

(4) 검토

취소소송의 제소기간 제한규정은 임의적이든 필요적이든 행정심판의 재결을 거친 경우에 한하여 적용된다고 보아야 한다. 따라서 이 경우에는 행정심판재결서의 정본을 송달받은 날로부터 90일 이내에 부작위위법확인소송을 제기하여야 한다(동법 제20조 제1항 단서).

4. 협의의 소익

부작위위법확인소송은 부작위상태가 계속되고 있고 부작위의 위법확인을 구할 실익이 있어야 한다.

Ⅳ. 심리

1. 심리의 범위

(1) 문제점

부작위위법확인소송에 있어 법원은 행정청의 부작위의 위법성만을 심리해야 하는지 아니면 당사자가 신청한 처분의 실체적 내용도 심리할 수 있는지 문제된다.

(2) 학설

① **실체적 심리설** : 판결의 취지는 신청된 특정의 처분을 하라는 것이므로 기속행위의 경우는 사인이 신청한 대로 처분을 하는 것이고, 재량행위의 경우에는 하자 없는 재량권을 행사할 의무라고 보는 견해이다.

② **절차적 심리설** : 판결의 취지는 부작위의 위법을 시정하여 어떠한 처분이라도 하라는 것이므로 단순히 신청에 대한 응답의무로만 족하다고 보는 견해이다. 따라서 다시 거절하더라도 기속력에 반하지 않는다.

(3) 판례

판례는 부작위위법확인소송은 판결 시를 기준으로 그 부작위의 위법을 확인함으로써 행정청의 응답을 신속하게 하여 부작위 내지 무응답이라고 하는 소극적인 위법상태를 제거하는 것을 목적으로 한다고 하여 절차적 심리설의 입장이다.

(4) 검토

현행 행정소송법의 태도가 단순한 응답의무만을 심리한다고 했을 때 절차적 심리설이 타당하다. 입법론으로는 실효성 있는 권리구제를 위해 의무이행소송을 도입하여야 할 것이다.

2. 위법성 판단의 기준시

부작위위법확인소송은 현재의 법률관계의 처분권 행사의 적부를 확인하는 것이므로 판결시설이 타당하다.

V. 판결

판결의 종류는 취소소송의 경우와 같으며, 부작위위법확인소송은 사정판결의 문제가 생기지 않는다. 판결의 효력으로 형성력은 생기지 않으나, 제3자효, 기속력, 간접강제 등이 준용된다.

> 대법원 2018두57865 판결에서 재결신청청구를 하지 않는 경우에 거부처분 취소소송 또는 부작위위법확인소송 방법으로 다툼.
> 공익사업을 위한 토지 등의 취득 및 보상에 관한 법률 제28조, 제30조에 따르면, 편입토지 보상, 지장물 보상, 영업·농업 보상에 관해서는 사업시행자만이 재결을 신청할 수 있고 토지소유자와 관계인은 사업시행자에게 재결신청을 청구하도록 규정하고 있으므로, 토지소유자나 관계인의 재결신청 청구에도 사업시행자가 재결신청을 하지 않을 때 토지소유자나 관계인은 사업시행자를 상대로 거부처분 취소소송 또는 부작위위법확인소송의 방법으로 다투어야 한다. 구체적인 사안에서 토지소유자나 관계인의 재결신청 청구가 적법하여 사업시행자가 재결신청을 할 의무가 있는지는 본안에서 사업시행자의 거부처분이나 부작위가 적법한가를 판단하는 단계에서 고려할 요소이지, 소송요건 심사단계에서 고려할 요소가 아니다.

Chapter

06

무명항고소송

Ⅰ. 의무이행소송

1. 의의

의무이행소송이란 행정청이 개인이 신청한 행정행위에 대하여 이를 거부하거나 부작위로 방치하고 있는 경우에 행정청에 대하여 신청에 따른 행정행위를 할 것을 명하는 판결을 구하는 소송을 말한다.

2. 인정 여부

(1) 문제점

행정소송법은 항고소송으로 취소소송, 무효등확인소송 및 부작위위법확인소송을 규정하고 있을 뿐 의무화소송에 대해서는 아무런 규정을 두고 있지 않다. 따라서 현행법하에서 의무이행소송이 인정될 수 있는가에 대하여 학설은 대립하고 있다.

(2) 학설

① **부정설** : 부정설은 법원이 행정청에 대한 어떠한 처분을 명하는 것은 행정청의 판단권을 침해하는 것이 되며, 또한 행정소송법 제4조의 유형에 관한 규정은 제한적으로 이해하여야 한다고 본다.

② **긍정설** : 긍정설은 행정소송법 제4조의 규정을 예시적 규정으로 보고, 구체적인 법적 분쟁에서 다투어지고 있는 행정청의 위법한 거부처분 또는 부작위에 대해 적극적인 이행판결을 인정하는 것은 사법에 속하며 권력분립의 원칙에 반하지 않는다고 본다.

③ **제한적 긍정설** : 제한적 긍정설은 행정청의 판단권을 침해할 우려가 없고, 미리 구제하지 않으면 회복할 수 없는 손해가 발생할 우려가 있고, 다른 구제수단이 없는 경우에 예외적으로 인정된다고 본다. 즉, 항고소송이 실효적인 권리구제가 될 수 없는 때에만 긍정한다.

⑶ 판례

검사에게 압수물 환부를 이행하라는 청구는 행정청의 부작위에 대하여 일정한 처분을 하도록 하는 의무이행소송으로 현행 행정소송법상 허용되지 아니한다고 한다.

⑷ 검토

현행법상 거부처분취소소송 및 부작위위법확인소송은 의무이행소송을 인정하지 않는 입법의 취지로 해석할 수 있으나 입법론으로 이를 도입하여 효율적인 권리구제를 도모함이 바람직하다고 판단한다. 개정안에서는 의무이행소송과 임시적 지위를 구하는 가처분을 인정하고 있다.

3. 가처분

거부처분이나 부작위에 대한 실효성이 있는 권리구제를 위하여는 의무이행소송과 함께 가처분이 인정되어야 한다. 하지만 현행법상 의무이행소송이 인정되지 않고, 이에 따른 가처분 신청도 인정되지 않는다.

Ⅱ. 예방적 금지소송

1. 의의

예방적 금지소송이란 행정청의 공권력 행사에 의해 국민의 권익이 침해될 것이 예상되는 경우에 미리 그 예상되는 침익적 처분을 저지하는 것을 목적으로 제기되는 소송을 말한다.

2. 인정 여부

⑴ 학설

① **부정설** : 행정소송법 제4조를 제한적으로 이해하여야 하며, 국민의 재판청구권의 보장을 이유로 실정법에 규정하고 있지 않은 소송유형을 해석을 통하여 인정하는 것은 허용될 수 없다는 견해이다.

② **긍정설** : 행정소송법 제4조는 예시규정에 불과하며, 따라서 예방적 부작위청구소송은 무명항고소송의 형태로 인정할 수 있다는 견해이다.

(2) 판례

신축건물의 준공처분을 하여서는 아니 된다는 내용의 부작위를 구하는 원고의 예방적 청구는 행정소송에서 허용되지 아니하는 것이므로 부적법하다 판시하여 부정설의 입장이다.

(3) 검토

국민의 권리구제 측면에서는 이를 인정함이 타당하나, 현행법상에서는 예방적 부작위청구소송은 행정청의 처분 등이 위법하게 행해지는 것이 확실하고 명백하게 예견될 수 있을 것, 그 처분 등이 행해지는 것이 목전에 임박할 것, 사전에 억제하지 않으면 상대방인 국민이 회복하기 어려운 불이익을 피할 수 없을 것이라는 요건하에서 허용된다.

3. 가처분

예방적 금지소송은 침익적 처분이 임박한 경우에 제기되는 것이므로 현상유지를 구하는 가처분이 인정되어야만 권리구제수단으로서의 실효성을 가질 수 있지만 현재 예방적 금지소송이 인정되지 않는 상황에서 현상유지 가처분도 인정되지 않는다.

Chapter

07 당사자소송

Ⅰ. 의의

당사자소송이란 행정청의 처분 등을 원인으로 하는 법률관계에 관한 소송, 그 밖에 공법상의 법률관계에 관한 소송으로서 그 법률관계의 한쪽 당사자를 피고로 하는 소송을 말한다(행정소송법 제3조 제2호).

Ⅱ. 실질적 당사자소송

1. 의의

실질적 당사자소송이란 공법상 법률관계에 관한 소송으로서 그 법률관계의 한쪽 당사자를 피고로 하는 소송을 말한다.

2. 실질적 당사자소송의 예

① 재산권의 수용・사용・제한에 따른 손실보상청구권(형식적 당사자소송에 의하는 경우는 제외), ② 공법상 채권관계(공법상 임치・부당이득・사무관리 등)에 관한 소송, ③ 기타 봉급 등 공법상 금전급부청구소송, ④ 공법상 지위나 신분(공무원, 학생 등)의 확인을 구하는 소송, ⑤ 공법상 결과제거청구소송, ⑥ 공법상 계약에 관한 소송, ⑦ 국가배상청구소송 등을 열거할 수 있다.

Ⅲ. 형식적 당사자소송

1. 의의

형식적 당사자소송이란 행정청의 처분 등이 원인이 되어 형성된 법률관계에 다툼이 있는 경우 그 원인이 되는 처분, 재결 등의 효력을 직접 다투는 것이 아니라 그 법률관계의 한쪽 당사자를 피고로 하는 소송을 말한다.

2. 필요성

형식적 당사자소송은 분쟁의 실체가 재산상 분쟁인 경우처럼 처분청의 관여가 별반 의미가 없다고 판단될 경우 이해당사자가 직접 분쟁을 해결하도록 하는 것이 바람직하다는 고려를 바탕으로 한 소송으로 소송경제와 실효성 확보에 그 필요성이 인정된다.

3. 허용성

(1) 문제점

형식적 당사자소송이 현행법상 별도의 개별법상의 근거가 없는 때에도 행정소송법 제3조 제2호의 규정에 근거하여 일반적으로 허용될 수 있는지에 대하여 학설의 대립이 있다.

(2) 학설

① **긍정설** : 행정소송법 제3조 제2호에 형식적 당사자소송이 포함되는 점, 공정력 있는 처분을 그대로 둔 채 처분을 원인으로 하는 법률관계를 다투는 소송을 일반적으로 인정하더라도 공정력에 반하는 것은 아니라는 점을 근거로 긍정한다.

② **부정설** : 명문 규정 없이는 행정소송법 규정만으로는 일반적으로 인정될 수 없고, 공정력·구성요건적 효력은 그대로 두고 그 결과로서 발생한 법률관계만을 형식적 당사자소송의 판결로서 변경시키는 것은 곤란하다는 점을 들어 부정한다.

(3) 검토

형식적 당사자소송은 처분·재결 자체의 공정력을 부인하지 않은 채 그에 의하여 형성된 법률관계를 다투는 소송이라는 점에서 행정소송법의 규정만으로 일반적으로 허용될 수 없고 행정행위의 공정력에 의한 취소소송의 배타적 관할을 배제하는 개별법의 명시적 규정이 있는 경우에 허용될 수 있다고 볼 것이다. 따라서 부정설이 타당하다고 본다.

4. 형식적 당사자소송의 예

특허법 제187조, 공익사업을 위한 토지 등의 취득 및 보상에 관한 법률 제85조, 기타 개별법 등에서 형식적 당사자소송을 인정하고 있다.

Chapter

08 가구제

Ⅰ. 집행정지

1. 의의(행정소송법 제23조 제1항 및 제2항) 및 취지

집행부정지원칙은 심판청구는 처분의 효력이나 그 집행 또는 절차의 속행에 영향을 주지 않는다는 원칙을 말한다(행정심판법 제30조 제1항). 단, 처분의 집행 또는 절차의 속행 때문에 중대한 손해가 생기는 것을 예방할 필요성이 긴급하다고 인정할 때에는 직권으로 또는 당사자의 신청에 의하여 처분의 효력, 처분의 집행 또는 절차의 속행의 전부 또는 일부의 정지를 결정할 수 있다(동조 제2항). 이는 국민의 권리구제에 취지가 인정된다.

2. 요건

(1) 적극적 요건

① **정지대상인 처분 등이 존재할 것** : 행정소송법상 집행정지는 종전의 상태, 즉 원상을 회복하여 유지시키는 소극적인 것이므로 침해적 처분을 대상으로 한다.

② **적법한 본안소송이 계속 중일 것** : 행정소송법상의 집행정지는 민사소송에서의 가처분과는 달리 적법한 본안소송이 계속 중일 것을 요하며, 적법한 소송이어야 한다.

③ **회복하기 어려운 손해** : 판례는 금전보상이 불가능하거나 사회통념상 견디기가 현저히 곤란한 경우, 회복하기 어려운 손해가 있다. 이에 대한 소명책임은 신청인에게 있다.

④ **긴급한 필요의 존재** : 회복하기 어려운 손해의 발생이 절박하여 손해를 회피하기 위하여 본안판결을 기다릴 여유가 없는 것을 말한다.

(2) 소극적 요건

① **공공복리에 중대한 영향이 없을 것** : 처분의 집행에 의해 신청인이 입을 손해와 집행정지에 의해 영향을 받을 공공복리 간의 이익형량을 하여 공공복리에 중대한 영향을 미칠 우려가 없어야 한다.

② **본안청구가 이유 없음이 명백하지 아니할 것** : 본안청구가 이유 없음이 명백하지 아니할 것을 집행정지의 소극적 요건으로 하는 것이 타당하다는 것이 일반적 견해이며 판례도 이러한 입장을 취하고 있다.

3. 내용

① **절차속행의 정지** : 단계적으로 발전하는 법률관계에서 선행행위의 하자를 다투는 경우 후행행위를 하지 못하게 함을 말한다.

② **집행정지** : 처분내용의 강제적인 실현의 정지를 의미한다.

③ **효력정지** : 처분의 효력을 존재하지 않는 상태에 놓이게 하는 것을 말한다.

4. 효력

① **형성력** : 효력 자체를 정지시켜 행정처분이 없었던 것과 같은 상태를 가져온다.

② **기속력**(반복금지효) : 정지결정은 당사자인 행정청과 그 밖의 관계행정청을 기속한다.

③ **시간적 효력** : 효력은 집행정지결정시점부터 발생하며, 그 효력은 결정주문에서 정한 시기까지 존속한다.

Ⅱ. 가처분

1. 의의

가처분이란 금전 이외의 급부를 목적으로 하는 청구권의 보전 및 다툼이 있는 권리관계에 관하여 임시적 지위를 구하는 것을 의미한다.

2. 인정 여부

(1) 학설

① **부정설** : 행정청의 판단권 침해 및 권력분립의 위반으로 부정하는 견해이다.

② **긍정설** : 행정소송법상 가처분 배제 규정이 없다는 것을 논거로 긍정하는 견해이다.

(2) 판례

판례는 처분의 집행정지에 관하여 규정한 행정소송법 제23조 제2항은 민사소송법상 가처분에 대한 특별규정이기 때문에 민사소송법상 규정은 준용될 수 없다고 판시하였다.

(3) 검토

공법상 권리에 관하여 민사소송법상의 가처분이 적용되기는 어렵다고 보이므로, 부정설이 타당하다.

PART 04

감평행정법 주요 쟁점 비교표

PART 04

감평행정법 주요 쟁점 비교표

행정입법에서 법규명령과 행정규칙의 비교

구분	법규명령	행정규칙
1. 성격	타율적 행정입법	자율적 행정입법
2. 제정근거	법령상의 수권(위임)	행정권의 고유한 권능
3. 규정사항	법률유보사항(입법사항)과 비유보사항	비유보사항
4. 효과의 성질	외부적 구속력 (예외) 내부적 구속력 (규정내용의 성질상)	내부적 구속력 (예외) 외부적 구속력 – 법규명령형식의 행정규칙과 법령보충적 행정규칙 예 수익적 사항의 법률보충규칙 – 홍정선 교수님
5. 법 형식	(원칙) 헌법 제75조, 제95조 등 헌법이 예정한 대통령령, 총리령, 부령 형식 (예외) 행정규제기본법 제4조 제2항 단서에 근거한 훈령 형식	(원칙) 행정효율과 협업촉진에 관한 규정이 예정한 고시, 훈령 등의 형식 (예외) 대통령령, 총리령, 부령

출처 홍정선, 신행정법 특강, 박영사, 2020, p.104

✔ 법규명령형식의 행정규칙, 법령보충적 행정규칙, (순수)행정규칙 학설과 판례 등 비교

구분	법규명령형식의 행정규칙	법령보충적 행정규칙	(순수) 행정규칙
1. 각각의 意義	법규명령형식의 행정규칙은 행정사무처리기준에 관한 사항을 형식은 대통령령, 총리령, 부령의 형식으로 규정되어 있는데, 실질은 행정규칙인 경우에 이를 법규명령형식의 행정규칙이라고 한다.	법령보충적 행정규칙이란 법령의 위임에 의해 법령을 보충하는 법규사항을 정하는 행정규칙을 말한다. 판례는 법령보충적 행정규칙을 수권법령과 결합하여 대외적인 구속력이 있는 법규명령으로서의 효력을 갖는다고 본다.	행정규칙이란 행정조직 내부 또는 특별한 공법상 법률관계 내부에서 그 조직과 활동을 규율하는 일반·추상적인 명령으로서 법규적 성질을 갖지 않는다.
2. 해당 사례	감정평가사법 시행령 제29조 별표 3(감정평가법인등 제재기준)	토지가격비준표, 토지보상법 시행규칙 제22조, 감정평가 실무기준(판례는 행정규칙으로 봄)	고시, 훈령, 국토교통부 고시, 이주자선정 국토교통부 훈령
3. 해당 학설의 종류	법규명령설(형식설), 행정규칙설(실질설), 수권여부 기준설	법규명령설, 행정규칙설, 규범규체화 행정규칙설, 위헌무효설 등	비법규설, 법규설, 준법규설
4. 해당 대법원 판례	판례는 부령인 시행규칙과는 달리 제재적 재량처분의 기준을 정한 시행령(대통령령)에 대해서는 법규성을 인정하고 있다.	대법원은 법령보충적 행정규칙을 행정규칙이지만 법규명령과 같은 효력을 갖는 것으로 보기도 하고, 법규명령의 성질을 갖는 것으로 보기도 한다. 헌법재판소는 법령보충적 행정규칙도 행정규칙으로 보며 법령보충적 행정규칙은 그 자체로서 직접적 대외적 구속력을 갖는 것이 아니라 상위법령과 결합하여 상위법령의 일부가 됨으로써 대외적 구속력을 가질 뿐이라고 본다.	행정규칙이나 규정 '내용'이 위임범위를 벗어난 경우뿐 아니라 상위법령에서 세부사항 등을 시행규칙으로 정하도록 위임하였음에도 이를 고시 등 행정규칙으로 정하였다면 그 역시 대외적 구속력을 가지는 법규명령으로서 효력이 인정될 수 없다.

행정행위의 특질 중 공정력과 구성요건적 효력의 비교

구분	공정력	구성요건적 효력
1. 구속력의 성질	절차상 구속력	내용상 구속력
2. 인정 근거	법적 안정성	기관상호 간 권한존중과 권리분립 원리
3. 효력의 인적 범위	상대방과 이해관계 있는 제3자	다른 행정청과 법원
4. 감정평가사 시험에서 주요쟁점	취소소송에서 처분의 공정력을 깨는 것이 포인트	선결문제 논의할 때 구성요건적 효력으로 국가기관 간 권한존중으로 논리구성

출처 홍정선, 신행정법 특강, 박영사, 2020, p.221

행정심판의 결과인 재결과 토지보상법상 (수용)재결, 무효와 취소 구별, 강학상 직권취소와 철회

구분	각 개념	내용
행정심판의 결과인 재결과 토지보상법상 (수용)재결	행정심판법의 결과인 재결	사업인정처분에 대하여 행정심판위원회에 행정심판을 제기한 경우에 그 결과를 재결이라고 하는데 용어는 재결이지만 이는 행정심판의 결과를 말함
	토지보상법상 (수용)재결	토지보상법 제34조 재결은 원처분으로 (수용)재결서 정본은 수용의 구역과 보상금을 원처분으로 결정한 것을 말함. 수용재결에 대한 특별행정심판인 이의신청을 거쳐 나온 결과인 이의재결이 행정심판법상 행정심판의 결과인 재결과 같은 의미임
행청처분 자체가 무효인지 취소인지	행정처분의 효력이 무효사유	행정처분의 무효와 취소의 구별기준으로 중대명백설이 통설과 판례인데 내용상 중대한 하자와 외관상 명백한 하자인 경우 무효사유가 됨
	행정처분의 효력이 취소사유	행정처분이 내용상 중대한 하자가 있지만 외관상 명백한 하자로 볼 수 없는 경우에는 취소사유로 봄
행정청이 직권취소를 할 것인지 행정청이 철회를 할 것인지	행정청이 원시적 하자를 직권취소	예를 들어 감정평가사법 제13조에 부정한 방법으로 자격을 취득한 경우에는 원시적인 하자로 행정청이 직권으로 자격을 취소하는 것을 강학상 직권취소라고 함
	행정청이 후발적 사정으로 철회	예를 들어 감정평가사법 제27조 명의대여 규정 위반으로 행정청이 후발적 사정에 의하여 자격을 취소하는 것이 강학상 철회임

행정법상 무효와 취소의 구별기준 학설 5가지

학설	학설의 내용
1. 중대설	행정행위에 중대한 하자만 있으면 무효가 되고, 명백성은 무효요건이 아니라고 보는 견해이다. 이 견해에 의하면 중대하고 명백한 하자가 있는 경우는 무효가 아니라 행정행위의 부존재로 본다. 이 견해는 무효사유를 넓혀 국민의 권리구제를 확대하기 위하여 주장되고 있는 견해이나, 무효사유의 구별기준이 획일적이고, 침해적 행정행위의 경우에는 국민의 권리구제에 기여하나 국민의 권리구제에는 이바지할 수 있지만 행정의 법적 안정성이나 제3자의 신뢰보호는 희생되게 된다는 비판이 있다.
2. 중대명백설	중대명백설이란 행정행위의 하자의 내용이 중대하고, 그 하자가 외관상 명백한 때에는 해당 행정행위는 무효가 되고, 그중 어느 한 요건이라도 결여한 경우에는 취소할 수 있는 데 그친다고 하는 견해이다. 무효의 요건으로 중대성과 명백성을 요구하는 것은 국민의 권리구제의 요청과 법적 안정성의 요청을 조정하기 위하여 필요하다는 것이다.
3. 명백성 보충요건설	행정행위의 무효의 기준으로 중대성 요건만을 요구하여 중대한 하자를 가진 처분을 무효로 보지만, 제3자나 공공의 신뢰보호의 필요가 있는 경우에는 보충적으로 명백성을 요구하는 견해이다. 명백성의 요건은 법적 안정성 내지 행정의 원활한 수행 및 제3자의 신뢰보호요청을 충족시키기 위하여 요구되는 것이므로 그러한 요청이 없고, 오히려 국민의 권리구제의 요청이 강한 경우에는 명백성의 요건을 요구할 필요가 없다는 것을 논거로 한다.
4. 조사의무위반설 (객관적 명백설)	기본적으로는 중대명백설의 입장에 서지만, 하자의 명백성 요건을 완화하여 무효사유를 더 넓히려는 견해이다. 따라서 행정행위가 일반인의 인식능력에 비추어 누구라도 명백하게 하자가 있다는 것을 인정할 수 있는 경우뿐만 아니라 관계 공무원의 그의 직무를 성실히 수행하기 위하여 당연히 요구되는 정도의 조사에 의하여 인식할 수 있는 사실관계에 비추어 명백한 경우에도 명백성을 인정하여야 한다는 견해이다.
5. 구체적 가치형량설	이 견해는 다양한 이해관계를 갖는 행정행위에 대하여 무효사유와 취소사유를 구분하는 일반적 기준을 정립하는 것에 의문을 가지며 구체적인 사안마다 권리구제의 요청과 행정의 법적 안정성의 요청 및 제3자의 이익 등을 구체적이고 개별적으로 이익형량하여 무효인지 취소할 수 있는 행정행위인지 여부를 결정하여야 한다고 본다.

하자승계의 의의 및 전제조건, 하자의 승계를 인정한 두 가지 판례(93누8542/2007두13845)

하자승계의 의의 및 전제조건 4가지, 대법원 판례 정리 (대판 93누8542 결정, 대판 2007두13845 결정)		
1. 하자승계의 의의 및 전제요건	① 의의 : 하자의 승계란 원칙상 선행행위의 위법을 이유로 후행행위를 취소할 수는 없는 것이지만, 국민의 권리보호를 위해 일정한 요건하에서 선행행위의 위법이 후행행위에 승계되어 후행행위의 위법사유로 주장할 수 있고 후행행위를 취소할 수 있는 것	② 전제조건 ㉠ 선행행위와 후행행위 모두 항고소송의 대상이 되는 처분일 것 ㉡ 선행행위에 취소할 수 있는 위법이 있을 것(단순취소사유) ㉢ 선행행위에 불가쟁력이 발생할 것 ㉣ 후행행위는 적법할 것(고유한 하자가 없을 것)
2. 하자의 승계 인정 판례	위법한 개별공시지가결정에 대하여 그 정해진 시정절차를 통하여 시정하도록 요구하지 아니하였다는 이유로 위법한 개별공시지가를 기초로 한 과세처분 등 후행 행정처분에서 개별공시지가결정의 위법을 주장할 수 없도록 하는 것은 수인한도를 넘는 불이익을 강요하는 것으로서 국민의 재산권과 재판받을 권리를 보장한 헌법의 이념에도 부합하는 것이 아니라고 할 것이므로, 개별공시지가결정에 위법이 있는 경우에는 그 자체를 행정소송의 대상이 되는 행정처분으로 보아 그 위법 여부를 다툴 수 있음은 물론 이를 기초로 한 과세처분 등 행정처분의 취소를 구하는 행정소송에서도 선행처분인 개별공시지가결정의 위법을 독립된 위법사유로 주장할 수 있다고 해석함이 타당하다(대판 1994.1.25, 93누8542 판결[양도소득세등부과처분취소]).	인근 토지소유자 등으로 하여금 결정된 표준지공시지가를 기초로 하여 장차 토지보상 등이 이루어질 것에 대비하여 항상 토지의 가격을 주시하고 표준지공시지가결정이 잘못된 경우 정해진 시정절차를 통하여 이를 시정하도록 요구하는 것은 부당하게 높은 주의의무를 지우는 것이고, 위법한 표준지공시지가결정에 대하여 그 정해진 시정절차를 통하여 시정하도록 요구하지 않았다는 이유로 위법한 표준지공시지가를 기초로 한 수용재결 등 후행 행정처분에서 표준지공시지가결정의 위법을 주장할 수 없도록 하는 것은 수인한도를 넘는 불이익을 강요하는 것으로서 국민의 재산권과 재판받을 권리를 보장한 헌법의 이념에도 부합하는 것이 아니다. 따라서 표준지공시지가결정이 위법한 경우에는 그 자체를 행정소송의 대상이 되는 행정처분으로 보아 그 위법 여부를 다툴 수 있음은 물론, 수용보상금의 증액을 구하는 소송에서도 선행처분으로서 그 수용대상 토지 가격 산정의 기초가 된 비교표준지공시지가결정의 위법을 독립한 사유로 주장할 수 있다(대판 2008.8.21, 2007두13845 판결[토지보상금]).

✔ 하자의 승계 : 전통적 하자승계론과 구속력 이론의 비교

구분	전통적인 하자승계론	구속력 이론
① 학설의 내용	두 개의 행정행위마다 독립적으로 판단되어야 한다는 전제하에 두 개의 행정행위가 동일한 법률효과를 목적으로 하면 하자는 승계되고, 별개의 법률효과를 목적으로 하는 경우에는 하자는 승계되지 않는다고 보는 견해	행정행위의 하자의 승계문제를 행정행위의 효력 중에서 불가쟁력이 발생한 선행행위의 후행행위에 대한 구속력의 문제로 봄. 즉 구속력이란 선행행위의 내용과 효과가 후행행정행위를 구속함으로써 상대방은 후행행위를 다툼에 있어 선행행위의 내용과 대립되는 주장이나 판단을 할 수 없게 하는 효과를 가진다는 견해
② 학설의 근거	행정행위의 하자 또는 효력은 해당 행정행위별로 판단되는 것이 원칙. 행정행위의 상대방이나 이해관계인은 선행행위의 위법을 후행행위를 다투면서 주장할 수 없는 것이 원칙. 다만 국민의 권리를 보호하기 위해 일정한 경우 하자의 승계 인정 필요	후행행위에 대한 구속력의 직접적인 근거는 존재하지 않지만 행정행위의 공정력과 불가쟁력을 간접적인 근거가 됨
③ 인정 요건	㉠ **원칙** : 2개 이상의 행정처분이 서로 결합하여 하나의 법률효과를 완성하는 때에는 선행처분에 하자가 있으면 그 하자는 후행처분에 승계됨 ㉡ **예외** : 별개의 법률효과를 목적으로 하는 경우에도 선행행위의 불가쟁력이나 구속력이 그로 인하여 불이익을 입게 되는 자에게 수인한도를 넘는 가혹함을 가져오며, 그 결과가 당사자에게 예측가능한 것이 아닌 경우에는 선행행위의 위법을 후행행위의 위법사유로 주장할 수 있다고 봄(판례)	㉠ 대인적 한계로 수범자가 동일해야 함 ㉡ 대물적 한계로 선행행위와 후행행위가 동일한 목적을 추구하며 법적 효과가 기본적으로 일치해야 함 ㉢ 시간적 한계로 선행행위의 사실 및 법상태가 유지되는 한도 내에서만 구속력이 미침 ㉣ 추가적 요건으로 예측가능성과 수인가능성이 있어야 함
④ 효과	동일한 법률효과는 하자승계가 인정되고, 별개의 법률효과를 목적으로 하는 경우 하자의 승계는 인정 안 됨	◎ **구속력의 예외의 효과** : 구속력의 예외가 인정되는 경우 선행행위의 후행행위에 대한 구속력이 인정되지 않고 그 결과 선행행위의 위법을 이유로 후행행위를 취소할 수 있음

출처 강정훈, 감평행정법, 박문각, 2020년, 박균성, 행정법강의, 박영사, 2020년과 홍정선, 신행정법특강, 박영사, 2020년판 참고

행정행위의 폐지 중 직권취소와 쟁송취소의 비교

구분	직권취소	쟁송취소
1. 주목적	행정목적 실현(공익 우선)	권리구제(사익 우선)
2. 권한기관	행정청(처분청 + 감독청)	행정청(처분청 + 감독청 + 제3기관), 법원
3. 대상	수익적 행위 + 침익적 행위	침익적 행위 + 제3자효 있는 행위
4. 주된 사유	공익침해 + 권익침해	권익침해
5. 법적 근거	일반법은 없음 개별법에 있음	일반법 – 행정심판법, 행정소송법 있음 개별법에 있음
6. 절차의 엄격성	비교적 엄격하지 않다.	비교적 엄격하다.
7. 절차의 개시	행정청 스스로의 판단	상대방 등의 쟁송제기
8. 기간제한	기간상 제한 없음	기간상 제한 있음
9. 취소내용	적극적 변경도 가능	소극적 변경만 가능(전통적 견해)
10. 효과	소급 + 불소급	소급원칙(판례)
11. 감정평가사 시험 기출문제	부정한 방법으로 자격을 취득한 경우 자격취소처분	위법한 사업인정처분에 대하여 피수용자가 쟁송취소를 제기하여 승소한 사건

출처 홍정선, 신행정법특강, 박영사, 2020, p.257-258

행정계획에서 계획재량과 형량명령에 대한 대법원 판례(원지동 추모공원사건 등)와 평석

구분	대법원 판례 내용
1. 원지동 추모공원사건 (행정계획의 의미 및 행정주체의 행정계획결정에 관한 재량의 한계) (대판 2007.4.12, 2005두1893 판결[도시계획시설결정취소])	행정계획이라 함은 행정에 관한 전문적·기술적 판단을 기초로 하여 도시의 건설·정비·개량 등과 같은 특정한 행정목표를 달성하기 위하여 서로 관련되는 행정수단을 종합·조정함으로써 장래의 일정한 시점에 있어서 일정한 질서를 실현하기 위한 활동기준으로 설정된 것으로서, 관계법령에는 추상적인 행정목표와 절차만이 규정되어 있을 뿐 행정계획의 내용에 관하여는 별다른 규정을 두고 있지 아니하므로 행정주체는 구체적인 행정계획을 입안·결정함에 있어서 비교적 광범위한 형성의 자유를 가지는 것이지만, 행정주체가 가지는 이와 같은 형성의 자유는 무제한적인 것이 아니라 그 행정계획에 관련되는 자들의 이익을 공익과 사익 사이에서는 물론이고 공익 상호 간과 사익 상호 간에도 정당하게 비교교량하여야 한다는 제한이 있으므로, 행정주체가 행정계획을 입안·결정함에 있어서 이익형량을 전혀 행하지 아니하거나 이익형량의 고려대상에 마땅히 포함시켜야 할 사항을 누락한 경우 또는 이익형량을 하였으나 정당성과 객관성이 결여된 경우에는 그 행정계획결정은 형량에 하자가 있어 위법하게 된다.
2. 원지동 추모공원사건에 대한 판례 평석	판례는 형량의 하자를 ① 이익형량을 전혀 행하지 아니한 경우(형량의 부존재), ② 이익형량의 고려대상에 마땅히 포함시켜야 할 사항을 누락한 경우(형량의 누락), ③ 이익형량을 하였으나 정당성과 객관성이 결여된 경우(평가의 과오와 형량의 불비례)로 나누고 있다. 다만 형량의 하자별로 위법의 판단기준을 달리하여 개별화하지 못하고 있는 점은 미진한 점이다. 즉, 형량의 부존재는 당연히 위법사유가 된다고 본 것은 타당하다. 형량의 누락의 경우에는 중요한 이익 고려사항의 누락만을 위법사유로 보는 것이 타당한데, 판례가 이 점을 분명히 하지 않은 점은 아쉬운 점이다. 또한 평가의 과오와 형량의 불비례를 구분하지 않은 문제가 있다. 평가의 과오와 형량의 불비례의 경우에 판례는 "정당성과 객관성이 결여된 경우"에 위법사유가 된다고 하고 있다.

출처 박균성, 행정법 강의, 박영사, 2020, p.184

예외적으로 계획변경청구권으로 처분성이 긍정되는 판례사례(법규상 · 조리상 신청권이 인정되어야 함)

1. 법규상 · 조리상 신청권이 존재해야 함	국민의 적극적 신청행위에 대하여 행정청이 그 신청에 따른 행위를 하지 않겠다고 거부한 행위가 항고소송의 대상이 되는 행정처분에 해당하는 것이라고 하려면, 그 신청한 행위가 공권력의 행사 또는 이에 준하는 행정작용이어야 하고, 그 거부행위가 신청인의 법률관계에 어떤 변동을 일으키는 것이어야 하며, 그 국민에게 그 행위발동을 요구할 법규상 또는 조리상의 신청권이 있어야만 한다(대판 2003.9.23, 2001두10936 판결[국토이용계획변경승인거부처분취소]).
2. 국토이용계획변경을 신청할 권리가 인정	구 국토이용관리법(2002.2.4. 법률 제6655호 국토의 계획 및 이용에 관한 법률 부칙 제2조로 폐지)상 주민이 국토이용계획의 변경에 대하여 신청을 할 수 있다는 규정이 없을 뿐만 아니라, 국토건설종합계획의 효율적인 추진과 국토이용질서를 확립하기 위한 국토이용계획은 장기성, 종합성이 요구되는 행정계획이어서 원칙적으로는 그 계획이 일단 확정된 후에 어떤 사정의 변동이 있다고 하여 그러한 사유만으로는 지역주민이나 일반 이해관계인에게 일일이 그 계획의 변경을 신청할 권리를 인정하여 줄 수는 없을 것이지만, 장래 일정한 기간 내에 관계 법령이 규정하는 시설 등을 갖추어 일정한 행정처분을 구하는 신청을 할 수 있는 법률상 지위에 있는 자의 국토이용계획변경신청을 거부하는 것이 실질적으로 당해 행정처분 자체를 거부하는 결과가 되는 경우에는 예외적으로 그 신청인에게 국토이용계획변경을 신청할 권리가 인정된다고 봄이 상당하므로, 이러한 신청에 대한 거부행위는 항고소송의 대상이 되는 행정처분에 해당한다(대판 2003.9.23, 2001두10936 판결[국토이용계획변경승인거부처분취소]).
3. 주민으로서는 입안권자에게 도시계획입안을 요구	도시계획구역 내 토지 등을 소유하고 있는 주민으로서는 입안권자에게 도시계획입안을 요구할 수 있는 법규상 또는 조리상의 신청권이 있다고 할 것이고, 이러한 신청에 대한 거부행위는 항고소송의 대상이 되는 행정처분에 해당한다(대판 2004.4.28, 2003두1806 판결[도시계획시설변경입안의제안거부처분취소]).
4. 보호구역의 지정해제를 요구	문화재보호구역 내에 있는 토지소유자 등으로서는 위 보호구역의 지정해제를 요구할 수 있는 법규상 또는 조리상의 신청권이 있다고 할 것이고, 이러한 신청에 대한 거부행위는 항고소송의 대상이 되는 행정처분에 해당한다(대판 2004.4.27, 2003두8821 판결[문화재보호구역지정해제거부처분취소]).
5. 산업단지 개발계획의 변경을 요청	산업단지개발계획상 산업단지 안의 토지소유자로서 산업단지개발계획에 적합한 시설을 설치하여 입주하려는 자는 산업단지지정권자 또는 그로부터 권한을 위임받은 기관에 대하여 산업단지개발계획의 변경을 요청할 수 있는 법규상 또는 조리상 신청권이 있고, 이러한 신청에 대한 거부행위는 항고소송의 대상이 되는 행정처분에 해당한다고 보아야 한다(대판 2017.8.29, 2016두44186 판결[산업단지개발계획변경신청거부처분취소]).

행정절차법상 사전통지, (의견청취 중) 청문, 이유제시 비교

구분	사전통지	(의견청취 중) 청문	이유제시
1. 개념(의의)	행정청은 당사자에게 의무를 부과하거나 권익을 제한하는 처분을 하는 경우 당사자 등에게 일정한 사항을 사전통지하도록 함	행정청이 어떠한 처분을 하기 전에 당사자 등의 의견을 직접 듣고 증거를 조사하는 절차	행정청이 처분을 함에 있어 처분의 근거와 이유를 제시하는 것을 말하며 이유부기라고도 함
2. 법적 근거	행정절차법 제21조	행정절차법 제22조	행정절차법 제23조
3. 생략사유	① 공공의 안전 또는 복리를 위하여 긴급히 처분을 할 필요가 있는 경우 ② 법령 등에서 요구된 자격이 없거나 없어지게 되면 반드시 일정한 처분을 하여야 하는 경우에 그 자격이 없거나 없어지게 된 사실이 법원의 재판 등에 의하여 객관적으로 증명된 경우 ③ 해당 처분의 성질상 의견청취가 현저히 곤란하거나 명백히 불필요하다고 인정될 만한 상당한 이유가 있는 경우	① 공공의 안전 또는 복리를 위하여 긴급히 처분을 할 필요가 있는 경우 ② 법령 등에서 요구된 자격이 없거나 없어지게 되면 반드시 일정한 처분을 하여야 하는 경우에 그 자격이 없거나 없어지게 된 사실이 법원의 재판 등에 의하여 객관적으로 증명된 경우 ③ 해당 처분의 성질상 의견청취가 현저히 곤란하거나 명백히 불필요하다고 인정될 만한 상당한 이유가 있는 경우 ④ 당사자가 의견진술의 기회를 포기한다는 뜻을 명백히 표시한 경우	① 신청 내용을 모두 그대로 인정하는 처분인 경우 ② 단순·반복적인 처분 또는 경미한 처분으로서 당사자가 그 이유를 명백히 알 수 있는 경우 ③ 긴급히 처분을 할 필요가 있는 경우 ※ 행정청은 제1항 제2호 및 제3호의 경우에 처분 후 당사자가 요청하는 경우에는 그 근거와 이유를 제시하여야 한다.
4. 보상법규 기출쟁점	수익적 처분의 거부처분에 사전통지를 해야 하는지 여부 : 최근 대법원 2015.8.27, 2013두1560 판결 인정함.	청문일시에 불출석한 경우 청문 예외냐, 청문을 배제하는 협약은 강행법규 위반	침익적 처분의 이유제시 생략 사유, 이유제시의 근거와 정도

사전통지, 청문, 이유제시 기출문제 주요쟁점

구분	사전통지	청문	이유제시
기출문제 절차 관련	※ 제27회 1-1번 (1) 乙이 甲에 대한 거부처분을 하기에 앞서 행정절차법상 사전통지와 이유제시를 하지 아니한 경우 그 거부처분은 위법한가? (20점) ※ 제22회 2-2번 (2) 감정평가업자 乙은 국토교통부장관에게 감정평가사 갱신등록을 신청하였으나 거부당하였다. 그런데 乙은 갱신등록거부처분에 앞서 거부사유와 법적 근거, 의견제출의 가능성 등을 통지받지 못하였다. 위 갱신등록 거부처분의 위법성 여부를 검토하시오. (10점)	※ 제17회 2번 감정평가법인등 甲은 「감정평가 및 감정평가사에 관한 법률」 제25조의 성실의무 위반을 이유로 같은 법 제32조에 의하여 2006년 2월 1일 국토교통부장관으로부터 등록취소처분을 통보받았다. 이에 甲은 국토교통부장관이 등록취소 시 같은 법 제45조에 의한 청문을 실시하지 않은 것을 이유로 2006년 8월 1일 등록취소처분에 대한 무효확인소송을 제기하였다. 甲의 소송은 인용될 수 있는가? (30점)	※ 제15회 2번 국토교통부장관이 감정평가 및 감정평가사에 관한 법률을 위반한 감정평가법인에게 업무정지 3개월의 처분을 행하였다. 이에 대응하여 해당 법인은 위 처분에는 이유가 제시되어 있지 않아 위법하다고 하면서 업무정지처분취소소송을 제기하였다. 그러나 국토교통부장관은 (1) 감정평가 및 감정평가사에 관한 법률에 청문규정만 있을 뿐 이유제시에 관한 규정이 없고, (2) 취소소송 심리 도중에 이유를 제시한 바 있으므로 그 흠은 치유 내지 보완되었다고 주장한다. 이 경우 국토교통부장관의 주장에 관하여 검토하시오. (30점)
주요쟁점	1. 수익적 거부처분에 대해서도 사전통지를 해야 하는지 여부 2. 등록갱신거부 시 사전통지 여부	1. 청문절차의 하자 2. 청문을 반드시 실시해야 하는지 여부	1. 청문규정만 있고 이유제시 규정 없음 2. 이유제시의 치유의 시기 언제인지 여부

행정절차법상 의견청취제도 비교(청문, 공청회, 의견제출)

구분	청문	공청회	의견제출 ("약식청문"이라고도 함)
1. 의견청취의 목적	처분의 상대방 등 보호	의견수렴	행정작용과 상대방 등 보호
2. 의견청취의 대상	처분	행정작용(처분)	행정작용(처분)
3. 의견표현의 주체	당사자 등	당사자 등과 일반인	당사자 등
4. 의견청취의 경우	① 법령에서 정하였거나 ② 행정청이 인정하는 경우	① 법령에서 정하였거나 ② 행정청이 인정하는 경우	침익적 처분(단, 청문이나 공청회가 없는 경우)
5. 의견표현의 방식	(구술)・의견서 제출	발표(구술)	서면・컴퓨터통신・구술
6. 의견표현의 형식	청문주재자의 엄정 진행	공청회 주재자에 의한 진행	특별한 절차진행형식 없음

출처 홍정선 교수님, 신행정법 특강, 박영사, 2020, p.337

절차의 하자로 거론되는 토지보상법 제21조 개정과 중앙토지수용위원회의 공익성 검토 내용

구분	토지보상법 제21조 개정 규정 (사업인정의제 시 협의 및 의견청취 요함)	공익성 검토 내용 (중앙토지수용위원회)
내용	제21조(협의 및 의견청취 등) ① 국토교통부장관은 사업인정을 하려면 관계 중앙행정기관의 장 및 특별시장·광역시장·도지사·특별자치도지사(이하 "시·도지사"라 한다) 및 제49조에 따른 중앙토지수용위원회와 협의하여야 하며, 대통령령으로 정하는 바에 따라 미리 사업인정에 이해관계가 있는 자의 의견을 들어야 한다. ② 별표에 규정된 법률에 따라 사업인정이 있는 것으로 의제되는 공익사업의 허가·인가·승인권자 등은 사업인정이 의제되는 지구지정·사업계획승인 등을 하려는 경우 제1항에 따라 제49조에 따른 중앙토지수용위원회와 협의하여야 하며, 대통령령으로 정하는 바에 따라 사업인정에 이해관계가 있는 자의 의견을 들어야 한다. ③ 제49조에 따른 중앙토지수용위원회는 제1항 또는 제2항에 따라 협의를 요청받은 경우 사업인정에 이해관계가 있는 자에 대한 의견 수렴 절차 이행 여부, 허가·인가·승인대상 사업의 공공성, 수용의 필요성, 그 밖에 대통령령으로 정하는 사항을 검토하여야 한다. ④ 제49조에 따른 중앙토지수용위원회는 제3항의 검토를 위하여 필요한 경우 관계 전문기관이나 전문가에게 현지조사를 의뢰하거나 그 의견을 들을 수 있고, 관계 행정기관의 장에게 관련 자료의 제출을 요청할 수 있다. ⑤ 제49조에 따른 중앙토지수용위원회는 제1항 또는 제2항에 따라 협의를 요청받은 날부터	① 법령상 전제로는 토지보상법 제4조 각 호 및 별표에 규정된 사업에 해당하는가? 개별법에서 정한 수용재결의 신청요건을 갖추었는가? ② 사업시행자의 의사와 능력이 있는 문제로 시행자 의사와 능력 – 사업을 수행할 정당하고 적극적인 의사를 보유하였는가? 사업을 수행할 충분한 능력을 구비하였는가? ③ 입법목적의 부합성이 있는가 문제로 입법목적 부합성 – 법령목적, 상위계획·지침, 절차 등에 부합하였는가? 영업이 수반되는 사업의 경우 대중성·개방성이 있는가? ④ 공익 우월성의 문제로 공익 우월성 – 사업으로 얻게 되는 공익이 사업으로 잃게 되는 이익보다 우월하다고 볼 수 있는가? ⑤ 사업계획의 합리성의 문제로 사업계획의 합리성 – 구체적이고 합리적인 계획이라 볼 수 있는가? ⑥ 수용의 필요성의 문제로 수용 필요성 – 수용방식으로 사업을 수행할 필요가 있는가? 수용 대상 및 범위가 적정한가?

30일 이내에 의견을 제시하여야 한다. 다만, 그 기간 내에 의견을 제시하기 어려운 경우에는 한 차례만 30일의 범위에서 그 기간을 연장할 수 있다. ⑥ 제49조에 따른 중앙토지수용위원회는 제3항의 사항을 검토한 결과 자료 등을 보완할 필요가 있는 경우에는 해당 허가·인가·승인권자에게 14일 이내의 기간을 정하여 보완을 요청할 수 있다. 이 경우 그 기간은 제5항의 기간에서 제외한다. ⑦ 제49조에 따른 중앙토지수용위원회가 제5항에서 정한 기간 내에 의견을 제시하지 아니하는 경우에는 협의가 완료된 것으로 본다. ⑧ 그 밖에 제1항 또는 제2항의 협의에 관하여 필요한 사항은 국토교통부령으로 정한다.	⑦ **공익 지속성의 문제로** 공익 지속성 – 사업의 정상 시행 및 완공 후 지속적 공익 관리가 가능한가? **출처** 중앙토지수용위원회 홈페이지 자료

출처 박균성, 행정법 강의, 박영사, 2020년, 강정훈, 감평행정법, 박문각, 2020년

행정절차법상 청문의 주요 판례와 감정평가사 및 다른 국가고시 나온 시험 쟁점

구분	청문에 대한 주요 대법원 판례
1. 청문제도의 취지 (대판 2017.4.7. 2016두63224 판결[개인택시운송사업면허취소처분취소])	행정절차법 제22조 제1항 제1호는, 행정청이 처분을 할 때에는 다른 법령 등에서 청문을 실시하도록 규정하고 있는 경우 청문을 실시한다고 규정하고 있다. 이러한 청문제도는 행정처분의 사유에 대하여 당사자에게 변명과 유리한 자료를 제출할 기회를 부여함으로써 위법사유의 시정가능성을 고려하고, 처분의 신중과 적정을 기하려는 데 그 취지가 있다. 그러므로 행정청이 특히 침해적 행정처분을 할 때 그 처분의 근거법령 등에서 청문을 실시하도록 규정하고 있다면, 행정절차법 등 관련 법령상 청문을 실시하지 않아도 되는 예외적인 경우에 해당하지 않는 한, 반드시 청문을 실시하여야 하며, 그러한 절차를 결여한 처분은 위법한 처분으로서 취소사유에 해당한다.
2. 협약으로 법령상 요구되는 청문을 배제할 수 있는지 여부 (대판 2004.7.8. 2002두8350 판결[유희시설조성사업협약해지 및 사업시행자지정거부처분취소])	행정청이 당사자와 사이에 도시계획사업의 시행과 관련한 협약을 체결하면서 관계법령 및 행정절차법에 규정된 청문의 실시 등 의견청취절차를 배제하는 조항을 두었다고 하더라도, 국민의 행정참여를 도모함으로써 행정의 공정성·투명성 및 신뢰성을 확보하고 국민의 권익을 보호한다는 행정절차법의 목적 및 청문제도의 취지 등에 비추어 볼 때, 위와 같은 협약의 체결로 청문의 실시에 관한 규정의 적용을 배제할 수 있다고 볼 만한 법령상의 규정이 없는 한, 이러한 협약이 체결되었다고 하여 청문의 실시에 관한 규정의 적용이 배제된다거나 청문을 실시하지 않아도 되는 예외적인 경우에 해당한다고 할 수 없다.
3. 행정처분의 상대방이 청문일시에 불출석한 경우가 청문의 실시의 예외사유에 해당하는지 여부 (대판 2001.4.13. 2000두3337 판결[영업허가취소처분취소])	행정절차법 제21조 제4항 제3호는 침해적 행정처분을 할 경우 청문을 실시하지 않을 수 있는 사유로서 "당해 처분의 성질상 의견청취가 현저히 곤란하거나 명백히 불필요하다고 인정될 만한 상당한 이유가 있는 경우"를 규정하고 있으나, 여기에서 말하는 '의견청취가 현저히 곤란하거나 명백히 불필요하다고 인정될 만한 상당한 이유가 있는지 여부'는 당해 행정처분의 성질에 비추어 판단하여야 하는 것이지, 청문통지서의 반송 여부, 청문통지의 방법 등에 의하여 판단할 것은 아니며, 또한 행정처분의 상대방이 통지된 청문일시에 불출석하였다는 이유만으로 행정청이 관계법령상 그 실시가 요구되는 청문을 실시하지 아니한 채 침해적 행정처분을 할 수는 없을 것이므로, 행정처분의 상대방에 대한 청문통지서가 반송되었다거나, 행정처분의 상대방이 청문일시에 불출석하였다는 이유로 청문을 실시하지 아니하고 한 침해적 행정처분은 위법하다.

✔ 행정상 강제집행의 종류 : 대집행, 집행벌(이행강제금), 직접강제, 강제징수의 비교

종류	의의	적용가능한 의무	일반법이나 개별법
1. 대집행	대집행이란 공법상 대체적 작위의무의 불이행이 있는 경우에 당해 행정청이 스스로 의무자가 행할 행위를 하거나 제3자로 하여금 이를 행하게 하고 그 비용을 의무자로부터 징수하는 것을 말한다(행정대집행법 제2조).	대체적 작위의무 (타인이 대신하여 이행할 수 있는 작위의무)	일반법으로 행정대집행법 있음
2. 집행벌 (이행강제금)	집행벌이란 작위의무 또는 부작위의무를 불이행한 경우에 그 의무를 간접적으로 강제이행시키기 위하여 일정한 기간 안에 의무이행이 없을 때에는 일정한 이행강제금을 부과할 것을 계고하고 그 기간 안에 이행이 없는 경우에는 이행강제금을 부과하는 것을 말한다.	부작위의무, 비대체적 작위의무 불이행, 대체적 작위의무 불이행	개별법에 건축법, 농지법, 대덕연구단지관리법, 부동산 실권리자명의 등기에 관한 법률
3. 직접강제	직접강제란 행정법상의 의무 불이행이 있는 경우에 의무자의 신체나 재산 또는 양자에 실력을 가하여 의무의 이행이 있었던 것과 동일한 상태를 실현하는 작용을 말한다.	비대체적 작위의무, 부작위의무, 수인의무, 대체적 작위의무	먹는물관리법상 사업장 폐쇄, 출입국관리법상 외국인의 강제퇴거
4. 강제징수	행정상 강제징수란 국민이 국가 등 행정주체에 대하여 부담하고 있는 공법상의 금전급부의무를 이행하지 않은 경우에 행정청이 의무자의 재산에 실력을 가하여 의무자가 이행된 것과 동일한 상태를 실현하는 행정상 강제집행수단을 말한다.	금전급부의무	일반법으로 국세징수법, 지방세법 개별법으로 토지보상법 제99조

출처 박균성, 행정법강의, 박영사, 2020년, 홍정선, 신행정법특강, 박영사, 2020년, 강정훈, 감평행정법, 박문각, 2020년 자료 발췌

✔ 행정상 대집행의 각 단계 비교(대집행의 계고, 대집행영장에 의한 통지, 대집행 실행, 비용징수)

구분	내용	처분성 인정
1. 대집행의 계고	계고는 상당한 기간 내에 의무의 이행을 하지 않으면 대집행을 한다는 의사를 사전에 통지하는 행위이다.	준법률행위적 행정행위
2. 대집행영장에 의한 통지	대집행영장에 의한 통지는 의무자가 계고를 받고 그 지정기한까지 그 의무를 이행하지 아니할 때에는 당해 행정청이 대집행영장으로써 대집행 실행의 시기, 대집행책임자의 성명과 대집행비용의 개산액을 의무자에게 통지하는 행위를 말한다.	준법률행위적 행정행위
3. 대집행의 실행	대집행의 실행은 당해 행정청이 스스로 또는 타인으로 하여금 대체적 작위의무를 이행시키는 물리력의 행사를 말한다.	권력적 사실행위
4. 비용징수	대집행 비용의 징수에 있어서는 행정청은 그 금액과 그 납기일을 정하여 의무자에게 문서로써 그 납부를 명하여야 하며, 원칙상 의무자가 부담하여야 한다. 비용납무명령은 비용납무의무를 발생시키는 행정행위이다.	항고소송의 대상이 됨
5. 대집행에서 감정평가사 시험에 나온 판례	[1] 행정대집행법상 대집행의 대상이 되는 대체적 작위의무는 공법상 의무이어야 할 것인데, 구 공공용지의 취득 및 손실보상에 관한 특례법(2002.2.4. 법률 제6656호 공익사업을 위한 토지 등의 취득 및 보상에 관한 법률 부칙 제2조로 폐지)에 따른 토지 등의 협의취득은 공공사업에 필요한 토지 등을 그 소유자와의 협의에 의하여 취득하는 것으로서 공공기관이 사경제주체로서 행하는 사법상 매매 내지 사법상 계약의 실질을 가지는 것이므로, 그 협의취득 시 건물소유자가 매매대상 건물에 대한 철거의무를 부담하겠다는 취지의 약정을 하였다고 하더라도 이러한 철거의무는 공법상의 의무가 될 수 없고, 이 경우에도 행정대집행법을 준용하여 대집행을 허용하는 별도의 규정이 없는 한 위와 같은 철거의무는 행정대집행법에 의한 대집행의 대상이 되지 않는다. [2] 구 공공용지의 취득 및 손실보상에 관한 특례법(2002.2.4. 법률 제6656호 공익사업을 위한 토지 등의 취득 및 보상에 관한 법률 부칙 제2조로 폐지)에 의한 협의취득 시 건물소유자가 협의취득대상 건물에 대하여 약정한 철거의무는 공법상 의무가 아닐 뿐만 아니라, 공익사업을 위한 토지 등의 취득 및 보상에 관한 법률 제89조에서 정한 행정대집행법의 대상이 되는 '이 법 또는 이 법에 의한 처분으로 인한 의무'에도 해당하지 아니하므로 위 철거의무에 대한 강제적 이행은 행정대집행법상 대집행의 방법으로 실현할 수 없다(대판 2006.10.13, 2006두7096 판결[건물철거대집행계고처분취소]).	

출처 박균성, 행정법 강의, 박영사, 2020년, 강정훈, 감평행정법, 박문각, 2020년 자료 발췌 정리

행정대집행법 제2조와 토지보상법상 실효성 확보수단(대행, 대집행, 벌칙 등)(법 제95조의2 신설 개정됨)

토지보상법 제44조 대행 (이/알 – 귀책사유가 없는 경우)	토지보상법 제89조 대집행 (이/완/공)	토지보상법 제95조의2 벌칙(장/인 1천, 1년)
제44조(인도 또는 이전의 대행) ① 특별자치도지사, 시장·군수 또는 구청장은 다음 각 호의 어느 하나에 해당할 때에는 사업시행자의 청구에 의하여 토지나 물건의 인도 또는 이전을 대행하여야 한다. 1. 토지나 물건을 인도하거나 이전하여야 할 자가 고의나 과실 없이 그 의무를 이행할 수 없을 때 2. 사업시행자가 과실 없이 토지나 물건을 인도하거나 이전하여야 할 의무가 있는 자를 알 수 없을 때 ② 제1항에 따라 특별자치도지사, 시장·군수 또는 구청장이 토지나 물건의 인도 또는 이전을 대행하는 경우 그로 인한 비용은 그 의무자가 부담한다.	제89조(대집행) ① 이 법 또는 이 법에 따른 처분으로 인한 의무를 이행하여야 할 자가 그 정하여진 기간 이내에 의무를 이행하지 아니하거나 완료하기 어려운 경우 또는 그로 하여금 그 의무를 이행하게 하는 것이 현저히 공익을 해친다고 인정되는 사유가 있는 경우에는 사업시행자는 시·도지사나 시장·군수 또는 구청장에게 「행정대집행법」에서 정하는 바에 따라 대집행을 신청할 수 있다. 이 경우 신청을 받은 시·도지사나 시장·군수 또는 구청장은 정당한 사유가 없으면 이에 따라야 한다. ② 사업시행자가 국가나 지방자치단체인 경우에는 제1항에도 불구하고 「행정대집행법」에서 정하는 바에 따라 직접 대집행을 할 수 있다. ③ 사업시행자가 제1항에 따라 대집행을 신청하거나 제2항에 따라 직접 대집행을 하려는 경우에는 국가나 지방자치단체는 의무를 이행하여야 할 자를 보호하기 위하여 노력하여야 한다.	제95조의2(벌칙) 다음 각 호의 어느 하나에 해당하는 자는 1년 이하의 징역 또는 1천만원 이하의 벌금에 처한다. 1. 제12조 제1항을 위반하여 장해물 제거 등을 한 자 2. 제43조를 위반하여 토지 또는 물건을 인도하거나 이전하지 아니한 자
행정대집행법 제2조 (대집행과 그 비용징수) 대/다/방 대체적 작위의무, 다른 수단으로 확보 곤란, 방치함이 심히 공익을 해할 것	제2조(대집행과 그 비용징수) 법률(법률의 위임에 의한 명령, 지방자치단체의 조례를 포함한다. 이하 같다)에 의하여 직접명령되었거나 또는 법률에 의거한 행정청의 명령에 의한 행위로서 타인이 대신하여 행할 수 있는 행위를 의무자가 이행하지 아니하는 경우 다른 수단으로써 그 이행을 확보하기 곤란하고 또한 그 불이행을 방치함이 심히 공익을 해할 것으로 인정될 때에는 당해 행정청은 스스로 의무자가 하여야 할 행위를 하거나 또는 제삼자로 하여금 이를 하게 하여 그 비용을 의무자로부터 징수할 수 있다.	

출처 박균성, 행정법 강의, 박영사, 2020년, 강정훈, 감평행정법, 박문각, 2020년

새로운 행정의 실효성 확보수단

구분	내용
1. 과징금	과징금이란 행정법규의 위반이나 행정법상의 의무 위반으로 경제상의 이익을 얻게 되는 경우에 해당 위반으로 인한 경제적 이익을 박탈하기 위하여 그 이익액에 따라 행정기관이 과하는 행정상 제재금을 말한다.
2. 변형된 과징금	업무정지처분에 갈음하여 과징금을 부과할 수 있는 것으로 규정하고 있는 경우가 적지 않은데, 이와 같이 업무정지에 갈음하여 부과되는 과징금을 변형된 과징금이라 한다.
3. 과징금과 벌금 병과 가능성	과징금은 행정상 제재금이고, 범죄에 대한 국가의 형벌권의 실행으로서의 과벌이 아니므로 행정법규 위반에 대하여 벌금이나 범칙금 이외에 과징금을 부과하는 것은 이중처벌금지의 원칙에 반하지 않는다고 보아야 한다(헌재 82헌바38).
4. 가산세	가산세란 세법상의 의무의 성실한 이행을 확보하기 위하여 그 세법에 의하여 산출된 세액에 가산하여 징수되는 세금을 말한다. 가산세는 세금의 형태로 가하는 행정벌의 성질을 가진 제재이므로 그 의무해태에 정당한 사유가 있는 경우에는 부과할 수 없다(91누9848).
5. 가산금	가산금이란 행정법상 금전급부의무의 불이행에 대한 제재로서 가해지는 금전부담이다.
6. 명단의 공표	명단의 공표라 함은 행정법상의 의무 위반 또는 의무 불이행이 있는 경우에 그 위반자의 성명, 위반사실 등을 일반에게 공개하여 명예 또는 신용에 침해를 가함으로써 심리적인 압박을 가하여 행정법상의 의무이행을 확보하는 간접강제수단을 말한다.
7. 공급의 거부	공급거부라 함은 행정법상의 의무를 위반하거나 불이행한 자에 대하여 행정상의 서비스 또는 재화의 공급을 거부하는 행위를 말한다.
8. 관허사업의 제한	관허사업의 제한이라 함은 행정법상의 의무를 위반하거나 불이행한 자에 대하여 각종 인허가를 거부할 수 있게 함으로써 행정법상 의무의 준수 또는 의무의 이행을 확보하는 간접적 강제수단을 말한다.
9. 시정명령	시정명령은 행정법규 위반에 의해 초래된 위법상태를 제거하는 것을 명하는 행정행위이다. 시정명령은 강학상 하명에 해당한다. 시정명령을 받은 자는 시정의무를 부담하게 되며 시정의무를 이행하지 않은 경우에는 행정강제(대집행, 직접강제 또는 집행벌)의 대상이 될 수 있고, 시정의무 위반에 대하여는 통상 행정벌이 부과된다.
10. 그 밖의 행정의 실효성 확보수단	기타 행정의 실효성 확보수단으로는 행정법규 위반자에 대한 국외여행제한(출입국관리법 제4조), 행정법규 위반에 사용된 차량의 사용정지, 취업제한(병역법 제76조), 고액 상습체납자의 감치(국세징수법 제7조의5), 행정법규 위반행위신고포상금제 등이 있다.

출처 박균성, 행정법 강의, 박영사, 2020년, 강정훈, 감평행정법, 박문각, 2020년

국가배상법상 국가배상의 요건(공/직/고/위/인/손)

구분	각 요건	대법원 판례의 태도
국가배상법 제2조	제2조(배상책임) ① 국가나 지방자치단체는 공무원 또는 공무를 위탁받은 사인(이하 "공무원"이라 한다)이 직무를 집행하면서 고의 또는 과실로 법령을 위반하여 타인에게 손해를 입히거나, 「자동차손해배상 보장법」에 따라 손해배상의 책임이 있을 때에는 이 법에 따라 그 손해를 배상하여야 한다. 다만, 군인·군무원·경찰공무원 또는 예비군대원이 전투·훈련 등 직무 집행과 관련하여 전사(戰死)·순직(殉職)하거나 공상(公傷)을 입은 경우에 본인이나 그 유족이 다른 법령에 따라 재해보상금·유족연금·상이연금 등의 보상을 지급받을 수 있을 때에는 이 법 및 「민법」에 따른 손해배상을 청구할 수 없다. ② 제1항 본문의 경우에 공무원에게 고의 또는 중대한 과실이 있으면 국가나 지방자치단체는 그 공무원에게 구상(求償)할 수 있다.	
공무원이	행정조직법상 의미의 공무원만을 뜻하는 것이 아니라 최광의의 공무원 개념에 포함	교통할아버지, 사업인정을 받은 사업시행자
직무를	공법상 권력작용 외에 공법상 비권력작용까지도 포함한다는 견해가 다수	직무란 사인의 보호를 위한 직무를 뜻함(판례)
집행하면서	통상 공무원이 행하는 행위를 직무집행행위로 보는 것이 일반적	외형설이 통설과 판례의 입장임
고의 또는 과실	고의란 어떠한 위법행위의 발생가능성을 인식하고 그 결과를 인용하는 것을 말하고, 과실이란 부주의로 인해 어떠한 위법한 결과를 초래하는 것	공무원이 그 직무를 수행함에 있어 해당 직무를 담당하는 평균인이 통상 갖추어야 할 주의의무를 게을리 한 것(판례)
법령을 위반(위법)	결과불법설, 상대적 위법성설, 행위위법설, 직무의무위반설 등 정리요망	국가배상법의 위법과 소송법상 위법의 개념-기판력
상당한 인과관계	공무원이 직무상 의무를 위반함으로 인하여 피해자가 입은 손해에 대하여는 상당한 인과관계가 인정되는 범위 내에서 국가배상책임 인정함 예 개공을 자연림인데, 공업용으로 결정공시하여 담보로 물품공급	보호법익의 보호범위를 넘는 것으로 상당한 인과관계 없음(판례)
손해의 발생	가해행위로부터 발생한 일체의 손해를 말함	손해는 법익침해로서의 불이익을 의미(판례)

출처 강정훈, 감평행정법, 박문각, 2020, 홍정선, 신행정법특강, 박영사, 2020.에서 일부 내용 발췌

국가배상책임의 법적 성질(대위책임설, 자기책임설, 절충설, 대법원 판례 등)

학설 및 판례	내용
① 대위책임설	대위책임설은 국가는 불법행위를 행할 수 없으며, 불법을 행한 공무원만이 책임을 져야 한다는 국가무책임사상에서 유래하며, 위법한 공무원의 행위는 국가나 지방자치단체의 행위로 볼 수 없고, 따라서 배상책임은 공무원 자신에 부담해야 할 것이지만 피해자의 보호 등을 위해 국가가 공무원에 대신하여 부담하는 책임이 바로 국가배상책임이라는 견해이다.
② 자기책임설	자기책임설은 국민개인의 법률관계의 상대방은 항상 국가이고, 개인과 공무원 간에는 법률관계가 성립되지 않으며, 공무원은 국가업무의 집행자로 외부에 나타나므로 그에 따른 법적 효과는 적법하든 위법하든 모두 국가에 귀속되는 까닭에 국가나 지방자치단체가 부담하는 배상책임은 바로 그들 자신의 책임이라는 견해이다.
③ 중간설	중간설은 공무원의 위법행위가 고의·중과실에 기한 경우는 국가기관의 행위로 볼 수 없고, 또한 국가배상법 제2조 제2항에 따라 국가는 구상권이 있으므로 국가의 배상책임은 대위책임이나, 경과실에 의한 경우는 국가기관의 행위로 보아야 하며 국가의 구상권이 부정된다는 이유로 이 경우 국가책임을 자기책임으로 보는 견해이다. – 실전 2차시험 감정평가 및 보상법규 답안에서는 중간설은 생략해도 될 것으로 보임
④ 절충설	절충설은 공무원의 행위가 경과실에 기한 경우에는 국가기관의 행위로 볼 수 있어 국가의 자기책임이지만, 고의·중과실에 따른 행위는 국가기관의 행위로 볼 수 없어 공무원만이 배상책임을 지고 국가는 책임이 없지만 그 행위가 직무로서 외형을 갖춘 경우에는 피해자와의 관계에서 국가도 일종의 자기책임으로서 배상책임을 진다는 견해이다.
⑤ 대법원 판례 (절충설 입장)	공무원이 직무를 수행함에 있어 경과실로 타인에게 손해를 입힌 경우에는 그 직무수행상 통상 예기할 수 있는 흠이 있는 것에 불과하므로, "이러한 공무원의 행위는 여전히 국가 등의 기관의 행위로 보아 그로 인하여 발생한 손해에 대한 배상책임도 전적으로 국가 등에만 귀속시키고 공무원 개인에게는 그로 인한 책임을 부담시키지 아니하여 공무원의 공무집행의 안정성을 확보하고, 반면에 공무원의 위법행위가 고의·중과실에 기한 경우에는 비록 그 행위가 그의 직무와 관련된 것이라고 하더라도 그와 같은 행위는 그 본질에 있어서 기관행위로서의 품격을 상실하여 국가 등에게 그 책임을 귀속시킬 수 없으므로 공무원 개인에게 불법행위로 인한 손해배상책임을 부담시키되… (대판 1996.2.15, 95다38677 전원합의체 판결 [손해배상(자)])"라고 판시하고 있다.

출처 박균성, 행정법 강의, 박영사, 2020년, 강정훈, 감평행정법, 박문각, 2020년, 홍정선, 신행정법특강, 박영사, 2020년

✔ 공무원의 배상책임(선택적 청구 여부)

구분	내용
① 자기책임설의 입장	가해행위는 국가의 행위인 동시에 가해공무원 자신의 행위임을 논거로 선택적 청구를 인정하는 견해와 국가책임만 인정하는 견해로 나뉜다. 논리적으로 선택적 청구를 인정하게 된다(국가와 공무원의 책임은 독립하여 성립된다).
② 대위책임설의 입장	논리적으로 보면 대위책임설은 국가배상책임이 원래 공무원의 책임이지만 국가가 이를 대신하여 부담한다고 보기에 공무원의 대외적 배상책임은 부정된다.
③ 중간설의 입장	중간설의 입장에서도 경과실의 경우에는 국가나 지방자치단체에 대해서만, 고의·중과실의 경우에는 선택적으로 배상을 청구할 수 있다는 견해와 부인하는 견해가 나뉘고 있다. – 실전 2차시험 감정평가 및 보상법규 답안에서는 중간설은 생략해도 될 것으로 보임
④ 절충설의 입장	경과실의 경우에는 국가나 지방자치단체에 대해서만, 고의·중과실의 경우에는 행위의 외관을 객관적으로 관찰하여 공무원의 직무집행으로 보여질 때에는 선택적으로 배상을 청구할 수 있다고 본다.
⑤ 대법원 판례 입장 (제한적 긍정설 – 절충설 입장)	공무원이 직무수행 중 불법행위로 타인에게 손해를 입힌 경우에 국가 등이 국가배상책임을 부담하는 외에 공무원 개인도 고의 또는 중과실이 있는 경우에는 불법행위로 인한 손해배상책임을 진다고 할 것이지만, 공무원에게 경과실뿐인 경우에는 공무원 개인은 손해배상책임을 부담하지 아니한다고 해석하는 것이 헌법 제29조 제1항 본문과 단서 및 국가배상법 제2조의 입법취지에 조화되는 올바른 해석이다(대판 1996.2.15, 95다38677 전원합의체 판결[손해배상(자)]).

출처 박균성, 행정법 강의, 박영사, 2020년, 강정훈, 감평행정법, 박문각, 2020년, 홍정선, 신행정법특강, 박영사, 2020

국가배상법상 법령 위반의 의미(결과불법설, 행위위법설, 직무의무위반설, 상대적 위법성설)

구분	내용
국가배상법상 법령의 의미	국가배상법은 "법령" 위반을 요구하고 있는데 여기서 "법령"이 무엇을 의미하는지 관하여 학설의 일반적인 견해는 법 일반을 의미한다고 본다. 성문법령뿐만 아니라 관습법, 법의 일반원칙, 조리 등 불문법도 포함한다.

국가배상법상 위법 개념(위법의 일반적 판단기준) – 법령 위반(위법)에 대한 학설의 태도	
① 결과불법설	결과불법설은 국가배상법상의 위법은 가해행위의 결과인 손해의 불법을 의미한다. 손해배상소송이 손해전보를 목적으로 하는 것이라는 전제하에, 국민이 받은 손해가 시민법상 원리로부터 수인될 수 있는지를 기준으로 위법성 여부를 판단하는 견해이다.
② 행위위법설	행위위법설은 국가배상법상의 위법은 행위의 법규범에의 위반을 의미한다고 보는 견해이다. 법률에 의한 행정의 원리 또는 국가배상소송의 행정통제기능을 고려하여 가해행위가 객관적인 법규범에 합치되는지 여부를 기준으로 위법성 여부를 판단하는 견해이다(다수설).
③ 직무의무 위반설	직무의무위반설은 국가배상법상 위법을 대국민관계에서의 공무원의 직무의무 위반으로 보는 견해이다. 국가배상법상의 위법을 법에 부합하지 않는 해당 행정처분으로 인해 법익을 침해한 공무원의 직무의무의 위반으로 보는 견해로 취소소송의 위법성은 행정작용의 측면에서만 위법 여부를 판단하지만 국가배상책임에서의 위법성은 행정작용과 행정작용을 한 자와의 유기적 관련성 속에서 위법 여부를 판단한다.
④ 상대적 위법성설	상대적 위법성설은 국가배상법상의 위법성을 행위의 적법·위법뿐만 아니라, 피침해이익의 성격과 침해의 정도 및 가해행위의 태양을 종합적으로 고려하여 행위와 객관적으로 정당성을 결여한 경우를 의미한다고 보는 견해이다. 상대적 위법성설은 피해자와의 관계에서 상대적으로 위법성을 인정한다. 상대적 위법성설은 국가배상책임은 손해전보에 중점이 있으므로 국가배상법상 위법의 판단에서는 행위의 위법·적법과 함께 피침해이익을 고려하여야 한다는 데 근거한다.

출처 박균성, 행정법 강의, 박영사, 2020년, 강정훈, 감평행정법, 박문각, 2020년

행정상 손실보상의 의의 및 요건(공/재/적/특/보)

손실보상의 의의	공공필요에 의한 적법한 공권력 행사로 인하여 특정 개인의 재산권에 가하여진 특별한 희생에 대하여 사유재산권보장과 공평부담의 견지에서 행정주체가 행하는 조절적 재산 전보를 말한다.
공공필요	재산권에 대한 공권적 침해는 '공공필요'에 의해서만 행해질 수 있는바, 공공필요는 공용침해의 실질적 허용요건이자 본질적 제약요소가 된다. 그런데 공공필요는 대표적인 불확정개념으로서, 시대적 상황과 국가 정책적 목표에 따라 가변적이기 때문에 획일적인 개념정립이 불가능하며, 특히 최근에는 그 범위가 확대되는 추세이다.
재산권에 대한 침해	재산권이라 함은 법에 의해 보호되는 일체의 재산적 가치 있는 권리(공・사권 불문)를 말하며 현존하는 재산가치여야 한다. 따라서 단순한 기대이익이나 투기적 이익은 제외된다. 공권적 침해란 공익실현을 위한 의도된 공권력의 행사로서의 공법적 행위이다. 즉, 보상부 침해로서 재산권의 박탈, 사용, 제한 등 일체의 재산권에 대한 공권적 감손행위를 말한다. 침해의 직접성으로 공권적 침해와 재산상 손실은 직접적 인과관계가 있어야 한다. 최근 비의욕적, 부수적 침해에 대해서도 직접성 완화로 보상해 주어야 한다는 수용적 침해를 도입하자는 견해도 있다. 헌법 제23조 제3항은 법률유보원칙을 취하고 있는바, 재산권 침해는 형식적 의미의 법률에 적합해야 한다.
적법한 공권력 행사	적법한 공권력 행사는 법률에 근거해야 할 뿐만 아니라 그 절차에 있어서도 적법해야 하며 이에 위반하는 경우, 하자있는 행정작용으로서 실질적 법치주의 실현을 위해 사법적 통제를 받게 된다.
특별한 희생	공용침해로 인한 손실이 보상을 요하는 보상원인이 되는 것인지 여부는 재산권의 침해가 헌법 제23조 제2항에서 규정한 사회적 제약에 해당되어 보상을 요하지 않는 경우인지, 제23조 제3항에 해당되어 보상을 요하는 '특별한 희생'인지의 구별이 중요하다. 특별한 희생인지 사회적 제약인지의 구별은 특히 공용제한의 경우에 문제 된다. 특히 특별한 희생 여부는 인적범위가 특정되어 있느냐로 형식설과 침해의 본질과 강도에 따라 판단하는 실질설이 종합적으로 고려하여 한다.
보상규정의 존재	헌법 제23조 제3항은 손실보상은 법률로써 하도록 규정하고 있어, 개별법에 보상규정이 있어야 한다. 공용제한의 경우는 학설이 대립하는데 직접효력설과 유추적용설은 보상규정을 필수 요건으로 하지 않는 반면, 위헌무효설은 보상규정을 요건으로 한다(불가분조항원칙). 최근 헌법재판소는 (구)도시계획법 제21조에 의거한 개발제한구역 지정과 관련하여 보상규정을 두지 않은 것에 대하여 헌법불합치결정을 내린 바 있다. 헌법 제23조 제3항 효력 논의 내지 보상규정 결여 논의 학설로는 방침규정설, 직접효력설, 위헌무효설, 유추적용설, 보상입법부작위위헌설 등이 대립하고 있다. 보상을 긍정하는 견해로는 직접효력설과 유추적용설이 있어 수험에서는 이 학설로 논리전개 요망함.

손실보상의 요건 중 특별한 희생에 대한 학설의 태도(형식설과 실질설-목/사/보/수/중/상/사)

구분	학설의 내용
형식설	형식설 견해는 평등원칙을 형식적으로 해석하여, 재산권의 침해를 받는 자가 특정되어 있는가의 여부에 따라 재산권의 내재적 제약과 보상을 요하는 제한행위를 구별하려는 입장이다. 이는 다시 내용상 '개별행위설'과 '특별희생설'로 구분된다.
실질설	재산권 침해의 본질성과 강도라고 하는 실질적 표준에 의하여 구별하려는 견해로서 그 침해가 일반적 부담 이상으로 재산권의 본질을 침해하는 것일 때에는 재산권의 내재적 제약의 범위를 넘은 것이므로 손실보상을 요하는 '특별한 희생'에 해당된다는 것이다. 실질설은 재산권 제약의 정도가 해당 재산권에 내재하는 사회적 제약을 넘어 재산권의 본질적 내용을 제한하는 것인지의 여부에 따라 특별한 희생인지 여부를 기준으로 하는 견해이다(목/사/보/수/중/상/사).
① 목적위배설	재산권에 대한 제약행위가 재산권의 본래의 이용목적이나 기능에 위배되는 경우에는 특별한 희생으로 본다. '기능설'이라고도 한다. 이 기준에 의하면 농지를 택지로 만드는 것은 원래의 농지의 이용목적에 위배되므로 특별한 희생으로 보게 된다.
② 사적효용설	재산권제도의 본질을 재산권의 사적 효용에 두는 결과, 재산권에 대한 사적 효용을 침해하는 것을 특별한 희생으로 본다.
③ 보호가치설	역사·일반적 가치관·언어의 사용례·법률의 취지 등 관련 사실을 종합적으로 판단하여 보호할만한 가치가 있는 재산권에 대한 침해만을 보상을 요하는 특별한 희생으로 보는 견해이다.
④ 수인한도설	침해의 본질성과 강도를 표준으로 재산권의 본체인 배타적 지배성을 침해하는 경우, 그것은 수인한도를 넘어서는 것으로 특별한 희생에 해당된다는 견해이다.
⑤ 중대성설	재산권에 대한 제약의 중대성과 범위를 기준으로 특별한 희생인지의 여부를 판단하려는 견해이다. 독일의 연방행정법원이 기본적으로 취하고 있는 입장이다.
⑥ 상황구속성설	주로 토지의 이용제한과 관련하여, 그것의 지리적 위치·성질·경관 등에 따라 사회적 제약에 차이가 있으며, 따라서 보상 여부를 판단함에 있어 차이를 두어야 한다는 견해이다.
⑦ 사회적비용설	재산권추계에게 손실보상을 하기 위해서는 범위와 액이 기준에 의하면 자연보호구역 안에 있는 토지의 이용제한은 재산권의 사회적 제약에 해당된다. 수의 조사비용, 제도운용비용 등의 현실적 한계가 있으므로 개인의 특별한 희생이 사회적 비용을 상회하는 시점을 손실보상의 기점으로 보는 견해이다.

헌법 제23조 제3항의 효력 논의(=보상규정 결여 논의)

학설	학설의 내용
방침규정설	손실보상에 관한 헌법 규정은 입법에 대한 방침규정에 불과하다는 견해로서, 공용침해는 규정하는 법률에 보상규정이 없더라도 위헌이 아니며, 본래 입법자는 보상규정이 없으면 보상청구권도 없는 것으로 본다. 이 설의 특징은 헌법의 손실보상 조항을 단순히 사유재산권의 보호를 선언한 것에 불과하다고 보며, 법의 침묵은 손실보상을 인정하지 않는 것으로 해석하는 데에 있다.
직접효력설	공용침해에 관한 법률이나 이에 의거한 행위가 보상규정을 두지 않았다 하여 바로 위헌무효라 해석할 것이 아니라, 이것이 일반적으로 당연히 수인하여야 할 범위를 넘고 특정인에게 특별한 희생을 과한 것인 때는 헌법의 보상규정을 직접 근거로 하여 손실보상을 청구할 수 있다고 보는 견해이다. 헌법 제23조 제3항이 명시적으로 '정당한 보상'을 규정하고, 보상 자체를 필수적인 것으로 하고 단지 그 기준과 방법을 법률에 위임하고 있으며, 동조 제1항에서는 사유재산제도를 보장하고 있으므로 보상청구권 그 자체가 직접 효력을 갖는다는 것이다. 따라서 보상의 법률 근거가 없어서 직접 국가에 대하여 보상을 청구할 수 있고, 행정청이 보상을 하지 않는 경우 피해 당사자는 법원에 소송을 제기하여 결국 법원이 보상 여부와 보상액을 정하게 된다고 한다.
위헌무효설	헌법 제23조 제3항의 공용침해의 경우 정당한 보상을 당연한 것으로 전제한 다음, 그 보상의 구체적 기준과 방법은 법률로 정하도록 유보하고 있기 때문에 재산권의 침해를 규정하면서 보상규정을 두지 않은 것은 위헌이라는 것이다. 따라서 법률의 근거 없이 손실보상청구권은 구체화될 수 없으며, 손실보상청구권도 행사할 수 없다고 본다. 따라서 피해자는 재산권 침해행위를 취소를 구하는 취소소송을 제기하고, 그 취소소송절차에서 위헌심판제청을 신청하여 헌법재판소에서 위헌결정이 내려진 경우에 침해행위의 취소판결에 의하여 재산권 자체의 회복을 기할 수 있을 것이라 한다. 또한 법률상 손해배상 또는 원상회복을 청구할 수 있는 것으로 보는 것이 일반적이다.
유추적용설	공용침해에 따른 보상규정이 없을 때 헌법 제23조 제1항의 재산권 보장조항 및 제11조 평등원칙에 근거하여, 헌법 제23조 제3항 및 관계 규정의 유추적용을 통하여 보상을 청구할 수 있다는 주장이다. 이 설은 수용유사침해의 법리를 받아들여 문제를 해결하고자 하는 견해로서, 위법·무책의 공용침해에 대한 보상과 국가배상과는 그 성립요건·범위 등에서 구별된다는 것을 배경으로 하고 있다.
보상입법부작위위헌설	보상입법부작위위헌설은 재산권 침해를 규정하면서 손실보상 규정을 두지 않았다 하더라도 그 자체는 헌법에 위반하지 않으나, 손실보상 규정을 두지 않은 입법부작위가 위헌이라는 견해이다. 이 설은 재산권 침해를 규정하는 법률이 보상규정을 두지 않았을 때 입법부작위에 대한 헌법소원을 통해 문제를 해결해야 하는 것으로 보고 있다.

출처 강정훈, 감평행정법, 박문각, 2020. 홍정선, 신행정법특강, 박영사, 2020. 일부내용 발췌

헌법상 정당한 보상이란 완전보상을 의미하는데 그렇다면 완전한 보상이란 무엇인가?

구분	내용
완전보상의 의미	정당한 보상은 완전보상을 의미하고, 완전보상은 피침해재산의 객관적인 가치를 완전하게 보상하는 것으로서, 보상금액뿐만 아니라 보상의 시기, 방법에 어떠한 제한을 두어서는 아니 된다(판례).
정당한 보상에 대한 학설의 논의	헌법 제23조 제3항은 재산권의 수용·사용·제한 및 보상은 법률로써 하되, 정당한 보상을 지급할 것을 규정하고 있다. 여기서 정당한 보상의 의미와 관련하여 완전보상설과 상당보상설, 절충설의 대립이 있다.
완전보상설	손실보상이 재산권보장, 부담의 공평, 상실된 가치의 보전이라는 관점에서 인정된다고 보아 보상은 완전보상이어야 한다는 견해이다. 대법원의 입장이기도 하다(대판 2000두2426 결정). 헌법재판소도 같은 입장이다[판례]. 완전보상의 의미도 객관적 교환가치만을 의미하는가, 아니면 부대적 손실도 포함하는가에 관해 견해는 갈리고 있다. 완전보상설은 미국 헌법수정 제5조의 정당한 보상의 해석을 중심으로 미국에서 발전된 것으로 이해되고 있다.
상당보상설	재산권의 사회적 제약 내지 사회적 구속성, 재산권의 공공복리적합의무의 관점에서 공·사익을 형량하여 보상내용이 결정되어야 한다는 견해이다. 이 견해는 완전보상을 원칙으로 하되 합리적인 이유가 있는 경우에는 완전보상을 하회할 수도 있다는 입장이다. 상당보상설은 독일기본법 제14조 제3항이 "보상은 공공 및 관계자의 이해를 공정히 고려하여 결정하여야 한다."고 규정하고 있는 것과 궤를 같이하는 것으로 보인다.
절충설	절충설은 완전보상을 필요로 하는 경우와 상당보상을 필요로 하는 경우로 나누어 생각하는 입장으로 일본에서 발전된 이론으로 작은 재산(완전보상)과 큰 재산(상당보상), 기존의 재산법질서의 범위 안에서의 개별적 침해(완전보상)와 기존의 재산법질서를 구성하는 어떤 재산권에 대한 사회적 평가 변화를 원인으로 하는 경우(상당보상)로 나눈다.
판례의 태도	<u>헌법 제23조 제3항의 정당한 보상이란 원칙적으로 피수용 재산의 객관적인 재산가치를 완전하게 보상하여야 한다는 완전보상을 뜻하는 것으로 보상금액뿐만 아니라 보상의 시기·방법에 있어서도 어떠한 제한을 두어서는 아니 된다는 것을 의미한다</u>. 따라서 공익사업의 시행으로 인한 개발이익은 완전보상에 포함되는 피수용자의 손실이라 볼 수 없다(헌재 89헌마107 결정).
소결	학설은 보상범위에 관한 차이가 있을 뿐 각각 일면 타당성이 있다. 다만 생활보상에 관해서는 미흡한 면이 있다. 헌법 제23조의 정당한 보상이란 재산권보장의 관점에서 볼 때 완전한 보상을 의미하는 것으로 보아야 한다. <u>침해행위의 공공성은 공용침해의 정당화사유이지 손실보상의 제한사유로 보는 것은 타당하지 않다</u>. 따라서 보상의 구체적인 기준 및 방법에 관하여는 완전보상의 원칙에 반하지 않는 한도 내에서 입법자에게 재량이 부여된다고 볼 수 있다.

출처 강정훈, 감평행정법, 박문각, 2020년, 홍정선, 신행정법특강, 박영사, 2020년 일부내용 발췌

행정심판의 개념(사법절차의 준용의 의미와 행정심판의 의미)

행정심판법상 행정심판의 개념	행정심판이란 행정상 법률관계의 분쟁을 법원이 아니라 행정기관인 행정심판위원회가 심리・재결하는 행정쟁송절차를 말한다. 행정심판은 약식쟁송의 하나이다. 행정심판은 분쟁해결의 성질을 갖는 광의의 재판의 일종이기는 하나, 그것은 행정절차이며 사법절차는 아니다.
행정심판과 헌법의 관계	헌법 제107조 제3항은 "재판의 전심절차로서 행정심판을 할 수 있다. 행정심판의 절차는 법률로 정하되 사법절차가 준용되어야 한다."라고 하여 오히려 행정심판절차의 헌법적인 근거를 마련하고 있다[판례].
헌법 제107조의 사법절차의 준용의 의미	(행정심판법 제49조 제1항 위헌소원을 제기한 행정심판법 인용재결 기속사건에서) 헌법 제107조 제3항은 "재판의 전심절차로서 행정심판을 할 수 있다. 행정심판의 절차는 법률로 정하되, 사법절차가 준용되어야 한다."라고 규정하고 있으나, 이는 행정심판제도의 목적이 행정의 자율적 통제기능과 사법 보완적 기능을 통한 국민의 권리구제에 있으므로 행정심판의 심리절차에서도 관계인의 충분한 의견진술 및 자료제출과 당사자의 자유로운 변론 보장 등과 같은 대심구조적 사법절차가 준용되어야 한다는 취지일 뿐, 사법절차의 심급제에 따른 불복할 권리까지 준용되어야 한다는 취지는 아니다(헌재 2014.6.26, 2013헌바122)[판례].
행정심판법상 행정심판의 기능과 특성	① 행정소송절차와 달리 행정심판절차에서는 적법성 외에 합목적성에 대한 통제까지 이루어진다는 점, 행정소송에 비하여 신속하게 이루어지고 비용이 들지 아니한다는 점에서 사인의 권리보호에 효과적인 면을 갖는다(사인의 권리보호-권리보호기능). ② 행정심판은 행정권에 의한 행정작용을 행정권 스스로 통제하는 것, 즉 자율적 통제의 의미를 갖는다(행정의 자기통제-통제적 기능). 행정의 자기통제기능은 행정심판제도의 중심적인 기능이다. ③ 행정심판의 활용은 소송제기의 완화를 가져와 법원의 부담완화의 의미를 갖는다(법원의 부담완화-소송경제적 기능). 법원의 부담완화는 행정의 자기통제기능으로부터 파생되는 기능으로 이해될 수 있다(헌재 2016.12.29, 2015헌바229).

출처 홍정선, 신행정법특강, 박영사, 2020, p531-532
강정훈, 감평행정법, 박문각, 2020

✔ 행정심판과 행정소송의 차이

구분	행정심판	행정소송
제도의 본질	행정통제적 성격이 강하다.	권리구제적 성격이 강하다.
판정기관	행정기관이 판정기관이다.	법원이 판정기관이다.
판정절차	서면심리주의와 구술심리주의가 병행 적용된다.	구두변론주의가 원칙이다.
쟁송대상	위법행위 외에 부당행위도 심판의 대상이 된다.	위법행위만이 소송의 대상이 된다.
적극적 판단	인정된다. (의무이행심판)	학설은 대립된다. (부작위위법확인소송 정도로 인정)

출처 홍정선, 신행정법특강, 박영사, 2020, p.533
강정훈, 감평행정법, 박문각, 2020. 발췌 정리

✔ 행정심판이 아닌 강학상 이의신청에 대한 소고(부동산가격공시법상 이의신청은 강학상 이의신청임)

강학상 이의신청의 의미와 이에 대한 판례	이의신청이란 위법・부당한 행정작용으로 인해 권리가 침해된 자가 처분청에 대하여 그러한 행위의 취소를 구하는 절차를 말한다. 행정심판법상 행정심판은 처분청이 아니라 행정심판법이 정한 행정심판위원회에 대하여 그러한 행위의 취소 등을 구하는 절차를 말한다. 행정심판위원회는 합의제 행정청이다. 이의신청은 실정법상 불복신청 또는 재결신청 등으로 불리기도 한다[판례]. 강학상 이의신청은 행정청 내부의 재심사 절차에 불과하다고 볼 수 있다.
행정심청구서라고 써도 이의신청으로 볼 수 있다. (대판 2012.3.29. 2011두26886)	(서일석유 주식회사가 관할 인천광역시 남동구청장의 도로점용료 부과처분에 대하여 지방자치법이 정한 이의신청을 제기하여야 함에도 '행정심판청구서'라는 제목으로 불복신청서를 제출하였다가 행정심판위원회에서 행정심판 대상이 아니라는 이유로 각하결정을 받은 뒤 위 처분에 대한 취소소송을 제기한 서일석유 도로점용료사건에서) 지방자치법 제140조 제3항에서 정한 이의신청은 행정청의 위법・부당한 처분에 대하여 행정기관이 심판하는 행정심판과는 구별되는 별개의 제도이나, 이의신청과 행정심판은 모두 본질에 있어 행정처분으로 인하여 권리나 이익을 침해당한 상대방의 권리구제에 목적이 있고, 행정소송에 앞서 먼저 행정기관의 판단을 받는 데에 목적을 둔 엄격한 형식을 요하지 않는 서면행위이므로, 이의신청을 제기해야 할 사람이 처분청에 표제를 '행정심판청구서'로 한 서류를 제출한 경우라 할지라도 서류의 내용에 이의신청요건에 맞는 불복취지와 사유가 충분히 기재되어 있다면 표제에도 불구하고 이를 처분에 대한 이의신청으로 볼 수 있다.
부동산 가격공시에 관한 법률에서 이의신청은 강학상 이의신청에 불과하다. (대판 2010.1.28. 2008두19987 판결[개별공시지가결정처분취소])	부동산 가격공시 및 감정평가에 관한 법률 제12조, 행정소송법 제20조 제1항, 행정심판법 제3조 제1항의 규정 내용 및 취지와 아울러 부동산 가격공시 및 감정평가에 관한 법률에 행정심판의 제기를 배제하는 명시적인 규정이 없고 부동산 가격공시 및 감정평가에 관한 법률에 따른 이의신청과 행정심판은 그 절차 및 담당기관에 차이가 있는 점을 종합하면, 부동산 가격공시 및 감정평가에 관한 법률이 이의신청에 관하여 규정하고 있다고 하여 이를 행정심판법 제3조 제1항에서 행정심판의 제기를 배제하는 '다른 법률에 특별한 규정이 있는 경우'에 해당한다고 볼 수 없으므로, 개별공시지가에 대하여 이의가 있는 자는 곧바로 행정소송을 제기하거나 부동산 가격공시 및 감정평가에 관한 법률에 따른 이의신청과 행정심판법에 따른 행정심판청구 중 어느 하나만을 거쳐 행정소송을 제기할 수 있을 뿐 아니라, 이의신청을 하여 그 결과 통지를 받은 후 다시 행정심판을 거쳐 행정소송을 제기할 수도 있다고 보아야 하고, 이 경우 행정소송의 제소기간은 그 행정심판 재결서 정본을 송달받은 날부터 기산한다.

출처 홍정선, 신행정법특강, 박영사, 2020
강정훈, 감평행정법, 박문각, 2020 발췌 재정리

행정심판법상 고지제도(직권고지와 신청에 의한 고지)

구분	직권고지 (행정심판법 제58조 제1항)	신청에 의한 고지 (행정심판법 제58조 제2항)
고지의 주체	행정청(조문)	행정청(조문)
고지의 신청	해당 없음	이해관계인(조문)(상대방 + 제3자)
고지의 상대방	상대방(조문)	이해관계인(조문)(상대방 + 제3자)
고지의 대상	구두처분 + 서면처분(해석)	미고지의 처분(해석)
고지의 내용	청구가능 여부 · 청구절차 · 청구기간(조문)	심판대상 여부 · 소관 위원회 · 청구기간(조문)
고지의 방법	문서(해석)	적당한 방법(해석) 서면요청 시 서면(조문)
고지의 시기	처분과 동시(해석)	신청받고 지체 없이(조문)

출처 홍정선, 신행정법특강, 박영사, 2020, p.539

행정심판의 종류(취소심판, 무효등확인심판, 의무이행심판)

취소심판	취소심판이란 행정청의 위법 또는 부당한 처분을 취소하거나 변경하는 행정심판을 말한다(행정심판법 제5조 제1호). 취소심판은 공정력 있는 행위의 효력을 제거하는 것을 주된 목적으로 한다. 취소심판은 행정심판·행정심판법의 중심에 놓인다. 취소심판은 처분의 취소·변경을 통하여 법률관계의 변경·소멸을 가져오는 형성적 쟁송인가(형성적 쟁송설), 아니면 발령 당시의 처분의 위법성·부당성을 다투는(확인하는) 쟁송인가(확인적 쟁송설)의 문제가 있으나, 유효한 행위의 효력을 제거하는 데 취소심판의 기본적인 의미가 있는바, 통설인 형성적 쟁송설이 타당하다고 본다.
무효등확인심판	무효등확인심판이란 행정청의 처분의 효력 유무 또는 존재 여부를 확인하는 행정심판을 말한다(행정심판법 제5조 제2호). 이것은 구체적인 내용에 따라 다시 유효확인심판·무효확인심판·실효확인심판·존재확인심판·부존재확인심판으로 구분된다. 무효등확인심판은 처분의 효력 유무 또는 존재 여부를 공권적으로 확인하는 쟁송인가(확인적 쟁송설), 무효와 취소사유의 구분의 상대성을 전제로 하여 행정청이 우월한 지위에서 행한 처분의 효력을 다투는 쟁송인가(형성적 쟁송설), 아니면 실질적으로는 확인적 쟁송이나 형식적으로는 행정청이 우월한 지위에서 행한 처분의 효력 유무 등을 다투는 쟁송인가(준형성적 쟁송설)의 문제가 있으나 통설인 준형성적 쟁송설이 타당하다고 본다.
의무이행심판	의무이행심판이란 당사자의 신청에 대한 행정청의 위법 또는 부당한 거부처분이나 부작위에 대하여 일정한 처분을 하도록 하는 행정심판을 말한다(행정심판법 제5조 제3호). 취소심판은 행정청의 적극적인 행위로 인한 침해로부터 권익보호를 목적으로 하는 것이고, 의무이행심판은 행정청의 소극적인 행위로 인한 침해로부터 국민의 권익보호를 목적으로 한다. 의무이행심판은 행정청으로 하여금 일정한 처분을 할 것을 구하는 심판이므로 이행쟁송의 성질을 갖는다. 그런데 의무이행심판은 현재 법률상 의무 있는 행위가 이루어지고 있지 아니한 경우에 적용될 뿐 장래에 이행하여야 할 법률상 의무 있는 행위의 경우에는 적용되지 아니한다.

출처 박균성, 행정법강의, 박영사, 2020, p.642-643. 발췌 인용

행정심판법상 심판청구기간(안 날로부터 90일, 있었던 날로부터 180일)

1. 처분이 있음을 알게 된 날부터 90일 (원칙)	행정심판은 처분이 있음을 알게 된 날부터 90일 이내에 청구하여야 한다(행정심판법 제27조 제1항). 처분이 있음을 안 날이란 유효한 처분이 있음을(대판 2019.8.9, 2019두38656), 현실적으로 안 날을 뜻하며[판례 1], 90일은 불변기간이고(행정심판법 제27조 제4항), 이 기간의 준수 여부는 행정심판위원회의 직권조사사항이다. 명문의 규정은 없지만 제3자효 있는 행위의 경우, 제3자가 처분이 있음을 알았다면 90일의 기간제한이 적용된다. 왜냐하면 신의성실의 원칙은 행정심판법에도 적용된다고 보아야 하고, 따라서 제3자가 이웃에 대한 행정행위의 발령을 확실히 알았다면 행정청이 자신에게 공적으로 통지하지 아니하였다는 것을 주장할 수는 없다고 보아야 할 것이기 때문이다[판례].	[판례 1] '처분이 있음을 안 날'의 의미(서울특별시 서초구청장의 원고에 대한 택지초과소유부담금처분의 취소를 구한 사건에서) 구 행정심판법 제18조 제1항 소정의 심판청구기간 기산점인 '처분이 있음을 안 날'이라 함은 당사자가 통지·공고 기타의 방법에 의하여 당해 처분이 있었다는 사실을 현실적으로 안 날을 의미하고, 추상적으로 알 수 있었던 날을 의미하는 것은 아니라 할 것이며, 다만 처분을 기재한 서류가 당사자의 주소에 송달되는 등으로 사회통념상 처분이 있음을 당사자가 알 수 있는 상태에 놓여진 때에는 반증이 없는 한 그 처분이 있음을 알았다고 추정할 수는 있다(대판 1995.11.24, 95누11535).
2. 처분이 있었던 날부터 180일 (원칙)	행정심판은 처분이 있었던 날부터 180일이 지나면 청구하지 못한다(행정심판법 제27조 제3항). 처분이 있은 날이란 처분이 효력을 발생한 날을 말한다[판례]. 이 조항도 제3자효 있는 행위의 경우에는 제3자에게도 상대방의 경우와 마찬가지로 적용된다. 180일의 기간을 둔 것은 법적 안정성을 위한 것이다.	[판례 2] '처분 등이 있음을 안 날'과 '처분 등이 있은 날'의 의미 (공무원연금공단을 피고로 장해등급 결정처분의 취소를 구한 사건에서) 취소소송의 제소기간 기산점으로 행정소송법 제20조 제1항이 정한 '처분 등이 있음을 안 날'은 유효한 행정처분이 있음을 안 날을, 같은 조 제2항이 정한 '처분 등이 있은 날'은 그 행정처분의 효력이 발생한 날을 각 의미한다. 이러한 법리는 행정심판의 청구기간에 관해서도 마찬가지로 적용된다(대판 2019.8.9, 2019두38656).

출처 홍정선, 신행정법특강, 박영사, 2020, p.553-555. 재정리

행정심판법상 집행정지의 개념과 임시처분(의의 및 요건)

1. 집행정지의 개념	위원회는 처분, 처분의 집행 또는 절차의 속행 때문에 중대한 손해가 생기는 것을 예방할 필요성이 긴급하다고 인정할 때에는 직권으로 또는 당사자의 신청에 의하여 처분의 효력, 처분의 집행 또는 절차의 속행의 전부 또는 일부의 정지를 결정할 수 있다(행정심판법 제30조 제2항).
2. 임시처분의 의의	임시처분이란 처분 또는 부작위가 위법·부당하다고 상당히 의심되는 경우로서 처분 또는 부작위 때문에 당사자가 받을 우려가 있는 중대한 불이익이나 당사자에게 생길 급박한 위험을 막기 위하여 임시지위를 정하여야 할 필요가 있는 경우 행정심판위원회가 발할 수 있는 가구제 수단이다(행정심판법 제31조 제1항). 가구제제도로서 집행정지는 소극적으로 침익적 처분의 효력을 정지시키는 현상유지적 기능만이 있을 뿐 행정청에게 일정한 처분의무를 지우는 등의 기능은 없기 때문에 집행정지제도는 잠정적 권리구제수단으로서 한계가 있었다. 따라서 임시처분제도의 도입은 거부처분이나 부작위에 대한 잠정적 권리구제의 제도적인 공백상태를 입법적으로 해소하고 청구인의 권리를 두텁게 보호하려는 데 취지가 있다. **임시처분의 보충성** : 임시처분은 집행정지로 목적을 달성할 수 있는 경우에는 허용되지 아니한다(행정심판법 제31조 제3항).
3. 임시처분의 요건	(1) 적극적 요건 ① **심판청구의 계속** : 명시적 규정은 없지만 집행정지제도가 심판청구의 계속을 요건으로 하고 있는 것을 보면 가구제로서 임시처분도 심판청구의 계속을 요건으로 하고 있다고 보아야 한다. ② **처분 또는 부작위가 위법·부당하다고 상당히 의심되는 경우일 것** : 적극적 처분, 거부처분, 부작위가 모두 포함된다. 그리고 위법·부당의 판단은 본안심리사항이지만 임시처분을 위해서는 위법 또는 부당이 상당히 의심되는 경우라야 한다. 이는 임시처분이 본안판단에 앞서 처분이 있는 것과 같은 상태를 창출할 수 있기에 집행정지보다 더 엄격한 요건을 요하는 것이다. ③ **당사자에게 생길 중대한 불이익이나 급박한 위험을 방지할 필요가 있을 것** : 이 요건은 집행정지의 요건 중 '중대한 손해가 생기는 것을 예방할 필요성이 긴급하다고 인정할 때'와 유사하게 판단하면 될 것이다. (2) 소극적 요건 행정심판법 제31조 제2항은 동법 제30조 제3항을 준용하는 결과 임시처분도 공공복리에 중대한 영향을 미칠 우려가 있을 때에는 허용되지 아니한다.

출처 홍정선, 신행정법특강, 박영사, 2020, 556-557

행정심판 재결의 종류(각하재결, 인용재결, 사정재결)

행정심판의 재결의 의의	재결이란 행정심판의 청구에 대하여 제6조에 따른 행정심판위원회가 행하는 판단을 말한다(행정심판법 제2조 제3호). 말하자면 행정심판위원회가 행정심판의 청구에 대하여 심리한 후 그 청구에 대하여 각하・기각・인용 여부 등을 결정하는 것을 말한다. 재결은 행정심판위원회의 의사표시로서 준사법적 행위의 성질을 갖는다.
각하재결	위원회는 심판청구가 적법하지 아니하면 그 심판청구를 각하(却下)한다(행정심판법 제43조 제1항). 이를 각하재결이라 한다. 각하재결로 인해 본안판단은 거부된다. 각하재결은 요건재결이라고도 한다.
인용재결 중 취소재결	위원회는 취소심판의 청구가 이유 있다고 인정하면 처분을 취소 또는 다른 처분으로 변경하거나(이 경우에는 형성재결이다), 처분을 다른 처분으로 변경할 것(이 경우에는 이행재결이 된다)을 피청구인에게 명한다(행정심판법 제43조 제3항). 따라서 취소심판의 인용재결에는 취소재결・변경재결 이외에도 변경명령재결이 있다. 변경이란 일부취소가 아니라 처분내용의 적극적인 변경을 의미한다. 그리고 취소란 전부취소와 일부취소를 포함한다. 이행명령재결이 인정되는 점에서 이행판결이 인정되지 아니하는 항고소송의 경우와 차이가 있다.
인용재결 중 무효등확인재결	위원회는 무효등확인심판의 청구가 이유 있다고 인정하면 처분의 효력 유무 또는 존재 여부를 확인한다(행정심판법 제43조 제4항). 따라서 무효등확인재결에는 유효확인재결・무효확인재결・존재확인재결・부존재확인재결이 있다. 통설은 명문의 규정이 없지만 실효확인재결을 인정한다.
인용재결 중 의무이행재결	위원회는 의무이행심판의 청구가 이유 있다고 인정하면 지체 없이 신청에 따른 처분을 하거나(처분재결), 처분을 할 것을 피청구인에게 명한다(처분명령재결)(행정심판법 제43조 제5항). 여기서 '신청에 따른 처분이나 처분을 명령하는 재결'이란 기속행위의 경우 청구인의 청구 내용대로의 처분을 하거나(특정처분재결), 이를 할 것을 명하는 재결(특정처분명령재결)을 말하며, 재량행위에서 위원회의 재결은 반드시 청구인의 청구 내용대로 처분청으로 하여금 처분을 하라는 의미가 아니라 다시 결정을 하라는 명령재결이 된다(재결정명령재결)(다수설).
사정재결	위원회는 심판청구가 이유 있다고 인정하면 인용재결을 하는 것이 원칙이나, 이를 인용하는 것이 공공복리에 크게 위배된다고 인정하면 그 심판청구를 기각하는 재결을 할 수 있다(행정심판법 제44조 제1항 전단). 이 경우의 재결을 사정재결이라 한다. 사정재결은 무효사유인 재결에서는 인정되지 않는다.

출처 박균성, 행정법강의, 박영사, 2020, p.664-669

행정심판 재결의 효력(형성력, 기속력 등)

1. 재결의 효력	재결도 행정행위의 일종으로서 내용상 구속력·공정력·구성요건적 효력·형식적 존속력과 실질적 존속력(재심판청구의 금지, 행정심판법 제51조) 등의 효력을 갖는다.
2. 형성력	형성재결인 취소·변경의 재결은 형성력을 갖는다. 처분 시에 소급하여 효력의 소멸·변경을 가져온다. 행정심판법은 위원회가 스스로 취소·변경하거나 처분청에 변경을 명령할 수 있다고 규정하고 있으므로, 위원회 스스로 처분을 취소·변경하면 형성력이 발생한다. 판례의 입장도 같다.
3. 기속력	심판청구를 인용하는 위원회의 재결이 피청구인과 그 밖의 관계행정청에 대하여 재결의 취지에 따라야 할 실체법상의 의무를 발생시키는 효력을 말한다(행정심판법 제49조 제1항). 여기서 기속이란 피청구인인 행정청과 관계행정청이 재결의 취지에 따라야 함을 의미하는데, 재결의 취지에 따른다는 것은 다시 소극적인 면과 적극적인 면에서 재결의 취지에 따라야 함을 의미한다. 기속력에는 반복금지효, 재처분의무, 결과제거의무가 있다.
① 반복금지효 (소극적 의무)	① 인용재결이 있으면 동일한 상황하에서는 그에 저촉되는 동일한 처분을 반복할 수 없는 의무(부작위의무)가 발생하는데, 이를 반복금지의무라 한다. ② 반복금지의무에 위반하여 동일한 내용의 처분을 다시 한 경우 이러한 처분은 그 하자가 중대명백하여 무효이다.
② 재처분의무 (적극적 의무)	신청을 거부하는 처분에 대한 취소재결·무효확인재결·부존재확인재결과 재처분의무 재결에 의하여 취소되거나 무효 또는 부존재로 확인되는 처분이 당사자의 신청을 거부하는 것을 내용으로 하는 경우에는 그 처분을 한 행정청은 재결의 취지에 따라 다시 이전의 신청에 대한 처분을 하여야 한다(행정심판법 제49조 제2항). 따라서 그 처분을 한 행정청은 재처분을 반드시 해야 할 의무(작위의무)와 재처분을 하는 경우 재결의 취지에 따라야 할 의무(재결의 취지에 위반되는 재처분을 하지 않아야 할 부작위의무)를 부담한다. 실효성 확보를 위해 위원회의 직접처분규정(행정심판법 제50조)과 간접강제규정(행정심판법 제50조의2)이 존재한다.
③ 결과제거의무	취소·무효확인재결이 있게 되면 행정청은 위법·부당으로 명시된 처분에 의해 야기된 위법한 상태를 제거하여야 할 의무를 부담한다.

출처 홍정선, 신행정법특강, 박영사, 2020, p.562-565

행정심판 재결의 기속력 범위 등(기본적 사실관계의 동일성 판단 등)

① 재결의 기속력의 범위	(유한회사 우진산업사가 완주군의 토석채취허가의 위법을 이유로 손해배상을 구한 완주군 우진산업 사건에서) 재결의 기속력은 재결의 주문 및 그 전제가 된 요건사실의 인정과 판단, 즉 처분 등의 구체적 위법사유에 관한 판단에 대하여만 미치고, 종전 처분이 재결에 의하여 취소되었더라도 종전 처분 시와는 다른 사유를 들어 처분을 하는 것은 기속력에 저촉되지 아니한다. 여기서 동일한 사유인지 다른 사유인지는 종전 처분에 관하여 위법한 것으로 재결에서 판단된 사유와 기본적 사실관계에 있어 동일성이 인정되는 사유인지에 따라 판단하여야 한다(대판 2015.11.27, 2013다6759).
② 기본적 사실관계의 동일성 판단	판례는 기본적 사실관계의 동일성 유무는 처분사유를 법률적으로 평가하기 이전의 구체적인 사실에 착안하여 그 기초인 사회적 사실관계가 기본적인 점에서 동일한지 여부에 따라 결정된다고 한다(대판 2004.11.26, 2004두4482). 구체적인 판단은 시간적·장소적 근접성, 행위 태양·결과 등의 제반사정을 종합적으로 고려해야 한다. 처분의 위법성 판단 기준시점은 처분시설이 통설·판례의 입장인바 기속력은 처분 시까지의 사유를 판단의 대상으로 한다. 따라서 처분 시 이후의 새로운 법률관계나 사실관계는 재결의 기속력이 미치지 않는다[판례].
③ 새로운 사유로 거부처분을 할 수 있는 이유	(원고 주식회사 극동토건, 피고 충청북도행정심판위원회, 피고보조참가인으로 주식회사 한마음건설 사이에서 피고의 주택건설사업 계획변경승인신청반려 처분취소재결의 취소를 구한 사건에서) 당사자의 신청을 받아들이지 않은 거부처분이 재결에서 취소된 경우에 행정청은 종전 거부처분 또는 재결 후에 발생한 새로운 사유를 내세워 다시 거부처분을 할 수 있다. 그 재결의 취지에 따라 이전의 신청에 대하여 다시 어떠한 처분을 하여야 할지는 처분을 할 때의 법령과 사실을 기준으로 판단하여야 하기 때문이다(대판 2017.10.31, 2015두45045).
④ 재결이 확정된 경우, 처분의 기초가 되는 사실관계나 법률적 판단이 확정되고 당사자들이나 법원이 이에 기속되어 모순되는 주장이나 판단을 할 수 없는지 여부(소극)	(유한회사 우진산업사가 완주군의 토석채취허가의 위법을 이유로 손해배상을 구한 완주군 우진산업 사건에서) 행정심판의 재결은 피청구인인 행정청을 기속하는 효력을 가지므로 재결청이 취소심판의 청구가 이유 있다고 인정하여 처분청에 처분을 취소할 것을 명하면 처분청으로서는 재결의 취지에 따라 처분을 취소하여야 하지만, 나아가 재결에 판결에서와 같은 기판력이 인정되는 것은 아니어서 재결이 확정된 경우에도 처분의 기초가 된 사실관계나 법률적 판단이 확정되고 당사자들이나 법원이 이에 기속되어 모순되는 주장이나 판단을 할 수 없게 되는 것은 아니다(대판 2015.11.27, 2013다6759).

출처 박균성, 행정법강의, 박영사, 2020, p.672. 인용 재정리

행정소송의 대상(개괄주의)와 행정소송의 한계

행정소송의 대상(개괄주의)		법률상 쟁송(법원조직법 제2조 제1항 제1문) 처분(행정소송법 제2조 제1항 제1호) 부작위(행정소송법 제2조 제1항 제2호)
행정소송의 한계	사법본질적 한계	구체적 사건성의 한계 ① 사실행위 ② 추상적 규범통제 ③ 객관적 소송 ④ 반사적 이익
		법적용상의 한계 ① 행정상 방침규정 ② 재량행위・판단여지 ③ 특별권력관계 ④ 통치행위
	권력분립적 한계	의무이행소송・예방적 부작위소송・작위의무확인소송・적극적 형성판결 등

출처 홍정선, 신행정법특강, 박영사, 2020, p.574

행정소송의 소송물(주로 취소소송의 소송물)

① 소송물의 의미	소송물이란 소송절차에서 심판의 대상이 되는 구체적 사항을 말한다. 일반적으로 취소소송의 소송물은 위법성 일반이다. 소송물 개념은 행정소송 해당 여부, 관할법원, 소송의 종류, 소의 병합과 소의 변경, 소송계속의 범위, 기판력의 범위, 기속력의 범위를 정하는 기준이 되고, 처분사유 추가·변경과도 관련된다.
② 소송물에 대한 학설	소송물에 대하여 ① 다툼이 있는 행위 그 자체, ② 행정행위로 인해 침해되는 권리라는 견해, ③ 처분의 위법성 일반(모든 법의 위반을 말함), ④ 원고의 법적 주장이라 보는 견해 대립이 있다.
③ 판례의 태도	원래 과세처분이란 법률에 규정된 과세요건이 충족됨으로써 객관적, 추상적으로 성립한 조세채권의 내용을 구체적으로 확인하여 확정하는 절차로서, 과세처분취소소송의 소송물은 그 취소원인이 되는 위법성 일반이고 그 심판의 대상은 과세처분에 의하여 확인된 조세채무인 과세표준 및 세액의 객관적 존부이므로(당원 1980.10.14, 78누435 판결; 1985.12.10, 85누418 판결; 1987.11.10, 86누491 판결; 1989.4.11, 87누647 판결 등 참조), 과세관청이 법인세의 과세표준과 세액을 결정 또는 갱정함에 있어서 납세의무자인 법인이 손금으로 계상한 손비가 법인세법 제16조 제4호에 해당하는 것으로 법률해석을 잘못하여 손금산입을 부인하였다고 하더라도, 그 손비가 같은 법조 제5호에 해당하여 어차피 손금에 산입하지 아니하는 손비로 판단되는 이상, 과세관청의 결정 또는 갱정처분을 위법한 것이라고 볼 수는 없을 것이다(대판 1990.3.23, 89누5386 판결[법인세등부과처분취소]). 주민소송제도의 입법취지와 법적 성질 등을 종합하면, 주민소송에서 다툼의 대상이 된 처분의 위법성은 행정소송법상 항고소송에서와 마찬가지로 헌법, 법률, 그 하위의 법규명령, 법의 일반원칙 등 객관적 법질서를 구성하는 모든 법규범에 위반되는지 여부를 기준으로 판단하여야 하는 것이지…(대판 2019.10.17, 2018두104 판결[도로점용허가처분무효확인등]). 판례는 일관되게 과세처분취소소송의 소송물은 그 취소원인이 되는 위법성 일반이라고 하여 행정행위의 위법성 일반을 소송물로 본다.
④ 검토	〈학설 ④의 입장〉 생각건대 처분권주의에 부합하고, 행정소송법 제1조의 행정소송의 목적인 권리구제의 침해와 취소소송의 의의에 비추어 원고의 법적 주장이라 보는 견해가 타당하다. 〈학설 ③의 입장〉 행정소송법 제26조는 당사자가 주장하지 않은 부분도 일정한 경우 법원이 판단할 수 있음을 인정하고 있고, 본안심리 범위를 넓게 인정하여 분쟁을 일회적으로 해결하려는 이 견해가 타당하다고 보인다.

출처 강정훈, 감평행정법, 박문각, 2020

✔ 행정소송 중 취소소송의 소송요건(대/소/원/전/기/관/피)

구분	내용
① 대상적격	행정소송법 제19조는 취소소송의 대상을 "취소소송은 처분 등을 대상으로 한다."라고 규정하고 동법 제2조 제1항 제1호는 "취소소송의 대상인 "처분 등"에 대하여 행정청이 행하는 구체적 사실에 관한 법집행으로서의 공권력의 행사 또는 그 거부와 그 밖에 이에 준하는 행정작용 및 행정심판에 대한 재결을 말한다."라고 규정하고 있다. 따라서 취소소송의 대상은 적극적 공권력의 행사, 공권력 행사의 거부처분, 이에 준하는 행정작용 그리고 행정심판의 재결이 된다.
② 협의의 소익 = 권리보호의 필요	협의의 소의 이익이란 재판에 의하여 분쟁을 해결할 만한 현실적 필요성을 말한다. 이는 신의성실의 원칙에 뿌리를 둔 소송법의 제도적 남용의 금지로부터 나온다. 그러나 이를 지나치게 제한적으로 인정하면 재판청구권의 침해를 가져올 수 있다(판례 동지). 취지는 남소방지, 소송경제에 있다.
③ 원고적격	원고적격이란 행정소송에서 원고가 될 수 있는 자격을 의미한다. 행정소송법 제12조는 취소소송은 처분의 취소를 구할 〈법률상 이익〉이 있는 자가 제기할 수 있다고 하여 원고적격으로 법률상 이익을 요구하는 바, 법률상 이익의 의미에 대한 해석이 요구된다.
④ 행정심판 전치주의	행정심판전치란 사인이 행정소송의 제기에 앞서서 행정청에 대해 먼저 행정심판의 제기를 통해 처분의 시정을 구하고, 그 시정에 불복이 있을 때 소송을 제기하는 것을 말한다. 헌법적 근거는 헌법 제107조 제3항이다. 일반적 근거규정으로는 행정소송법 제18조가 있다.
⑤ 제소기간	행정심판을 거쳐 부작위위법확인소송을 제기하면 이 경우는 재결이 존재하므로 행정소송법 제20조가 적용된다. 그러나 행정심판 임의주의에 따라 행정심판을 거치지 않고 부작위위법확인소송을 제기하는 경우 처분 등이 없으므로 행정소송법 제20조를 적용할 수 없다. 따라서 학설과 판례가 정할 사항이다.
⑥ 관할	취소소송의 제1심 관할법원은 피고의 소재지를 관할하는 행정법원으로 한다. 다만, 중앙행정기관 또는 그 장이 피고인 경우의 관할법원은 대법원 소재지의 행정법원으로 한다(행정소송법 제9조 제1항). 토지의 수용 기타 부동산 또는 특정 장소에 관계되는 처분 등에 대한 취소소송은 그 부동산 또는 장소의 소재지를 관할하는 행정법원에 이를 제기할 수 있다(행정소송법 제9조 제2항).
⑦ 피고적격	다른 법률에 특별한 규정이 없는 한 취소소송에서는 그 처분 등을 행한 행정청이 피고가 된다(행정소송법 제13조 제1항 전단). 처분 등을 행한 행정청이란 원칙적으로 소송의 대상인 행정처분 등을 외부적으로 그의 명의로 행한 행정청을 의미한다.

출처 강정훈, 감평행정법, 박문각, 2020, 일부내용 재정리

행정소송법 규정 : 취소소송의 요건 - 대/소/원/전/기/관/피

처분 등의 정의	제2조(정의) ① 이 법에서 사용하는 용어의 정의는 다음과 같다. 1. "처분 등"이라 함은 행정청이 행하는 구체적 사실에 관한 법집행으로서의 공권력의 행사 또는 그 거부와 그 밖에 이에 준하는 행정작용(이하 "處分"이라 한다) 및 행정심판에 대한 재결을 말한다.
대상적격	제19조(취소소송의 대상) 취소소송은 처분 등을 대상으로 한다. 다만, 재결취소소송의 경우에는 재결 자체에 고유한 위법이 있음을 이유로 하는 경우에 한한다.
원고적격	제12조(원고적격) 취소소송은 처분 등의 취소를 구할 법률상 이익이 있는 자가 제기할 수 있다.
협의의 소익	제12조 후문 처분 등의 효과가 기간의 경과, 처분 등의 집행 그 밖의 사유로 인하여 소멸된 뒤에도 그 처분 등의 취소로 인하여 회복되는 법률상 이익이 있는 자의 경우에는 또한 같다.
전치주의	제18조(행정심판과의 관계) ① 취소소송은 법령의 규정에 의하여 당해 처분에 대한 행정심판을 제기할 수 있는 경우에도 이를 거치지 아니하고 제기할 수 있다. 다만, 다른 법률에 당해 처분에 대한 행정심판의 재결을 거치지 아니하면 취소소송을 제기할 수 없다는 규정이 있는 때에는 그러하지 아니하다.
제소기간	제20조(제소기간) ① 취소소송은 처분 등이 있음을 안 날부터 90일 이내에 제기하여야 한다. 다만, 제18조 제1항 단서에 규정한 경우와 그 밖에 행정심판청구를 할 수 있는 경우 또는 행정청이 행정심판청구를 할 수 있다고 잘못 알린 경우에 행정심판청구가 있은 때의 기간은 재결서의 정본을 송달받은 날부터 기산한다. ② 취소소송은 처분 등이 있은 날부터 1년(第1項 但書의 경우는 裁決이 있은 날부터 1年)을 경과하면 이를 제기하지 못한다. 다만, 정당한 사유가 있는 때에는 그러하지 아니하다.
관할	제9조(재판관할) ① 취소소송의 제1심관할법원은 피고의 소재지를 관할하는 행정법원으로 한다. (중략) ③ 토지의 수용 기타 부동산 또는 특정의 장소에 관계되는 처분 등에 대한 취소소송은 그 부동산 또는 장소의 소재지를 관할하는 행정법원에 이를 제기할 수 있다.
피고적격	제13조(피고적격) ① 취소소송은 다른 법률에 특별한 규정이 없는 한 그 처분 등을 행한 행정청을 피고로 한다. 다만, 처분 등이 있은 뒤에 그 처분 등에 관계되는 권한이 다른 행정청에 승계된 때에는 이를 승계한 행정청을 피고로 한다. ② 제1항의 규정에 의한 행정청이 없게 된 때에는 그 처분 등에 관한 사무가 귀속되는 국가 또는 공공단체를 피고로 한다.

원처분주의와 재결주의(2008두1504)

① 논의의 전제	원처분과 재결은 모두 공권력 작용인 행정행위로서 항고소송의 대상이 될 수 있다(행정소송법 제19조, 제2조 제1항 제1호). 그러나 판결의 모순 또는 저촉이나 소송경제를 고려하여 소송의 대상을 제한할 필요가 있다. 이에 대한 입법주의로 원처분주의와 재결주의가 있다.
② 원처분주의	행정소송법 제19조는 취소소송은 처분 등을 대상으로 한다. 다만 재결에 대한 취소소송은 재결 자체에 고유한 위법이 있음을 이유로 하는 경우에 한한다(행정소송법 제19조 단서). 재결에 대해서는 재결 자체에 고유한 하자가 있는 경우에 한하여 소의 대상으로 한다. 따라서 취소소송은 원칙적으로 원처분을 대상으로 하는데, 이를 원처분주의라 한다. 원처분주의와 재결주의 중 어느 것을 택할 것인가는 입법정책의 문제이다.
③ 재결주의	재결주의란 재결만을 취소소송의 대상으로 하여 재결의 위법뿐만 아니라 원처분의 위법도 주장할 수 있다는 입장이다. 재결주의는 재결만이 소의 대상이 되므로 필연적으로 행정심판 필요적 전치주의에 해당한다고 볼 수 있다. 재결주의는 개별법률에서 원처분주의의 예외로서 인정하는 경우 재결을 소송의 대상으로 삼을 수 있다.
④ 우리법제	행정소송법 제19조에서는 원처분과 재결 모두에 대해 항고소송을 제기할 수 있지만, 재결에 대한 소송은 재결 자체에 고유한 위법이 있는 경우에 한한다고 규정하여 원처분주의를 채택하고 있다. 그러나 개별법상 재결주의가 채택되어 있는 경우도 존재한다.
⑤ 감정평가사시험에 나오는 원처분주의 (판례 2008두1504)	공익사업을 위한 토지 등의 취득 및 보상에 관한 법률 제85조 제1항 전문의 문언 내용과 같은 법 제83조, 제85조가 중앙토지수용위원회에 대한 이의신청을 임의적 절차로 규정하고 있는 점, 행정소송법 제19조 단서가 행정심판에 대한 재결은 재결 자체에 고유한 위법이 있음을 이유로 하는 경우에 한하여 취소소송의 대상으로 삼을 수 있도록 규정하고 있는 점 등을 종합하여 보면, 수용재결에 불복하여 취소소송을 제기하는 때에는 이의신청을 거친 경우에도 수용재결을 한 중앙토지수용위원회 또는 지방토지수용위원회를 피고로 하여 수용재결의 취소를 구하여야 하고, 다만 이의신청에 대한 재결 자체에 고유한 위법이 있음을 이유로 하는 경우에는 그 이의재결을 한 중앙토지수용위원회를 피고로 하여 이의재결의 취소를 구할 수 있다고 보아야 한다(대판 2010.1.28, 2008두1504 판결[수용재결취소등]).

출처 강정훈, 감평행정법, 박문각, 2020

행정소송의 대상적격 - 거부가 처분이 되기 위한 요건(대법원 판례)

[판례 1] 거부가 처분이 되기 위한 요건을 인정한 판례	판례는 "국민의 적극적 신청행위에 대하여 행정청이 그 신청에 따른 행위를 하지 않겠다고 거부한 행위가 항고소송의 대상이 되는 행정처분에 해당하기 위해서는, 신청한 행위가 공권력의 행사 또는 이에 준하는 행정작용이어야 하고, 거부행위가 신청인의 법률관계에 어떤 변동을 일으키는 것이어야 하며, 국민에게 행위발동을 요구할 법규상 또는 조리상의 신청권이 있어야 한다."는 입장이다(대판 2017.6.15, 2013두2945). 그리고 "그 거부행위의 처분성을 인정하기 위한 전제요건이 되는 신청권의 존부는 구체적 사건에서 신청인이 누구인가를 고려하지 않고 관계 법규의 해석에 의하여 국민에게 그러한 신청권을 인정하고 있는가를 살펴 추상적으로 결정되는 것이므로, 국민이 어떤 신청을 한 경우에 그 신청의 근거가 된 조항의 해석상 행정발동에 대한 개인의 신청권을 인정하고 있다고 보이면 그 거부행위는 항고소송의 대상이 되는 처분으로 보아야 한다."라는 입장이다(대판 2011.10.13, 2008두17905).
[판례 2] 판례가 조리상 인정한 신청권의 사례	(갑 등이 인터넷 포털사이트 등의 개인정보 유출사고로 자신들의 주민등록번호 등 개인정보가 불법 유출되자 이를 이유로 관할 구청장에게 주민등록번호를 변경해 줄 것을 신청하였으나 구청장이 '주민등록번호가 불법 유출된 경우 주민등록법상 변경이 허용되지 않는다'는 이유로 주민등록번호 변경을 거부하는 취지의 통지를 하자 원고가 주민등록번호변경신청거부처분의 취소를 구한 사건에서) 주민등록번호가 유출된 경우 그로 인하여 이미 발생하였거나 발생할 수 있는 피해 등을 최소화할 수 있는 충분한 권리구제방법을 찾기 어려운데도 구 주민등록법(2016.5.29. 법률 제14191호로 개정되기 전의 것)에서는 주민등록번호 변경에 관한 아무런 규정을 두고 있지 않다. 그런데 주민등록법령상 주민등록번호 변경에 관한 규정이 없다거나 주민등록번호 변경에 따른 사회적 혼란 등을 이유로 위와 같은 불이익을 피해자가 부득이한 것으로 받아들여야 한다고 보는 것은 피해자의 개인정보자기결정권 등 국민의 기본권 보장의 측면에서 타당하지 않다. 주민등록번호를 관리하는 국가로서는 주민등록번호가 유출된 경우 그로 인한 피해가 최소화되도록 제도를 정비하고 보완하여야 할 의무가 있으며, 일률적으로 주민등록번호를 변경할 수 없도록 할 것이 아니라 만약 주민등록번호 변경이 필요한 경우가 있다면 그 변경에 관한 규정을 두어서 이를 허용하여야 한다. 이러한 사정들을 앞서 본 법리에 따라 살펴보면, 피해자의 의사와는 무관하게 주민등록번호가 유출된 경우에는 조리상 주민등록번호의 변경을 요구할 신청권을 인정함이 타당하다(대판 2017.6.15, 2013두2945).

출처 대법원 종합법률정보 통합검색 사이트

항고소송으로서 처분의 개념 - 대법원 판례

항고소송의 대상으로서 처분의 개념	(국민건강보험공단 인천부평지사장을 피고로 하여 사업장 직권탈퇴 및 가입자자격상실처분의 취소를 구한 사건에서) 항고소송의 대상이 되는 행정처분이라 함은 행정청의 공법상 행위로서 특정사항에 대하여 법규에 의한 권리의 설정 또는 의무의 부담을 명하며 기타 법률상 효과를 발생하게 하는 등 국민의 구체적 권리의무에 직접적 변동을 초래하는 행위를 말하고, 행정청 내부에서의 행위나 알선, 권유, 사실상의 통지 등과 같이 상대방 또는 기타 관계자들의 법률상 지위에 직접적인 법률적 변동을 일으키지 아니하는 행위는 항고소송의 대상이 될 수 없다(대판 2019.2.14, 2016두41729).
항고소송의 대상이 되는 행정처분의 의미	(대한항공이 건설교통부장관의 노선배분취소처분과 국제선정기항공운송사업노선면허거부처분의 취소를 구한 사건에서) 어떠한 처분의 근거가 행정규칙에 규정되어 있다고 하더라도, 그 처분이 상대방에게 권리의 설정 또는 의무의 부담을 명하거나 기타 법적인 효과를 발생하게 하는 등으로 그 상대방의 권리의무에 직접 영향을 미치는 행위라면, 이 경우에도 항고소송의 대상이 되는 행정처분에 해당한다(대판 2004.11.26, 2003두10251·10268).
행정소송의 대상이 되는 처분인지 여부의 판단방법	(대전광역시 서구청장이 당초 적법하게 기반시설부담금과 지체가산금을 징수하였다가, 그 후 원고 드림산업개발 주식회사가 기부채납을 하여 후발적으로 기반시설부담금 환급사유가 발생한 경우에, 피고 행정청이 원고에게 부담금 환급금과 환급가산금 외에 지체가산금까지 반환할 의무가 있는지를 쟁점으로 한 가산금반환청구소송에서) 행정청의 어떤 행위가 항고소송의 대상이 될 수 있는지의 문제는 추상적·일반적으로 결정할 수 없고, 행정처분이 행정청이 공권력의 주체로서 행하는 구체적 사실에 관한 법집행으로서 국민의 권리의무에 직접적으로 영향을 미치는 행위라는 점을 염두에 두고, 관련 법령의 내용과 취지, 그 행위의 주체·내용·형식·절차, 그 행위와 상대방 등 이해관계인이 입는 불이익과의 실질적 견련성, 그리고 법치행정의 원리와 해당 행위에 관련한 행정청 및 이해관계인의 태도 등을 참작하여 개별적으로 결정하여야 한다(대판 2018.6.28, 2016두50990; 대판 2010.11.18, 2008두167 전원합의체).

출처 대법원 종합법률정보 통합검색 사이트

행정소송에 있어서 원고적격 = 법률상 이익

① 원고적격의 의의	원고적격이란 행정소송에서 원고가 될 수 있는 자격을 의미한다. 행정소송법 제12조는 취소소송은 처분의 취소를 구할 〈법률상 이익〉이 있는 자가 제기할 수 있다고 하여 원고적격으로 법률상 이익을 요구하는 바, 법률상 이익의 의미에 대한 해석이 요구된다.
② 원고적격에 대한 학설	① 취소소송의 목적은 위법한 처분으로 야기된 개인의 권리침해의 회복에 있으므로 권리가 침해된 자만이 소송을 제기할 수 있다는 〈권리구제설〉, ② 위법한 처분으로 권리뿐만 아니라 법에 의해 보호되는 이익을 침해당한 자도 처분을 다툴 수 있다는 〈법률상 보호이익설〉, ③ 재판상 보호할 가치가 있는 이익이 침해된 자도 소송을 제기할 수 있다는 〈보호가치이익설〉, ④ 처분의 적법성 확보에 가장 이해관계가 있는 자는 원고적격을 갖는다는 〈적법성보장설〉이 있다.
③ 원고적격에 대한 대법원 판례	법률상 보호되는 이익은 당해 처분의 근거법규 및 관련법규에 의하여 보호되는 개별적・직접적・구체적 이익이 있는 경우를 말하고, 공익보호의 결과로 국민 일반이 공통으로 가지는 일반적・간접적・추상적 이익과 같이 사실적・경제적 이해관계를 갖는 데 불과한 경우는 여기에 포함되지 아니한다. 당해 처분의 근거법규 및 관련법규에 의하여 보호되는 법률상 이익은 당해 처분의 근거법규의 명문 규정에 의하여 보호받는 법률상 이익, 당해 처분의 근거법규에 의하여 보호되지는 아니하나 당해 처분의 행정목적을 달성하기 위한 일련의 단계적인 관련 처분들의 근거법규에 의하여 명시적으로 보호받는 법률상 이익, 당해 처분의 근거법규 또는 관련법규에서 명시적으로 당해 이익을 보호하는 명문의 규정이 없더라도 근거법규 및 관련법규의 합리적 해석상 그 법규에서 행정청을 제약하는 이유가 순수한 공익보호만이 아닌 개별적・직접적・구체적 이익을 보호하는 취지가 포함되어 있다고 해석되는 경우까지를 말한다(2011두33044).
④ 법률의 범위로서 근거법규와 관련법규	환경・교통・재해 등에 관한 영향평가법(이하 "환경영향평가법"이라 함), 같은 법 시행령, 구 폐기물처리시설 설치촉진 및 주변지역지원 등에 관한 법률(이하 "폐촉법"이라 함), 같은 법 시행령의 각 관련 규정에 의하면, 폐기물처리시설 설치기관이 1일 처리능력이 100t 이상인 폐기물처리시설을 설치하는 경우에는 폐촉법에 따른 환경상 영향조사 대상에 해당할 뿐만 아니라 환경영향평가법에 따른 환경영향평가 대상사업에도 해당하므로, 폐촉법령뿐만 아니라 환경영향평가법령도 위와 같은 폐기물처리시설을 설치하기 위한 폐기물 소각시설 설치계획 입지결정・고시처분의 근거 법령이 된다고 할 것이고, 따라서 위 폐기물처리시설 설치계획입지가 결정・고시된 지역 인근에 거주하는 주민들에게 위 처분의 근거법규인 환경영향평가법 또는 폐촉법에 의하여 보호되는 법률상 이익이 있으면 위 처분의 효력을 다툴 수 있는 원고적격이 있다(대판 2005.5.12, 2004두14229).

출처 강정훈, 감평행정법, 박문각, 2020, 발췌해서 재정리

공권의 확대화 경향과 환경영향평가대상지역 안과 밖 원고적격 - 새만금사건(2006두330)

① 공권의 확대화 경향	최근 국민의 권리구제의 필요성의 인식과 그에 따른 개인적 공권의 확대화 경향은 종래 인정되지 않았던 제3자의 원고적격을 확대화하는 계기가 되었다. 특히 개인적 공권을 법률상 이익으로 보는 경우 사익보호성을 도출하기 위해 법률의 범위 확대를 통한 공권개념의 확대로 원고적격을 넓히고 있는 것이 학계와 판례의 태도로 판단된다.
② 경업자 관계에서의 원고적격	서로 경쟁관계에 있는 자들 사이에서 특정인(신규업자)에게 주어지는 수익적 행위가 타인(기존업자)에게는 법률상 불이익을 초래하는 경우 타인이 자기의 법상 이익의 침해를 이유로 수익을 받은 특정인에 대한 행위를 다투는 소송이다.
③ 인인소송	인인소송은 이웃하는 자들 사이에서 특정인에게의 수익적 처분이 타인에게 불이익을 가져오는 경우 그 타인이 그 처분을 다투는 소송이다(예 갑에게 내려진 연탄공장건축허가에 대하여 이웃하는 을이 그 허가처분 취소를 다투는 경우). 근거법규 등이 이웃에 대한 행정청의 의무와 사익을 보호하고 있는지에 따라 원고적격을 판단한다.
④ 경원자소송	경원자 관계란 인·허가 등의 신청 시 양립할 수 없는 출원을 제기한 자들 사이의 관계를 말한다. 판례는 경원자 관계에 있는 경우 허가 등의 처분을 받지 못한 자는 비록 경원자에 대하여 이루어진 허가 등 처분의 상대방이 아니라 하더라도 해당 처분의 취소를 구할 원고적격이 있다고 판시하였다. 다만 판례는 협의의 소익에 대해 처분이 취소된다 하더라도 허가 등의 처분을 받지 못할 불이익이 회복된다고 할 수 없을 때에는 해당 처분의 취소를 구할 정당한 이익이 없다고 판시하였다.
⑤ 환경영향평가대상 지역 안 주민의 원고적격	공유수면매립면허의 근거법규 또는 관련법규의 취지는 공유수면 매립과 농지계량사업시행으로 인하여 직접적이고 중대한 환경피해를 입으리라고 예상되는 환경영향평가 대상지역 안의 주민들이 전과 비교하여 수인한도를 넘는 환경침해를 받지 아니하고 쾌적한 환경에서 생활할 수 있는 개별적 이익까지도 이를 보호하는 데 있다고 할 것이므로, 위 주민들이 공유수면매립면허처분 등과 관련하여 갖고 있는 위와 같은 환경상 이익은 주민 개개인에 대하여 개별적으로 보호되는 직접적·구체적 이익이다(2006두330).
⑥ 환경영향평가대상 지역 밖 주민의 원고적격	환경영향평가대상지역 밖의 주민이라 할지라도 공유수면매립면허처분 등으로 인하여 그 처분 전과 비교하여 수인한도를 넘는 환경피해를 받거나 받을 우려가 있는 경우에는 환경상 이익에 대한 침해 또는 침해우려가 있다는 것을 입증함으로써 그 처분 등의 무효확인을 구할 원고적격을 인정받을 수 있다(2006두330).

출처 강정훈, 감평행정법, 박문각, 2020

협의의 소익 = 권리보호의 필요

① 의의, 근거, 취지	협의의 소의 이익이란 재판에 의하여 분쟁을 해결할 만한 현실적 필요성을 말한다. 이는 신의성실의 원칙에 뿌리를 둔 소송법의 제도적 남용의 금지로부터 나온다. 그러나 이를 지나치게 제한적으로 인정하면 재판청구권의 침해를 가져올 수 있다(판례 동지). 취지는 남소방지, 소송경제에 있다.
② 행정소송법 제12조 제2문의 해석	행정소송법 제12조 제2문은 "처분 등의 효과가 소멸한 뒤에도 그 처분 등의 취소로 인하여 회복되는 법률상 이익"이라고 규정하여 제1문과 동일하게 "법률상 이익"이라는 표현을 사용하고 있다. 제1문과 제2문의 취소소송의 성질이 동일한지, 만약 다르다면 후자의 법률상 이익의 의미는 무엇인지 문제된다. ① 취소소송으로 보는 견해와 ② 계속적 확인소송으로 보는 견해가 있다. ③ 취소소송을 형성소송으로 이해할 때, 처분의 효력이 소멸한 경우에는 배제할 법적 효과가 없게 되어 현행 법체계상 확인소송으로 보는 것이 타당하다고 생각된다.
③ 입법상 과오 여부	① 제2문은 처분이 소멸된 경우의 원고적격이라는 〈입법상 비과오설〉이 있으나, ② 제2문은 협의의 소의 이익에 관한 것으로 원고적격과 구별되는 바, 동일하게 법률상 이익이라는 용어를 사용한 것은 〈입법상 과오〉라는 견해가 타당하다고 생각한다.
④ 법률상 이익의 범위	① 학설은 명예 · 신용 등은 법률상 이익에 내포가 되지 않는 것으로 보는 견해와 경제 · 사회 · 문화적 이익을 포함하는 넓은 관념으로 보는 견해가 있다. ② 판례는 간접적이거나 사실적 · 경제적 이익 · 명예 · 신용 등의 인격적 이익을 가지는 데 불과한 경우는 이에 해당하지 않는다고 본다. **법률상 이익의 범위 판단** 제2문의 법률상 이익은 제1문의 법률상 이익의 개념보다는 넓게 보는 것이 타당하나 임의적 · 형식적 해석에 의하여 판별할 수는 없고, 구체적 사안별로 계쟁처분의 효력이 소멸되었음에도 취소소송을 통해 보호해 주어야 할 현실적 필요성이 있는지에 의해 결정해야 할 것이다. 따라서 명예 · 신용과 같은 이익도 경우에 따라서는 소의 이익이 인정될 수 있을 것이다.
⑤ 권리보호 필요가 없는 원칙적 경우	① 원고가 추구하는 목적을 소송보다 간이한 방법으로 달성할 수 있는 경우, ② 원고가 추구하는 권리보호가 오로지 이론상으로만 의미 있는 경우, ③ 원고가 오로지 부당한 목적으로 소구하는 경우, ④ 소권의 실효가 있는 경우, ⑤ 원상회복이 불가능한 경우에는 권리보호 필요가 없다(판례).

출처 강정훈, 감평행정법, 박문각, 2020, 일부내용 재정리

권리보호의 필요에 대한 종전 판례와 변경된 전원합의체 판결(2003두1684)

<table>
<tr><td colspan="2">처분효력 소멸 시 권리보호 필요 있는 예외적 경우
(원칙 및 예외)</td><td>처분이 외형상 잔존함으로 인하여 어떠한 법률상 이익이 침해되고 있다고 볼 만한 별다른 사정이 없는 한 처분 등이 소멸하면 권리보호 필요는 없게 됨이 원칙이다. 다만, ① 위법한 처분이 반복될 위험성이 있는 경우, ② 가중적 제재처분이 따르는 경우, ③ 회복되는 경제적 이익이 있는 경우에는 예외적으로 권리보호의 필요가 존재한다.</td></tr>
<tr><td rowspan="2">제재적 처분이 가중처분의 요건인 경우 판례 태도</td><td>1. 변경 전 대법원 전원합의체 판결</td><td>① 〈다수의견〉 법규명령형식의 행정규칙은 행정명령에 불과하므로 반드시 가중처벌된다고 볼 수 없으므로 가중처벌이 이루어지기 이전에 처분을 다툴 소의 이익이 없다고 보아왔다.
② 〈반대의견〉 구체적인 사안에서 현실적인 권리보호의 실익 유무에 따라 달리 보아야 한다고 하여 과거 제재의 전력이 참작사유에 불과한 경우에는 소의 이익이 없으나, 가중제재의 현실적 위험이 있으면 소의 이익을 부정할 수 없다고 하였다.</td></tr>
<tr><td>2. 변경 후 대법원 전원합의체 판결</td><td>(1) 다수의견(2003두1684)
① 제재적 행정처분의 가중사유나 전제요건에 관한 규정이 법령이 아니라 규칙의 형식으로 되어 있다고 하더라도, 그 법적 성질이 대외적·일반적 구속력을 갖는 법규명령인지 여부와는 상관없이 관할 행정청이나 담당공무원은 이를 준수할 의무가 있고, ② 그러한 규칙이 정한 바에 따라 선행처분을 받은 상대방이 그 처분의 존재로 인하여 장래에 받을 불이익, 즉 후행처분의 위험은 구체적이고 현실적인 것이므로 소의 이익을 긍정할 필요가 있다고 판시하여 입장을 변경하였다.
(2) 별개의견
① 다수의견의 위와 같은 경우 선행처분의 취소를 구할 법률상 이익을 긍정하는 결론에는 찬성하지만, ② 그 이유에 있어서는 부령인 제재적 처분기준의 법규성을 인정하는 이론적 기초 위에서 법률상 이익을 긍정하는 것이 법리적으로는 더욱 합당하다고 하여 결론을 끌어내는 이유를 달리하고 있다.</td></tr>
</table>

출처 강정훈, 감평행정법, 박문각, 2020, 일부 내용 발췌 재정리

피고적격

원칙	다른 법률에 특별한 규정이 없는 한 취소소송에서는 그 처분 등을 행한 행정청이 피고가 된다(행정소송법 제13조 제1항 전단). 처분 등을 행한 행정청이란 원칙적으로 소송의 대상인 행정처분 등을 외부적으로 그의 명의로 행한 행정청을 의미한다.
예외	1. **소속장관** : 대통령이 행한 처분에 대한 행정소송의 피고는 소속장관이 된다. 2. **수임청 · 수탁청** : ① 권한의 위임이 있는 경우 권한의 이전이 있으므로 현실적으로 처분을 한 수임청 · 수탁청이 피고가 된다. ② 내부위임의 경우 위임자 명의로 권한이 행사되기 때문에 위임행정관청이 피고이다. 내부위임임에도 수임 행정청이 위법하게 자신의 명의로 처분을 발령하였다면, 피고는 명의자인 수임 행정관청이 된다. ③ 권한의 대리가 있는 경우 피대리관청이 여기서 말하는 행정청이 된다. 3. **승계행정청(제13조 제1항 단서)** : 처분 등이 있은 후 그 처분 등에 관계되는 권한이 다른 행정청에 승계된 때에는 이를 승계한 행정청이 피고가 된다. 4. **국가 · 공공단체(제13조 제2항)** : 처분청이나 재결청이 없게 된 때에는 그 처분 등에 관한 사무가 귀속되는 국가 또는 공공단체가 피고가 된다.
권한의 내부위임과 피고적격	1. 권한의 위임과 내부위임의 구별 ① 권한의 위임은 권한이 대내 · 대외적으로 수임청에게 이전된 것을 말하며, ② 내부위임은 권한이 대내적으로만 수임청에 이전된 것을 말한다. 내부위임이란 행정조직 내부에서 수임청이 위임청의 이름과 책임으로 위임청의 권한을 사실상 행사하는 것을 말한다. 내부위임은 법률근거를 요하지 않고, 처분권한이 이전되지 않는다. 2. 위임청 명의로 처분을 한 경우 피고적격 내부위임의 경우에는 처분권이 위임되는 것이 아니므로 그 처분권한을 가진 행정청의 이름으로 처분을 하여야 하며, 이러한 경우에는 대외적으로 위임청의 명의로 한 이상 처분청은 여전히 위임청이므로 위임청이 피고가 된다. 3. 수임청 명의로 처분을 한 경우 피고적격 내부위임 · 대리인데도 수임청 · 대리청이 권한 없이 자신의 명의를 사용하였다면, 이때 처분청이란 실제 처분을 한 행정청을 말하므로 실제 처분을 한 수임청 · 대리청이 피고가 된다. 판례도 동일한 입장이다. 다만, 피고적격이 있는 명의자에게 정당한 권한이 있는지 여부는 처분의 위법성과 관련한 본안의 문제이다.

출처 강정훈, 감평행정법, 박문각, 2020

행정소송에서 제소기간에 대한 정리

제소기간에 대한 개념	① 제소기간이란 처분 등의 상대방 또는 제3자가 소송을 적법하게 제기할 수 있는 기간을 말한다. ② 행정소송이 제소기간 내에 제기되었는지 여부는 소송요건으로서, 법원의 직권조사사항에 속한다. ③ 따라서 법원은 소가 제기되면 제소기간의 준수 여부를 심사해서 부적법한 경우에는 소를 각하한다. ④ 제소기간의 제한은 원칙적으로 취소소송에만 적용되고, 무효등확인소송에는 적용되지 않는다(행정소송법 제38조 제1항). ⑤ 취소소송은 처분 등이 있음을 안 날부터 90일 이내에 제기해야 하고 처분 등이 있은 날부터 1년이 지나면 제기하지 못한다(행정소송법 제20조). ⑥ 이와 같은 90일과 1년의 기간은 선택적인 것이 아니므로 어느 하나의 기간이 지나면 행정소송을 제기할 수 없게 된다.
처분이 있음을 안 날부터 90일	▲ 행정심판을 거치지 않은 경우 ① 취소소송은 처분 등이 있음을 안 날부터 90일 이내에 제기해야 한다(행정소송법 제20조 제1항 본문). ② 처분 등이 있음을 안 날이란 제소기간의 기산점으로서 해당 처분 등이 효력을 발생하는 날을 말한다. ③ 즉, 통지·공고 그 밖의 방법으로 해당 처분이 있었다는 사실을 현실적으로 안 날을 의미하는 것이고, 구체적으로 그 처분의 위법 여부를 판단한 날을 가리키는 것은 아니다(대판 1991.6.28, 90누6521 판결). ※ 서면통지 하는 경우에는 그 서면이 상대방에게 도달한 날을 말한다. ※ 공시송달의 경우는 서면이 상대방에게 도달한 것으로 간주되는 날을 말한다. ※ 사실행위의 경우에는 그 행위가 있었고 그것이 자기의 권익을 침해하고 있음을 인식하게 된 날을 말한다. ④ 다만, 처분을 기재한 서류가 당사자의 주소에 송달되는 등으로 사회통념상 처분이 있음을 당사자가 알 수 있는 상태에 놓여진 때에는 반증이 없는 한 그 처분이 있음을 알았다고 추정된다(대판 2002.8.27, 2002두3850 판결). ▲ 행정심판을 거친 경우 ① 다음의 어느 하나의 경우에 행정심판청구가 있는 경우 그에 대한 제소기간은 재결서의 정본을 송달받을 날부터 90일이다(행정소송법 제20조 제1항 단서). ㉠ 다른 법률에 해당 처분에 대한 행정심판의 재결을 거치지 않으면 취소소송을 제기할 수 없다는 규정이 있는 경우 ㉡ 그 밖에 행정심판청구를 할 수 있는 경우 ㉢ 행정청이 행정심판청구를 할 수 있다고 잘못 알린 경우 ② 재결서의 정본을 송달받은 날이란 재결서 정본을 본인이 직접 수령한 경우에 한하는 것이 아니라 보충송달·유치송달·공시송달 등 민사소송법이 정한 바에 따라 적법하게 송달된 모든 경우를 포함한다(행정심판법 제38조 및 제41조).

처분이 있는 날부터 1년	▲ 행정심판을 거치지 않은 경우 ① 취소소송은 처분 등이 있는 날부터 1년이 지나면 제기할 수 없다(행정소송법 제20조 제2항). ② 처분이 있은 날이란 상대방이 있는 행정처분의 경우는 특별한 규정이 없는 한 의사표시의 일반적 법리에 따라 그 행정처분이 상대방에게 고지되어 효력이 발생한 날을 말한다(대판 1990.7.13, 90누2284 판결). ▲ 행정심판을 거친 경우 ① 다음과 같은 경우에 행정심판청구가 있은 때의 제소기간은 재결이 있은 날부터 1년이다(행정소송법 제20조 제2항). ㉠ 다른 법률에 해당 처분에 대한 행정심판의 재결을 거치지 않으면 취소소송을 제기할 수 없다는 규정이 있는 경우 ㉡ 그 밖에 행정심판청구를 할 수 있는 경우 ㉢ 행정청이 행정심판청구를 할 수 있다고 잘못 알린 경우 ② 재결이 있은 날이란 재결이 내부적으로 성립한 날을 말하는 것이 아니라 재결의 효력이 발생한 날을 말한다(대판 1990.7.13, 90누2284 판결). ③ 행정심판의 재결은 심판청구인에게 재결서의 정본이 송달된 때에 그 효력이 발생하는 것이므로, 재결이 있은 날이란 결국 재결서 정본이 송달된 날을 의미한다(행정심판법 제48조). ▲ 정당한 사유가 있는 경우 ① 정당한 사유가 있는 경우에는 행정심판을 거치거나 거치지 않거나 모두 1년의 기간이 지나도 취소소송을 제기할 수 있다(행정소송법 제20조 제2항 단서). ② 정당한 사유는 불확정 개념으로서 정당한 사유가 있는지의 여부는 제소기간 도과의 원인 등 여러 사정을 종합하여 지연된 제소를 허용하는 것이 사회통념상 상당하다고 할 수 있는가에 의해 판단된다. ③ 즉, 정당한 사유는 당사자가 그 책임을 질 수 없는 사유나 천재, 지변, 전쟁, 사변 그 밖에 불가항력적인 사유보다는 넓은 개념이라고 할 수 있다(대판 1991.6.28, 90누6521 판결).
불변기간	① 취소소송의 제소기간은 불변기간으로서, 법원이 그 기간을 연장하거나 단축할 수는 없다(행정소송법 제20조 제3항). ② 다만, 원격지에 있는 사람을 위해 부가기간을 정할 수 있고, 당사자가 책임질 수 없는 사유로 불변기간을 준수할 수 없었던 경우에는 그 사유가 종료된 후 2주일 이내에 해태된 소송행위를 추완할 수 있다(행정소송법 제8조 제2항, 민사소송법 제172조 제2항 및 제173조).

행정심판 전치주의 여부 ⇨ 현행 행정소송법상 행정심판 임의주의

① 행정심판전치의 의의 및 근거, 취지	행정심판전치란 사인이 행정소송의 제기에 앞서서 행정청에 대해 먼저 행정심판의 제기를 통해 처분의 시정을 구하고, 그 시정에 불복이 있을 때 소송을 제기하는 것을 말한다. 헌법적 근거는 헌법 제107조 제3항이다. 일반적 근거규정으로는 행정소송법 제18조가 있다. ① 행정권의 자기통제 확보, ② 법원의 부담 경감, ③ 개인 자신의 권리보호에 취지가 있다.
② 임의적 행정심판 전치(원칙)	취소소송은 처분에 대한 행정심판을 제기할 수 있는 경우에도 이를 거치지 아니하고 제기할 수 있다(행정소송법 제18조 제1항 본문).
③ 임의적 행정심판 전치의 예외 및 필요적 전치의 예외	다른 법률에 처분에 대한 행정심판의 재결을 거치지 않으면 취소소송을 제기할 수 없다는 규정이 있는 때에는 반드시 행정심판을 거쳐야 한다(행정소송법 제18조 제1항 단서). 그러나 이러한 경우라도 ① 행정심판청구가 있은 날로부터 60일이 지나도 재결이 없는 때, ② 처분의 집행 또는 절차의 속행으로 생길 중대한 손해를 예방하여야 할 긴급한 필요가 있는 때, ③ 법령의 규정에 의한 행정심판기관이 의결 또는 재결을 하지 못할 사유가 있는 때, ④ 그 밖의 정당한 사유가 있는 때에는 재결을 거치지 아니하고 취소소송을 제기할 수 있다. 또한 필요적 전치의 경우라도 ① 동종사건에 관하여 이미 행정심판의 기각재결이 있은 때, ② 서로 내용상 관련되는 처분 또는 같은 목적을 위하여 단계적으로 진행되는 처분 중 어느 하나가 이미 행정심판의 재결을 거친 때, ③ 행정청이 사실심 변론 종결 후 소송의 대상인 처분을 변경하여 당해 변경된 처분에 관하여 소를 제기하는 때, ④ 처분을 행한 행정청이 행정심판을 거칠 필요가 없다고 잘못 알린 때에는 행정심판을 제기함 없이 취소소송을 제기할 수 있다.
④ 적용범위	무효등확인소송에는 적용이 없고, 부작위위법확인소송에는 적용된다(행정소송법 제38조 제1항 및 제2항). 당사자소송의 경우에는 적용이 없다(다수설).
⑤ 행정소송과 행정심판의 관계	① 적법한 심판제기가 있었으나 기각된 경우, ② 적법한 심판제기가 있었으나 본안심리를 하지 않고 각하된 경우에는 심판전치의 요건이 구비된 것으로 본다. ③ 심판제기기간의 경과 등으로 부적법한 심판제기가 있었고 이에 대해 각하재결이 있었다면, 심판전치의 요건이 구비되지 않은 것이다.

출처 강정훈. 감평행정법, 박문각, 2020

✔ 행정소송의 관할법원(토지수용은 부동산소재지 관할하는 행정법원임)

① 삼심제	행정소송법에서 정한 행정사건과 다른 법률에 따라 행정법원의 권한에 속하는 사건은 행정법원(합의부·단독판사)이 1심으로 심판한다(법원조직법 제40조의4)[판례]. 행정법원의 재판에 대하여는 고등법원에 항소할 수 있고(법원조직법 제28조), 고등법원의 재판에 대하여는 대법원에 상고할 수 있다(법원조직법 제14조). 현재 행정법원은 서울에만 설치되어 있고, 지방은 지방법원 본원이 1심이다. 예외적으로 개별법률에서 2심제를 규정하는 경우도 있다. 예컨대 ① 독점규제 및 공정거래에 관한 법률 제55조와 약관의 규제에 관한 법률 제30조의2는 서울고등법원을 전속관할법원으로, ② 보안관찰법 제23조는 서울고등법원을 관할법원으로 규정하고 있다.
② 토지관할	취소소송의 제1심 관할법원은 피고의 소재지를 관할하는 행정법원으로 한다(행정소송법 제9조 제1항). 제1항에도 불구하고 다음 각 호(1. 중앙행정기관, 중앙행정기관의 부속기관과 합의제 행정기관 또는 그 장, 2. 국가의 사무를 위임 또는 위탁받은 공공단체 또는 그 장)의 어느 하나에 해당하는 피고에 대하여 취소소송을 제기하는 경우에는 대법원 소재지를 관할하는 행정법원에 제기할 수 있다(행정소송법 제9조 제2항)(보통재판적). 한편, 토지의 수용 기타 부동산 또는 특정의 장소에 관계되는 처분 등에 대한 취소소송은 그 부동산 또는 장소의 소재지를 관할하는 행정법원에 이를 제기할 수 있다(행정소송법 제9조 제3항)(특별재판적). 토지관할은 전속관할이 아니다. 따라서 합의관할(민사소송법 제29조)·변론관할(민사소송법 제30조) 등이 적용될 수도 있다.
③ 행정법원의 설치·조직	행정법원이 설치되지 않은 지역에 있어서 행정법원의 권한에 속하는 사건은 행정법원이 설치될 때까지 해당 지방법원 본원이 관할한다(법원조직법 부칙 제2조). 행정법원에는 부를 두며(법원조직법 제40조의3 제1항), 행정법원의 심판권은 판사 3인으로 구성된 합의부에서 이를 행한다(법원조직법 제7조 제3항 본문). 다만 행정법원에 있어서 단독판사가 심판할 것으로 행정법원 합의부가 결정한 사건의 심판권은 단독판사가 행한다(법원조직법 제7조 제3항 단서). 단독부는 판례가 비교적 많으면서도 경미한 사건(예 운전면허사건)을 담당한다.

출처 홍정선, 신행정법특강, 박영사, 2020, p.612. 재정리

관련청구소송의 이송 및 병합

① 관련청구소송의 이송 및 병합 제도의 취지	관련청구소송의 이송 및 병합은 상호 관련성이 있는 여러 청구를 하나의 절차에서 심판함으로써 심리의 중복, 재판상 모순을 방지하고 아울러 신속하게 재판을 진행시키기 위한 제도이다(행정소송법 제10조).
② 관련청구소송의 의의	행정소송법은 ① 당해 처분 등과 관련되는 손해배상·부당이득반환·원상회복 등 청구소송, ② 당해 처분 등과 관련되는 취소소송을 관련청구소송으로 규정하고 있다(행정소송법 제10조 제1항). ①의 경우로는 처분 등이 원인이 되어 발생한 손해배상청구소송, 처분 등의 취소·변경이 원인이 되어 발생한 손해배상청구소송, 처분 등의 취소·변경을 선결문제로 하는 손해배상청구소송 등이 있고, ②의 경우로는 원처분에 대한 소송에 병합하여 제기하는 재결의 취소소송, 당해 처분과 함께 하나의 절차를 구성하는 행위의 취소청구소송, 상대방이 제기하는 취소소송 외에 제3자가 제기하는 취소소송 등의 경우가 있다.
③ 관련청구소송의 이송	사건의 이송이란 어느 법원에 일단 계속된 소송을 그 법원의 재판에 의하여 다른 법원에 이전하는 것을 말한다. 법원 간의 이전이므로 동일 법원 내에서 담당재판부를 달리하는 것은 이송에 속하지 않고 사무분담의 문제이다. 관련청구소송의 이송을 위해서는 다음의 요건을 필요로 한다(행정소송법 제10조 제1항). ① 취소소송과 관련청구소송이 각각 다른 법원에 계속되어야 한다. ② 관련청구소송이 계속된 법원이 이송이 상당하다고 인정하여야 한다. ③ 당사자의 신청이 있거나 법원의 직권에 의해 이송 결정이 있어야 한다. ④ 이송은 관련청구소송이 취소소송이 계속된 법원으로 이송되는 것이다.
④ 관련청구소송의 병합	청구의 병합이란 하나의 소송절차에서 같은 원고가 같은 피고에 대하여 수개의 청구를 하는 경우(소의 객관적 병합)와 소송당사자가 다수가 되는 경우를 말한다(소의 주관적 병합). 행정소송법 제10조 제2항은 "취소소송에는 사실심의 변론종결 시까지 관련청구소송을 병합하거나 피고 이외의 자를 상대로 한 관련청구소송을 취소소송이 계속된 법원에 병합하여 제기할 수 있다."라고 규정하고 있어 소의 주관적 병합과 소의 객관적 병합 및 원시적 병합과 추가적 병합을 모두 인정하고 있다. 행정소송법 제10조 제2항은 제3자에 의한 관련청구소송의 병합은 인정하고 있지 아니하므로 다수의 원고들이 단일 또는 다수의 피고에 대하여 각자의 관련청구소송을 병합하고자 하는 경우에는 처음부터 공동소송인이 될 수밖에 없다.

출처 홍정선, 신행정법특강, 박영사, 2020, p.613-616 재정리

처분사유의 추가·변경의 개념 등

① 의의	처분사유 추가·변경이란 처분 발령을 하게 된 사실상·법률상 근거를 사후에 행정청이 행정소송 계속 중에 추가하거나 변경하여 처분의 위법성 판단에 고려하는 것을 말한다.
② 구별개념	이유제시의 절차 하자치유는 형식적 적법성의 문제이고, 행정절차의 문제이며, 처분사유 추가·변경은 행정소송의 본안심리의 문제로서 실질적 적법성의 문제이다.
③ 학설의 대립	① 〈긍정설〉 분쟁의 일회적 해결과 소송경제를 강조하여 긍정하는 견해가 있다. 즉 처분사유 추가·변경을 부정하여 행정청이 패소했더라도 피고는 추가·변경하려 했던 사유를 들어 다시 재처분할 수 있기 때문에 당초 소송에서 처분사유 추가·변경을 인정하여 함께 심리할 수 있도록 해야 한다는 견해이다. ② 〈부정설〉 원고의 방어권 보장을 주장하여 부정하는 견해가 있다. 즉, 처분사유 추가·변경을 인정하려면 처분의 상대방은 예기치 못한 불이익을 입게 되어 인정할 수 없다고 한다. ③ 〈제한적 긍정설〉 소송물의 동일성을 해하지 않는 범위 안에서 인정되어야 한다는 견해이다.
④ 판례의 태도	처분청은 당초 처분의 근거로 삼은 사유와 기본적 사실관계가 동일성이 있다고 인정되는 한도 내에서만 다른 사유를 추가하거나 변경할 수 있을 뿐 기본적 사실관계의 동일성이 인정되지 않는 별개의 사실은 처분사유로 주장할 수 없다고 하여 제한설 긍정설의 입장이다. (원고들이 제주 북제주군 구좌읍장의 산림형질변경불허가처분의 취소를 구한 사건에서) 주택신축을 위한 산림현질변경허가신청에 대하여 행정청이 거부처분을 하면서 당초 거부처분의 근거로 삼은 <u>준농림지역에서의 행위제한이라는 사유</u>와 나중에 거부처분의 근거로 추가한 <u>자연경관 및 생태계의 교란, 국토 및 자연의 유지와 환경보전 등 중대한 공익상의 필요라는 사유</u>는 기본적 사실관계의 동일성이 인정된다(대판 2004.11.26, 2004두4482). (서울특별시 종로구청장의 원고에 대한 토지형질변경행위허가신청반려처분의 취소를 구한 사건에서) 토지형질변경 불허가처분의 당초의 처분사유인 <u>국립공원에 인접한 미개발지의 합리적인 이용대책 수립시까지 그 허가를 유보한다는 사유</u>와 그 처분의 취소소송에서 추가하여 주장한 처분사유인 <u>국립공원 주변의 환경·풍치·미관 등을 크게 손상시킬 우려가 있으므로 공공목적상 원형유지의 필요가 있는 곳으로서 형질변경허가 금지 대상이라는 사유</u>는 기본적 사실관계에 있어서 동일성이 인정된다(대판 2001.9.28, 2000두8684).
⑤ 검토	처분사유 추가·변경의 취지인 소송경제와 원고의 방어권 보장 등을 조화롭게 고려한 제한적 긍정설이 타당하다.

출처 강정훈, 감평행정법, 박문각, 2020

기본적 사실관계의 동일성에 대한 대법원 판례(이주대책 기출 판례)

대판 2019.10.31, 2018두45954 판결 (건축허가신청반려처분취소)	행정처분의 취소를 구하는 항고소송에서 처분청이 당초 처분의 근거로 삼은 사유가 아닌 별개의 사실을 들어 처분사유로 주장함은 허용되지 아니하나, 당초 처분의 근거로 삼은 사유와 기본적 사실관계에 동일성이 있다고 인정되는 한도 내에서는 다른 사유를 추가하거나 변경할 수 있고, 여기서 기본적 사실관계의 동일성 유무는 처분사유를 법률적으로 평가하기 이전의 구체적인 사실에 착안하여 그 기초가 되는 사회적 사실관계가 기본적인 점에서 동일한지 여부에 따라 결정된다(대판 2001.9.28, 2000두8684 판결; 대판 2019.10.31, 2018두45954 판결[건축허가신청반려처분취소]).
대판 2013.8.22, 2011두28301 판결 (이주대책대상자거부처분취소) – 감정평가사 시험기출	행정처분의 취소를 구하는 항고소송에 있어서는 실질적 법치주의와 행정처분의 상대방인 국민에 대한 신뢰보호라는 견지에서 처분청은 당초 처분의 근거로 삼은 사유와 기본적 사실관계에 있어서 동일성이 있다고 인정되지 않는 별개의 사실을 들어 처분사유로 주장함은 허용되지 아니하나, 당초 처분의 근거로 삼은 사유와 기본적 사실관계에 있어서 동일성이 있다고 인정되는 한도 내에서는 다른 사유를 추가하거나 변경할 수 있다. 그리고 기본적 사실관계가 동일하다는 것은 처분사유를 법률적으로 평가하기 이전의 구체적인 사실에 착안하여 그 기초적인 사회적 사실관계가 기본적인 점에서 동일한 것을 말하며, 처분청이 처분 당시에 적시한 구체적 사실을 변경하지 아니하는 범위 내에서 단지 그 처분의 근거 법령만을 추가·변경하거나 당초의 처분사유를 구체적으로 표시하는 것에 불과한 경우에는 새로운 처분사유를 추가하거나 변경하는 것이라고 볼 수 없다(대판 2001.9.28, 2000두8684 판결; 대판 2008.2.28, 2007두13791·13807 판결; 대판 2013.8.22, 2011두28301 판결[이주대책대상자거부처분취소]).

출처 대법원 종합법률정보 통합검색 사이트, 2020

제3자 소송참가와 제3자의 재심청구(확정판결 후)

①-1. 제3자의 소송참가 의의, 취지	제3자의 소송참가란 법원이 소송 결과에 따라 권리 또는 이익의 침해를 받을 제3자가 있는 경우 당사자 또는 제3자의 신청 또는 직권에 의해 결정으로써 그 제3자를 소송에 참가시킬 수 있는 제도이다(행정소송법 제16조). 행정소송의 공정한 해결, 모든 이해관계자의 이익보호에 취지가 있다.
①-2. 제3자의 소송참가요건	① 타인 간에 소송이 계속 중일 것, ② 소송의 결과에 따라 권리 또는 이익의 침해를 받을 제3자일 것을 요구한다. 여기서 ㉠ 제3자란 소송당사자 이외의 자를 말하고, ㉡ 권리 또는 이익이란 법률상 이익을 의미하며, ㉢ 소송 결과에 따라 침해를 받는다는 것은 취소판결의 효력, 즉 형성력 및 기속력에 따라 직접 권리 또는 이익을 침해받는 경우를 말한다.
①-3. 제3자의 소송참가절차와 참가인의 지위	① 법원은 당사자 또는 제3자의 신청 또는 직권에 의해 소송참가를 결정하고, 소송참가를 결정하고자 할 때는 미리 당사자 및 제3자의 의견을 들어야 한다. 참가신청이 각하된 경우 신청을 한 제3자는 즉시 항고할 수 있다. ② 제3자는 행정소송법 제16조 제4항에 따라 민사소송법 제67조 규정이 준용되어 피참가인과의 사이에 필요적 공동소송에서 공동소송인에 준하는 지위에 서게 되나, 당사자로서 독자적 청구권을 가진 것은 아니므로, 강학상 공동소송적 보조참가인의 지위에 있다고 본다. 소송참가인으로서 지위를 획득한 제3자는 판결의 효력을 받는다.
②-1. 제3자의 재심청구 의의, 취지	제3자의 재심이란 처분 등을 취소하는 판결에 의해 권리 또는 이익을 침해받은 제3자가 자기에게 책임 없는 사유로 소송에 참가하지 못함으로써 판결의 결과에 영향을 미칠 공격 또는 방어방법을 제출하지 못하고 판결이 확정된 경우 이 확정판결에 대한 취소와 동시에 판결 전 상태로 복구시켜 줄 것을 구하는 불복방법이다(행정소송법 제31조). 취소판결의 형성력을 받은 제3자는 본인에게 귀책사유 없이 소송참가를 못할 수 있어 그 불이익을 구제하기 위함에 인정되는 제도이다.
②-2. 제3자의 재심청구요건	① 재심은 처분 등을 취소하는 종국판결의 확정을 전제로 한다. ② 재심청구의 원고는 ㉠ 판결에 의해 권리 또는 이익의 침해를 받은 소송당사자 이외의 제3자로서, ㉡ 권리 또는 이익이란 법률상 이익을 의미하고, ㉢ 침해를 받는다는 것은 취소판결의 주문에 의해 침해를 받음을 의미한다.
②-3. 재심사유 및 재심청구기간	재심사유는 ① 자기에게 책임 없는 사유로 소송에 참가하지 못한 경우이며, ② 판결의 결과에 영향을 미칠 공격 또는 방어방법을 제출하지 못하였을 것을 요구한다. 확정판결이 있음을 안 날로부터 30일 이내, 판결이 확정된 날로부터 1년 이내에 제기해야 한다.

출처 강정훈, 감평행정법, 박문각, 2020

✔ 판결의 종류(각하판결, 인용판결, 기각판결, 사정판결 등)

① 종국판결의 의미 등	〈종국판결〉이란 소송의 전부나 일부에 대하여 종국적 효력을 갖는 판결이다. 종국판결의 종류에는 소송판결과 본안판결이 있다. 〈소송판결〉은 소송요건 결여를 이유로 각하하는 판결로서 각하판결이 있다. 〈본안판결〉은 청구 이유유무에 관한 판결로서 청구의 인용 또는 기각을 내용으로 하는 판결이다.
② 각하판결	각하판결이란 소송요건 결여를 이유로 본안심리를 거부하는 판결이다. 원고는 결여된 요건을 보완하면 다시 소를 제기할 수 있다.
③ 인용판결	인용판결이란 원고의 청구가 이유 있음을 인정하여 처분 등의 취소·변경을 행하는 판결이다. 성질상 취소소송의 인용판결은 형성판결이다. 인용판결은 청구 대상에 따라 처분의 취소판결과 변경판결, 재결의 취소판결과 변경판결이 있고, 무효선언으로서의 취소판결이 있다.
④ 기각판결	기각판결이란 원고의 청구를 배척하는 판결이다. 원고의 청구에 합리적 이유가 없으므로 기각하는 판결과 원고의 청구에 이유가 있으나 배척하는 사정판결이 있다.
⑤-1. 사정판결	사정판결이란 원고의 청구가 이유 있음에도 처분 등을 취소하는 것이 현저히 공공복리에 적합하지 않다고 인정되는 경우 법원이 원고의 청구를 기각하는 판결이다. 사정판결은 법치주의의 예외로서 공공복리 유지를 위해 예외적으로 인정되는 만큼 그 적용은 극히 엄격한 요건 아래 제한적으로 하여야 한다.
⑤-2. 사정판결의 필요성	사정판결은 이익형량원칙에 입각하여 공익보호가 사익보호보다 중대하다고 판단될 때 공익을 사익에 우선시키는 제도로서 행정소송법상 대표적 공익조항이다. 사정판결을 인정하는 근거는 대체로 위법한 처분 등에 수반하여 형성되는 법률관계·사실관계 등 기성사실을 존중할 필요가 있기 때문이다. 기성사실 존중 요청을 우선적으로 하고, 원고의 구제는 별도로 손해를 배상하는 등으로 대처하려는 것이 제도의 취지이다.

출처 강정훈, 감평행정법, 박문각, 2020

취소소송의 위법과 국가배상의 위법 기판력이 미치는지 여부

1. 취소소송과 국가배상소송의 위법성 판단의 관계	취소소송판결의 국가배상소송에 대한 기판력은 국가배상법상의 위법과 항고소송의 위법의 이동에 좌우된다. 즉, 국가배상법상의 위법과 항고소송의 위법이 동일하다면 취소소송판결의 기판력은 국가배상소송에 미치고, 동일하지 않다면 취소소송판결의 기판력이 국가배상소송에 미치지 않는다고 보아야 한다.
2. 기판력의 의의 및 범위	기판력은 일단 재판이 확정된 때에는 소송당사자는 동일한 소송물에 대하여는 다시 소를 제기할 수 없고 설령 제기되어도 상대방은 기판사항이라는 항변을 할 수 있으며 법원도 일사부재리의 원칙에 따라 확정판결과 내용적으로 모순되는 판단을 하지 못하는 효력을 말한다. 일반적으로 기판력은 판결의 주문에 포함된 것에 한하여 인정된다.
3. 기판력 부정설	결과불법설 또는 상대적 위법성설에 따르는 경우에는 국가배상소송에서의 위법은 항고소송에서의 위법에 대하여 독자적인 개념이 된다. 따라서 취소소송 판결의 기판력이 당연히 국가배상소송에 미치게 되는 것은 아니라고 본다.
4. 인용판결과 기각판결 구별설	국가배상법상의 위법을 항고소송의 위법보다 넓은 개념(광의의 행위위법설)으로 본다면 취소소송판결 중 인용판결의 기판력은 국가배상소송에 미치지만 기각판결의 기판력은 국가배상소송에 미치지 않는다.
5. 기판력 긍정설	협의의 행위위법설을 따르는 경우에는 국가배상법상의 위법성을 항고소송에서의 위법과 달리 볼 아무런 근거가 없고, 따라서 취소소송 판결의 기판력은 당연히 국가배상소송에 미친다고 본다.
6. 기판력이 미치는지 여부 (검토-개별적 판단설)	광의의 행위위법설을 따르는 경우에는 국가배상소송에서의 행위 자체의 위법이 문제된 경우에는 항고소송의 판결의 기판력이 당연히 미치지만, 공무원의 직무상 손해방지의무 위반으로서의 위법, 즉 행위의 태양의 위법이 문제되는 경우에는 항고소송상의 위법과 판단의 대상과 내용을 달리 하므로 항고소송판결의 기판력이 이 경우에는 미치지 않는다.
7. 국가배상소송의 기판력이 발생한 후의 취소소송	국가배상청구소송의 기판력은 취소소송에 영향을 미치지 아니한다. 왜냐하면 국가배상청구소송은 국가배상청구권의 존부를 소송물로 한 것이지 위법 여부를 소송물로 한 것은 아니기 때문이다. 국가배상소송에 있어서의 위법성의 판단은 판결이유 중의 판단이고, 판결이유 중의 판단에는 기판력이 미치지 않기 때문이다.

출처 박균성, 행정법 강의, 박영사, 2020년, 강정훈, 감평행정법, 박문각, 2020년, 홍정선, 신행정법특강, 박영사, 2020

판결의 효력(기판력, 형성력, 기속력 등)

기판력 – 법규기출	기판력이란 판결이 확정되면 후소에서 동일한 사항이 문제되는 경우 당사자와 이들 승계인은 전소의 판결에 반하는 주장을 할 수 없고, 법원도 그에 반하는 판결을 할 수 없는 구속력이다. 기판력은 재판 사이 모순을 방지하고 소송절차의 반복을 방지하여 법적 안정성을 도모하고자 함에 취지가 있다. 행정소송법상 명문 규정은 없다. 행정소송법 제8조 제2항에 따라 민사소송법 제216조와 제218조가 준용된다. 기판력이 발생하면 당사자는 동일한 소송물을 대상으로 다시 소를 제기할 수 없고, 후소에서 당사자는 전소의 확정판결의 내용에 반하는 주장을 할 수 없을 뿐만 아니라, 법원은 전소의 판결에 반하는 판단을 할 수 없다.
형성력 – 법규기출	형성력이란 취소판결이 확정되면 행정청의 의사표시 없이도 당연히 행정상 법률관계의 발생·변경·소멸 즉 형성의 효과를 가져오는 효력이다. 행정소송법은 명시적 규정을 두진 않았으나, 행정소송법 제29조 제1항 내용에 비추어 취소판결의 형성력을 인정할 수 있다. 취소판결의 형성력은 형성효, 소급효 및 대세효로 이루어진다. 즉 취소판결은 계쟁처분의 효력을 소급적으로 상실시키며 제3자에 대하여도 효력이 있다. (1) **형성효** 형성효란 계쟁처분의 효력을 상실(배제)시키는 효력을 말한다. (2) **소급효** 소급효란 취소판결의 취소의 효과는 처분시에 소급하는 효력을 말한다. 일반적 견해는 취소판결은 항상 소급효를 갖는다고 본다. 그러나 취소판결의 소급효가 법치주의의 내용을 이루는 법적 안정성을 침해하는 경우에는 예외적으로 소급효가 제한될 수도 있다고 보는 것이 타당하다. 소급효가 미치는 결과 취소된 처분을 전제로 형성된 법률관계는 모두 효력을 상실한다. (3) **제3자효(대세적 효력, 대세효)** 취소판결의 취소의 효력(형성효 및 소급효)은 소송에 관여하지 않은 제3자에 대항에도 미치는데 이를 취소의 대세적 효력(대세효)라 한다. 행정소송법 제29조 제1항은 이를 명문으로 규정하고 있다. 승소한 자의 권리를 확실히 보호하는 취지가 있다.
기속력 – 법규기출	기속력은 처분 등을 취소하는 확정판결에서 당사자인 행정청과 관계 행정청에게 판결의 취지에 따라야 할 실체법상 의무를 발생시키는 효력이다(행정소송법 제30조 제1항). 기속력은 인용판결에만 미친다.

출처 강정훈, 감평행정법, 박문각, 2020

취소소송에서의 위법과 국가배상에서의 위법 기판력 쟁점

① 취소소송에서의 위법성 개념	취소소송에서는 위법성의 개념을 공권력 행사가 규범에 적합한지 여부, 즉 법규위반을 위법으로 본다. 즉, 행정위법설을 취하고 있다.
② 국가배상청구소송에서의 위법성 개념	국가배상은 위법이 있는 경우 그에 대한 손해전보수단이어야 하며, 취소소송의 본안판단에서 위법의 본질이 법규위반임을 고려할 때, 국가배상의 위법도 '법질서 위반'이라는 일관된 가치판단으로 보아야 하며, 특히 권리구제의 확대라는 측면에서 행위위법설 중 이원설이 타당하다.
③ 권리구제의 확대라는 측면에서 행위위법설 중 이원설이 타당	판례의 주류적 입장은 행위위법설 중 이원설의 입장이다. 다만, 객관적 정당성을 상실하였는지 여부는 피침해이익의 종류 및 성질, 침해행위가 되는 행정처분의 태양 및 원인, 행정처분의 발동에 대한 피해자측의 관여의 유무, 정도 및 손해의 정도 등 제반 사정을 종합하여 판단하여야 한다고 하여 상대적 위법성설을 취한 판결도 있다.
④ 업무정지처분취소소송의 위법성 판단과 국가배상청구소송의 위법성 판단의 관계	(1) 기판력 긍정설 취소소송에서 소송물을 위법성 일반으로 보며, 양 위법이 질적·양적으로 일치한다는 견해는 인용판결이든 기각판결이든 취소판결의 기판력은 국가배상청구소송에 영향을 미친다고 본다. (2) 기판력 부정설 국가배상의 위법을 결과불법설이나 상대적 위법성설, 직무의무위반설로 보는 견해는 국가배상청구소송의 위법의 본질을 법규위반으로 보지 않으므로 양 위법은 질적으로 다르기 때문에 취소판결의 기판력은 국가배상청구소송에 영향을 미치지 않는다고 한다. (3) 제한적 긍정설 행위위법설 중 이원설은 위법의 범위를 일원설의 법규위반뿐만 아니라 인권존중·권력남용금지·신의성실의 원칙 등 위반도 위법으로 취소소송의 위법보다 더 광의로 본다. 따라서 취소소송의 인용판결의 기판력은 국가배상청구소송에 영향을 미치지만, 기각판결은 영향을 미치지 않는다고 한다. (4) 검토 국가배상청구소송에서 위법의 본질은 행위위법설이 타당하나, 권리구제의 확대라는 측면에서 항고소송에서의 법규위반이라는 위법의 본질보다 더 넓게 보는 이원설이 타당하다. 따라서 제한적 긍정설이 타당하다.

출처 강정훈, 감평행정법, 박문각, 2020

무효등확인소송의 보충성

① 확인의 이익과 확인소송의 보충성 문제점	행정소송법 제35조의 '확인을 구할 법률상 이익'의 의미와 관련하여 무효등확인소송에서도 민사소송에서의 '확인의 이익(즉시확정의 이익)'이 요구되는지 그리고 무효등확인소송이 보충적으로 적용되는 것인지 문제된다.
② 학설의 태도	① 〈긍정설〉 행정소송법 제35조는 원고적격뿐만 아니라 권리보호필요성(협의소익)에 관한 의미도 가지고 있는 것이고, 따라서 민사소송에서 확인의 이익과 같이 무효등확인소송에서도 "즉시확정의 이익"이 필요하며, 다른 소송으로 구제되지 않을 때에만 보충적으로 이 소송이 인정된다고 한다. ② 〈부정설〉 무효등확인소송도 본질적으로 취소소송과 같이 처분을 다투는 항고소송이고, 우리는 일본과 달리 보충성 원칙 규정이 없으며, 무효등확인소송에서 취소판결의 기속력을 준용하므로 무효판결 자체만으로도 판결의 실효성 확보가 가능하여 민사소송에서와 같이 분쟁의 궁극적 해결을 위한 확인의 이익 여부를 논할 이유가 없다고 한다.
③ 대법원 판례	(1) **종전 판례** 종전 판례는 무효확인의 소에 있어서 법률상 이익은 원고의 권리 또는 법률상 지위에 현존하는 불안·위험이 있고, 그 불안·위험을 제거함에는 확인판결을 받는 것이 '가장 유효적절한 수단일 때' 인정된다고 하여 즉시확정의 이익이 요구된다고 하였다. (2) **변경 판례**(대판 2008.3.20, 2007두6342 전원합의체 판결[하수도원인자부담금부과처분취소]) 대법원은 행정소송은 민사소송과는 목적, 취지 및 기능 등을 달리하고, 행정소송법 제4조는 무효확인소송을 항고소송의 일정으로 규정하고 있으며, 행정소송법 제38조 제1항에서는 처분 등을 취소하는 확정판결의 기속력 및 행정청의 재처분 의무에 관한 행정소송법 제30조를 무효확인소송에도 준용하고 있으므로 무효확인판결 자체만으로도 실효성을 확보할 수 있다는 등의 이유로 무효확인소송의 보충성이 요구되지 않는다고 판례를 변경하였다.
④ 검토	무효등확인소송도 항고소송의 일종이고, 즉시확정의 이익 즉, 보충성을 요구하지 않는다고 하여 남소의 가능성이 큰 것도 아니며, 무효확인판결 자체만으로도 판결의 실효성 확보가 가능하므로 부정하는 입장이 타당하다.

출처 강정훈, 감평행정법, 박문각, 2020

취소소송과 무효등확인소송과의 관계

1. 병렬관계		취소소송과 무효등확인소송은 양립할 수 없다. 그러므로 처분 등에 불복하는 자는 바라는 목적을 가장 효과적으로 달성할 수 있는 항고소송의 종류를 선택할 수 있다.
2. 포섭관계	(1) 무효선언의미의 취소소송	무효인 처분을 취소소송으로 다투면 취소청구에는 엄밀한 의미의 취소뿐만 아니라 무효를 선언하는 의미의 취소를 구하는 취지가 포함되어 있다고 보아야 한다. 이러한 경우 취소소송의 요건을 구비하여야 한다. 요건 미비시에는 무효등확인소송으로 소의 변경을 해야 할 것이다. 당사자가 무효인 처분에 대하여 취소소송을 제기한다면 법원은 무효를 선언하는 의미의 취소판결을 하여야 한다.
	(2) 취소할 수 있는 처분을 무효등확인소송으로 다투는 경우	① 〈**소변경필요설, 다수설**〉 당사자가 처분의 취소를 구하는 것이 명백한 것이 아니라면 취소소송의 소송요건을 갖춘 경우는 법원은 석명권을 행사하여 취소소송으로 소변경을 한 후에 취소판결을 해야 한다. 소변경이 이루어지지 않는 경우는 행정행위의 공정력 때문에 무효확인판결을 내릴 수 없고, 처분권주의 때문에 취소판결을 내릴 수도 없으므로 청구기각판결이 내려질 것이다. ② 〈**취소판결설**〉 무효확인청구에는 취소를 구하는 청구가 포함되어 있으므로 취소소송의 소송요건을 갖춘 경우 취소판결을 할 수 있다는 견해도 있다.
3. 대법원 판례		과세처분의 하자가 중대하고 명백하여 당연무효에 해당하는 여부를 당사자로서는 현실적으로 판단하기 어렵다거나, 당사자에게 처음부터 과세처분의 취소소송과 부당이득반환청구소송을 동시에 제기할 것을 기대할 수 없다고 하여도 이러한 사유는 법률상 장애사유가 아니라 사실상의 장애사유에 지나지 않는다. 과세처분의 취소를 구하였으나 재판과정에서 그 과세처분이 무효로 밝혀졌다고 하여도 그 과세처분은 처음부터 무효이고 무효선언으로서의 취소판결이 확정됨으로써 비로소 무효로 되는 것은 아니므로 오납 시부터 그 반환청구권의 소멸시효가 진행한다(대판 1992.3.31, 91다32053 전원합의체 판결[부당이득금]).

출처 강정훈, 감평행정법, 박문각, 2020

부작위위법확인소송

① 의의 및 취지	부작위위법확인소송이란 행정청이 당사자의 신청에 대해 상당한 기간 내에 일정한 처분을 해야 할 법률상 의무가 있음에도 불구하고 이를 행하지 않는 경우 그 부작위가 위법하다는 확인을 구하는 소송이다(행정소송법 제4조 제3호). 행정청의 부작위 내지 무응답이라는 소극적 위법상태 제거를 목적으로 하는 것이고, 나아가 판결의 구속력에 따라 행정청에게 처분 등을 하게 하고, 다시 당해 처분 등에 대하여 불복이 있는 때 그 처분 등을 다투게 함으로써 최종적으로 국민의 권리를 보호하려는 제도이다.
② 한계	현행 부작위위법확인소송의 판결은 부작위가 위법함을 확인하고 아울러 작위의무가 있음을 확인하는 판결로서 권리보호가 우회적이고 간접적이다. 의무이행소송의 도입을 통해 국민의 권리보호에 만전을 기해야 할 것이다.
③ 무효등확인소송과의 차이점	소송요건으로 부작위가 존재하고, 관할법원에, 원고가 피고를 상대로, 경우에 따라서는 일정한 기간 내에, 소장을 제출하여야 하고, 경우에 따라서는 행정심판전치를 거쳐야 하고, 원고에게는 부작위위법확인을 구할 이익(권리보호필요)이 있어야 한다. 부작위위법확인소송은 무효등확인소송과 달리 제소기간의 적용가능성이 있고, 행정심판전치의 적용가능성도 있다.
④ 부작위의 존재	부작위란 행정청이 당사자의 신청에 대하여 상당한 기간 내에 일정한 처분을 하여야 할 법률상 의무가 있음에도 불구하고 이를 하지 아니하는 것을 말한다(행정소송법 제2조 제1항 제2호).
⑤ 대법원 판례	(주미대사 이홍구가 직을 계속 보유하게 하여서는 아니 된다는 원고 이신범의 요구에 외교통상부장관이 무대응을 하자 이에 이신범이 제기한 부작위위법확인의 소에서) 행정소송법 제4조 제3호가 부작위위법확인의 소는 처분의 신청을 한 자로서 부작위가 위법하다는 확인을 구할 법률상 이익이 있는 자만이 제기할 수 있는 것이므로, 당사자가 행정청에 대하여 어떠한 행정처분을 하여 줄 것을 요청할 수 있는 법규상 또는 조리상의 권리를 갖고 있지 아니하거나 부작위의 위법확인을 구할 법률상의 이익이 없는 경우 항고소송의 대상이 되는 <u>위법한 부작위가 있다고 볼 수 없거나 원고적격이 없어 그 부작위위법확인의 소는 부적법하다</u>(대판 2000.2.25, 99두11455).

출처 강정훈, 감평행정법, 박문각, 2020

당사자소송(특히 형식적 당사자소송 - 보상금증감청구소송)

① 의의 및 종류	당사자소송이란 행정청의 처분 등을 원인으로 하는 법률관계에 관한 소송, 그 밖에 공법상의 법률관계에 관한 소송으로서 그 법률관계의 한쪽 당사자를 피고로 하는 소송을 말한다(행정소송법 제3조 제2호). 실질적 당사자소송은 대등한 당사자 사이의 공법상 권리관계에 관한 소송으로서 통상의 당사자소송이 이에 해당한다(예 공법상 계약의 불이행 시 제기하는 소송, 공법상 지위 · 신분확인을 구하는 소송, 공법상 결과제거청구소송). 이외 형식적 당사자소송이 있다.
② 형식적 당사자소송	① 의의 : 형식적 당사자소송이란 실질적으로 행정청의 처분 등을 다투는 것인데, 형식적으로는 처분 등의 효력을 다투지도 않고, 처분청을 피고로 하지도 않으면서 처분 등으로 인해 형성된 법률관계를 다투기 위해 법률관계의 일방당사자를 피고로 하여 제기하는 소송이다. ② 인정 근거 : 형식적 당사자소송은 분쟁의 대상이 되는 사항에 처분청이 관여하는 것이 별다른 의미가 없는 문제인 경우 이해당사자로 하여금 분쟁을 해결하도록 하는 것이 합리적이라는 데에 근거한다. ③ 실정법상 예 : 「공익사업을 위한 토지 등의 취득 및 보상에 관한 법률」 제85조 제2항에서 규정된 보상금증감청구소송이 그 예이다. 보상금증감청구소송은 처분청인 토지수용위원회를 피고로 하지 않고 대등한 당사자인 토지소유자 또는 관계인과 사업시행자를 당사자로 하고 있어 형식적 관점에서 당사자소송이다. 그러나 처분청의 처분인 수용재결을 다투는 의미를 갖기 때문에 항고소송의 성질을 갖는다. 따라서 보상금증감청구소송을 형식적 당사자소송이라 부를 수 있다.
③ 형식적 당사자소송의 일반적 인정가능성	① 〈긍정설〉 행정소송법 제3조 제2호에 형식적 당사자소송이 포함되는 점, 공정력 있는 처분을 그대로 둔 채 처분을 원인으로 하는 법률관계를 다투는 소송을 일반적으로 인정하더라도 공정력에 반하는 것은 아니라는 점을 근거로 긍정한다. ② 〈부정설〉 명문규정 없이는 행정소송법 규정만으로는 일반적으로 인정될 수 없고, 공정력 · 구성요건적 효력은 그대로 두고 그 결과로서 발생한 법률관계만을 형식적 당사자소송의 판결로서 변경시키는 것은 곤란하다는 점을 들어 부정한다.
④ 형식적 당사자소송인 보상금증감청구소송 – 법규기출	잔여지 수용청구권은 손실보상의 일환으로 토지소유자에게 부여되는 권리로서 그 요건을 구비한 때에는 잔여지를 수용하는 토지수용위원회의 재결이 없더라도 그 청구에 의하여 수용의 효과가 발생하는 형성권적 성질을 가지므로, 잔여지 수용청구를 받아들이지 않은 토지수용위원회의 재결에 대하여 토지소유자가 불복하여 제기하는 소송은 위 법 제85조 제2항에 규정되어 있는 '보상금의 증감에 관한 소송'에 해당하여 사업시행자를 피고로 하여야 한다(대판 2010.8.19, 2008두822 판결[토지수용이의재결처분취소등]).

출처 강정훈, 감평행정법, 박문각, 2020

✔ 행정소송법상 집행부정지원칙(행정소송법 제23조) - 기출강평에서 적극적, 소극적 요건으로 기술요

구분	내용
1. 적극적 요건	(1) 정지대상인 처분 등이 존재할 것 행정소송법상 집행정지는 종전의 상태, 즉 원상을 회복하여 유지시키는 소극적인 것이므로 침해적 처분을 대상으로 한다.
	(2) 적법한 본안소송이 계속 중일 것 행정소송법상의 집행정지는 민사소송에서의 가처분과는 달리 적법한 본안소송이 계속 중일 것을 요하며, 계속된 본안소송은 소송요건을 갖춘 적법한 것이어야 한다.
	(3) 회복하기 어려운 손해 판례는 금전보상이 불가능하거나 사회통념상 참고 견디기가 현저히 곤란한 유・무형의 손해와 중대한 경영상의 위기를(아람마트 사건) 회복하기 어려운 손해로 보고 있다. 이에 대한 소명책임은 신청인에게 있다.
	(4) 긴급한 필요의 존재 회복하기 어려운 손해의 발생이 절박하여 손해를 회피하기 위하여 본안판결을 기다릴 여유가 없을 것을 말한다(93두79).
2. 소극적 요건	(5) 공공복리에 중대한 영향이 없을 것 처분의 집행에 의해 신청인이 입을 손해와 집행정지에 의해 영향을 받을 공공복리 간 이익형량을 하여 공공복리에 중대한 영향을 미칠 우려가 없어야 한다(99무42).
	(6) 본안청구가 이유 없음이 명백하지 아니할 것 집행정지는 인용판결의 실효성을 확보하기 위하여 인정되는 것이며 행정의 원활한 수행을 보장하며 집행정지신청의 남용을 방지할 필요도 있으므로 본안청구가 이유 없음이 명백하지 아니할 것을 집행정지의 소극적 요건으로 하는 것이 타당하다는 것이 일반적 견해이며 판례도 이러한 입장을 취하고 있다(92두30).

출처 박균성, 행정법 강의, 박영사, 2020년, 강정훈, 감평행정법, 박문각, 2020년, 홍정선, 신행정법특강, 박영사, 2020

집행정지 - 집행정지 신청요건 - 계/처/거/손/긴/공/본 - 거부처분 논란 있음

1. 집행부정지원칙 의의 및 근거	집행부정지원칙은 취소소송의 제기는 처분 등의 효력이나 그 집행 또는 절차의 속행에 영향을 주지 아니함을 말한다. 단, 처분이 진행되는 등의 사정으로 회복되기 어려운 손해가 발생할 경우 예외적으로 집행정지를 인정한다(행정소송법 제23조 제1항 및 제2항).
2. 집행정지 신청요건 – 계/처/거/손/긴/공/본 – 거부처분에 대해서는 집행정지 논란 있음	(1) 적극적 요건 ① **정지대상인 처분 등이 존재할 것** : 행정소송법상 집행정지는 종전의 상태, 즉 원상을 회복하여 유지시키는 소극적인 것이므로 침해적 처분을 대상으로 한다. ② **적법한 본안소송이 계속 중일 것** : 행정소송법상의 집행정지는 민사소송에서의 가처분과는 달리 적법한 본안소송이 계속 중일 것을 요하며, 계속된 본안소송은 소송요건을 갖춘 적법한 것이어야 한다. ③ **회복하기 어려운 손해** : 판례는 금전보상이 불가능하거나 사회통념상 참고 견디기가 현저히 곤란한 유·무형의 손해(적소는 요건 아님)와 중대한 경영상의 위기를(아람마트사건) 회복하기 어려운 손해로 보고 있다. 이에 대한 소명책임은 신청인에게 있다. ④ **긴급한 필요의 존재** : 회복하기 어려운 손해의 발생이 절박하여 손해를 회피하기 위하여 본안판결을 기다릴 여유가 없을 것을 말한다(93두79).
	(2) 소극적 요건 ① **공공복리에 중대한 영향이 없을 것** : 처분의 집행에 의해 신청인이 입을 손해와 집행정지에 의해 영향을 받을 공공복리 간 이익형량을 하여 공공복리에 중대한 영향을 미칠 우려가 없어야 한다(99무42). ② **본안청구가 이유 없음이 명백하지 아니할 것** : 집행정지는 인용판결의 실효성을 확보하기 위하여 인정되는 것이며 행정의 원활한 수행을 보장하며 집행정지신청의 남용을 방지할 필요도 있으므로 본안청구가 이유 없음이 명백하지 아니할 것을 집행정지의 소극적 요건으로 하는 것이 타당하다는 것이 일반적 견해이며 판례도 이러한 입장을 취하고 있다(92두30).

출처 강정훈, 감평행정법, 박문각, 2020

PART

05

A급 빈출 기출문제

행정법의 일반원칙, 계획재량, 계획보장청구권(제24회 1번)

24회 **01**

甲은 S시에 600m^2의 토지를 소유하고 있다. S시장 乙은 2002년 5월 「국토의 계획 및 이용에 관한 법률」에 의거하여 수립한 도시관리계획으로 甲의 토지가 포함된 일대에 대하여 공원구역으로 지정하였다가 2006년 5월 민원에 따라 甲의 토지를 주거지역으로 변경지정하였다. 乙은 2010년 3월 정부의 녹색도시조성 시책에 부응하여 도시근린공원을 조성하고자 甲의 토지에 대하여 녹지지역으로 재지정하였다. 다음 물음에 답하시오.

甲은 乙이 2010년 3월 그의 토지에 대하여 녹지지역으로 재지정한 것은 신뢰보호의 원칙에 위배될 뿐만 아니라 해당 토지 일대의 이용상황을 고려하지 아니한 결정이었다고 주장하며, 녹지지역 지정을 해제할 것을 요구하고자 한다. 甲의 주장이 법적으로 관철될 수 있는가에 대하여 논하시오. **20점**

[출제위원 채점평]

녹지지정의 해제는 도시관리계획이라는 수단을 통하여 행하여야 하기 때문에 녹지지정의 해제청구는 도시계획의 변경신청 또는 변경청구를 의미하는 점을 서술하여야 한다. 행정계획의 변경신청 가능성과 행정계획변경청구권의 인정 여부를 묻는 문제로 난이도가 그리 높지 않은 문제라 할 수 있다. 그러나 상당수의 수험생들이 문제의 취지나 출제의도를 정확하게 파악하지 못하여 녹지지역재지정처분의 취소청구소송으로 이해하여 답안을 작성하였기 때문에 중요한 논점을 언급하지 못하였다. 이는 모두 행정법의 기초지식과 기본 법리에 대한 이해부족을 단적으로 드러낸 것이라 할 수 있는 만큼, 보다 성의 있고 내실 있는 기본기 확립이 필요할 것으로 보인다.

1. 논점의 정리

본 사안에서 甲의 녹지지역 지정의 해제요구는 도시관리계획의 변경신청 및 변경청구를 의미하므로 甲에게 이러한 신청권이 인정되는지가 쟁점이다. 甲의 주장대로 녹지지역의 재지정이 신뢰보호원칙에 반하는지 여부를 요건을 통해 검토한 후 계획재량권 행사의 정당성을 살펴보고, 甲에게 계획보장청구권이 인정될 수 있는지를 고찰해 보고자 한다.

2. 甲토지 녹지지역 지정의 신뢰보호원칙 위반 여부

(1) 녹지지역 지정행위의 의의 및 법적 성질

녹지지역은 도시관리계획으로 결정・고시된 지역을 말하며, 용도지역 지정행위나 변경행위는 전문적・기술적 판단에 기초하여 행하여지는 일종의 행정계획을 말한다.

(2) 신뢰보호원칙의 의의 및 요건 검토

1) 신뢰보호원칙의 의의 및 근거

신뢰보호의 원칙이란 행정기관의 어떠한 적극적 또는 소극적 언동에 대하여 국민이 신뢰를 갖고 행위를 한 경우 국민의 신뢰가 보호가치 있는 경우에 그 신뢰를 보호하여 주어야 한다는 원칙을 말한다. 행정절차법 제4조 제2항 및 국세법 제18조 제3항에 근거를 둔다. 신뢰보호원칙에 반하는 행정권 행사는 위법하다고 할 것이다.

2) 신뢰보호의 원칙 요건

신뢰보호의 원칙이 적용되기 위해서는 ① 행정청이 개인에 대하여 신뢰의 대상이 되는 공적인 견해표명이 있을 것, ② 행정청의 견해표명이 정당하다고 신뢰한 데에 대하여 그 개인에게 귀책사유가 없을 것, ③ 개인이 그 견해표명을 신뢰하고 이에 어떠한 행위를 하였을 것, ④ 행정청이 위 견해표명에 반하는 처분을 함으로써 개인의 이익이 침해되는 결과가 있을 것을 요건으로 한다.

3) 한계(공익과 형량)

신뢰보호의 원칙은 법적 안정성을 위한 것이지만 행정의 법률적합성의 원리와 충돌된다. 따라서 법적 안정성(사익보호)과 법률적합성(공익상 요청)을 비교형량해야 한다.

(3) 소결

甲의 토지를 주거지역으로 변경지정한 행위를 공적 견해표명으로 볼 수 있는지가 문제되는데 판례는 행정청이 용도지역을 결정한 것만으로는 결정 후 토지의 소유권을 취득한 자에게 용도지역을 종래와 같이 유지하거나 변경하지 않겠다는 취지의 공적인 견해표명을 한 것이라고 볼 수 없다고 판시하였다. 판례의 태도에 따라 신뢰보호의 요건은 충족되지 않는다고 판단된다.

3. 甲토지의 녹지지역 재지정과 계획재량의 하자

(1) 계획재량의 의의

행정계획을 수립, 변경함에 있어 계획청에 인정되는 재량을 말한다. 계획재량은 행정목표의 설정이나 행정목표를 효과적으로 달성할 수 있는 수단의 선택 및 조정에 있어서 인정된다.

(2) 형량명령의 의의 및 형량하자

1) 의의

형량명령이란 행정계획 수립 시 관련된 이익을 정당하게 형량하여야 한다는 원칙을 말한다.

2) 형량하자

판례는 행정주체가 행정계획을 입안·결정함에 있어서 이익형량을 전혀 행사하지 아니하거나 이익형량의 고려대상에 마땅히 포함시켜야 할 사항을 누락한 경우 또는 이익형량을 하였으나 정당성과 객관성이 결여된 경우에는 그 행정계획 결정은 형량에 하자가 있어서 위법하게 된다고 판시한 바 있다.

(3) 소결

사안에서는 별도의 이익 형량에 사실관계가 존재하지 않는 바 판례의 태도에 따라 판단함이 타당하다고 해석된다.

4. 甲에게 계획보장청구권이 인정되는지 여부

(1) 계획보장청구권의 의의 및 근거

행정계획에 대한 이해관계인의 신뢰보호를 위해 이해관계인에게 인정되는 행정주체에 대한 권리를 총칭하여 계획보장청구권이라고 한다. 법령의 규정이 있는 경우 법령에 근거할 수 있을 것이며, 이론적 근거로는 계약의 법리, 법적 안정성, 신뢰보호의 원칙, 재산권 보장 등이 있다.

(2) 계획보장청구권의 인정요건

계획보장청구권은 개인적 공권의 일종으로 ① 공법상 법규가 국가 또는 그 밖의 행정주체에 행정 의무를 부과할 것, ② 관련법규가 공익실현을 목표로 하는 것이 아니라 적어도 개인의 이익의 만족도에도 기여하도록 정해질 것이 요구된다.

(3) 소결

사안에서 녹지지역 제정을 입안·결정하는 것은 행정청의 의무로 판단되나 사익을 위하는 취지의 규정을 찾아볼 수 없고, 도시관리계획은 사익을 위한 것으로 보기는 어렵다고 판단된다. 따라서 甲에게는 계획보장청구권이 인정되지 않는다고 판단된다.

5. 사안의 해결

행정청이 자연녹지지역으로 결정한 것만으로 유지하거나 변경하지 않겠다는 취지의 공적인 견해표명을 한 것이라고 볼 수 없는 바, 신뢰보호의 요건은 충족되지 않는다고 보인다. 또한 사안에서는 별도의 이익 형량에 사실관계가 존재하지 아니하므로 판단이 어려우며, 도시관리계획이 사익 추구 취지의 규정을 찾아볼 수 없고, 사익을 위한 것으로 보기 어려운 바 甲에게 계획보장청구권이 인정되지 않는다고 판단된다.

법규명령형식의 행정규칙, 협의의 소익 (제27회 4번)

27회 04

국토교통부장관은 감정평가업자 甲이 「감정평가 및 감정평가사에 관한 법률」(이하 '감정평가사법'이라 함) 제10조에 따른 업무 범위를 위반하여 업무를 행하였다는 이유로 甲에게 3개월 업무정지처분을 하였다. 甲은 이러한 처분에 불복하여 취소소송을 제기하였으나 소송계속 중 3개월의 정지기간이 경과되었다. 감정평가사법 제32조 제5항에 근거하여 제정된 감정평가사법 시행령 제29조 [별표 3] '감정평가업자의 설립인가의 취소와 업무의 정지에 관한 기준'에 따르면, 위 위반행위의 경우 위반횟수에 따라 가중처분을 하도록 규정하고 있다 (1차 위반 시 업무정지 3개월, 2차 위반 시 업무정지 6개월, 3차 위반 시 업무정지 1년). 甲은 업무정지처분의 취소를 구할 법률상 이익이 있는가? 10점

[출제위원 채점평]

이 문제는 영업정지처분의 정지 기간이 도과된 후에 취소를 구할 법률상 이익이 인정되는지 여부를 묻는 문제이다. 행정소송법 제12조 후단을 언급하면서 협의의 소의 이익에 관한 대법원 판례의 태도를 기술하면 무난하다고 본다. 제재적 처분 기준의 법적 성질을 법령보충적 행정규칙으로 잘못 이해하고 작성한 부실한 답안도 있었다. 그러나, 제재적 처분 기준을 대통령령의 형식으로 명확히 알고 있는 전제에서 제재적 처분의 전력이 장래의 행정처분의 가중요건으로 법령에 규정되어 있는 경우에 협의의 소의 이익이 인정된다고 서술하는 답안 기술이 요망된다.

Ⅰ. 논점의 정리(감정평가 및 감정평가사에 관한 법률 – 이하 감정평가사법)

사안은 3개월의 업무정지처분의 기간경과로 처분의 효력이 소멸되었음에도 불구하고 해당 업무정지처분을 다툴 수 있는지 협의의 소익이 쟁점으로 이하 관련판례를 중심으로 검토한다.

Ⅱ. 감정평가사법 시행령 제29조 [별표 3]의 법적 성질

1. 개설

감정평가사법 시행령 제29조 [별표 3]은 형식은 대통령령 형식이나, 실질은 행정규칙 성질로 대외적 구속력 여부가 문제된다.

2. 학설 및 판례

학설은 법규명령설, 행정규칙설, 수권여부기준설 등이 대립하며, 판례는 제재적 행정처분의 가중사유나 전제요건에 관한 규정에 대해 법규명령인지 여부와 무관하게 대외적 구속력을 인정한바 있다(2003두1684).

3. 검토

감정평가사법 시행령 제29조 [별표 3]은 대통령령 형식으로 위임규정이 있고, 그 내용도 상위법과 결합하여 법규적 내용을 구성하는바 대외적 구속력을 인정함이 타당하다고 판단된다.

Ⅲ. 甲은 업무정지처분의 취소를 구할 법률상 이익이 있는지

1. 협의의 소익(권리보호의 필요)의 의의 및 취지

협의의 소익이란 구체적 사안에서 본안판단을 행할 현실적 필요를 말하는 것으로, 이는 남소방지와 재판청구권보장 사이의 조화문제이다.

2. 관련판례 검토 – 2003두1684

판례는 “규칙이 정한 바에 따라 선행처분을 받은 상대방이 그 처분의 존재로 인해 장래 받을 불이익, 즉 후행처분의 위험은 구체적이고 현실적인 것이므로, 상대방에게는 선행처분을 다툴 필요가 있다."라고 판시하여 처분의 효력이 기간경과로 소멸한 경우에도 협의의 소익을 인정한바 있다.

Ⅳ. 사례의 해결

사안의 甲은 3개월의 업무정지처분의 기간경과로 처분의 효력이 소멸된 경우라도 대외적 구속력이 인정되는 시행령 제29조 [별표 3]에 따라 장래 받을 후행처분의 위험은 현실적·구체적인 것으로 국민의 재판청구권을 보장한 헌법의 취지와 효과적인 권리구제를 목적으로 하는 행정소송법의 목적 등에 비추어 선행처분을 다툴 법률상 이익이 있다고 판단된다.

Chapter 03

행정행위의 부관, 행정상 손실보상 (제20회 2번)

20회 02

甲은 하천부지에 임시창고를 설치하기 위하여 관할청에 하천점용허가를 신청하였다. 이에 관할청은 허가기간 만료 시에 위 창고건물을 철거하여 원상복구할 것을 조건으로 이를 허가하였다. 다음 물음에 답하시오. 30점

(1) **甲은 위 조건에 대하여 취소소송으로 다툴 수 있는지 검토하시오.** 20점

(2) **甲은 창고건물 철거에 따른 손실보상을 청구할 수 있는지 검토하시오.** 10점

Ⅰ. 논점의 정리

물음 (1)에서 하천점용허가에 붙은 조건이 부관인지, 부관이라면 부담인지 조건인지가 문제된다. 또한 해당 조건을 대상으로 하여 취소소송을 제기할 수 있는지 문제된다. 물음 (2)에서 甲에게 손실보상청구권이 인정되는지와 관련해 손실보상요건 중 특별한 희생의 판단이 쟁점이 된다.

Ⅱ. 물음 (1)

1. 원상복구조건의 법적 성질

(1) 부관

부관이란 행정행위의 효과를 제한하거나 특별한 의무를 부과하기 위하여 주된 행정행위에 부가되는 종된 규율을 말한다. 행정의 탄력성을 보장하고, 법의 불비를 보충할 수 있으나 지나치면 상대방의 법적 지위를 불안정

하게 한다. 사안에서 허가기간 만료 시 원상회복조건은 주된 행정행위인 하천점용허가에 부가된 종된 규율로서 부관에 해당한다.

(2) 부담인지, 조건인지 여부

만약 원상회복을 해제조건으로 본다면 허가기간 만료 시에 조건 불이행으로 하천점용허가가 효력을 상실한다 하여도 이미 허가받은 상대방은 허가기간 동안 하천점용의 수익을 누렸으므로 허가기간 만료 시에 허가 효력 상실은 행정 목적달성에 실익이 없다. 따라서 원상회복조건은 하천점용허가의 수익적 행정행위에 부가된 허가받은 자에게 허가기간 만료 시에 원상회복의 의무를 명하는 것이 행정청의 객관화된 의사로 보이므로 부담에 해당한다.

2. 원상복구조건에 대하여 취소소송으로 다툴 수 있는지 여부

(1) 위법한 부관을 다투는 쟁송형태

위법한 부관을 다투는 쟁송형태로 학설상 논의되고 있는 것은 부관 그 자체에 대해 소를 제기하고 부관만의 위법성을 소송물로 보고 심리하는 진정일부취소소송, 부관부 행정행위 전체를 소의 대상으로 하고 부관 자체의 위법만을 소송물로 보고 심리하는 부진정일부취소소송, 부관부 행정행위 전체를 소의 대상으로 하고 본안에서 부관부 행정행위 전체의 위법성을 소송물로 하는 전체 취소소송이 있다.

(2) 부관의 독립쟁송가능성

부담은 독립된 행정행위이므로 진정일부취소소송이 가능하며, 나머지 부관은 독립하여 처분이 될 수 없지만, 국민의 실효적 권리구제를 위하여 부진정일부취소소송으로 다툴 수 있게 하는 것이 타당하다고 사료된다.

(3) 사안의 경우

사안에서 원상회복조건은 부담에 해당하고, 부담은 독립된 행정행위이므로 부담만을 취소소송의 대상으로 하여 다툴 수 있다.

Ⅲ. 물음 (2)

1. 행정상 손실보상의 의의 및 요건

행정상 손실보상이란 공공필요에 의한 적법한 공권력의 행사로 인해 국민의 재산권에 가해진 특별한 희생에 대하여 사유재산권 보장과 공평부담의 견지에서 행정주체가 행하는 조절적 재산전보를 말한다. 요건은 공공필요, 적법한 공권력 행사로 인한 재산권에 대한 침해, 특별한 희생, 보상규정 존재가 된다. 사안에서는 하천이 공물이라는 점에서 원상회복은 공공필요가 있고 적법한 허가조건에 따른 철거라는 점과 창고건물은 甲의 재산권이라는 것에는 문제가 없는바, 창고건물철거에 따른 甲의 손실이 특별한 희생에 해당하는지가 쟁점이 된다.

2. 특별한 희생의 발생 여부

甲은 자신이 설치하여 사용할 임시창고에 대해 허가기간 만료 시 자진 철거를 통한 원상회복을 조건으로 하천점용허가를 받았다. 따라서 원상회복을 관할청에 약속한 바와 같다. 따라서 허가기간 만료 시 해당 건물의 철거에 따라 발생한 손실은 보호가치가 있다거나 수인의 한도를 넘는 정도가 아니라고 보이므로 특별한 희생에 해당하지 않는다.

3. 소결

甲의 건물철거에 따른 손실은 특별한 희생이 아니므로, 해당 손실에 대하여 손실보상청구를 할 수는 없다.

Ⅳ. 문제의 해결

하천점용허가 시 원상회복조건은 강학상 부관으로 부관의 종류 중 부담에 해당한다. 부담은 독립된 행정행위이므로 부담만을 소의 대상으로 하여 취소소송을 제기할 수 있다. 물음 (2)에서 甲이 입은 건물철거에 따른 손실은 특별한 희생이 아니므로 해당 손실에 대해 손실보상을 청구할 수는 없다.

Chapter 04 하자의 승계, 사업인정(제27회 3번)

27회 03

국방부장관은 국방 · 군사에 관한 사업을 위하여 국토교통부장관으로부터 甲 소유의 토지를 포함한 200필지의 토지 600,000m^{2}에 관하여 「공익사업을 위한 토지 등의 취득 및 보상에 관한 법률」 제20조에 따른 사업인정을 받았다. 그러나 국토교통부장관은 사업인정을 하면서 동법 제21조에 규정된 이해관계인의 의견을 청취하는 절차를 거치지 않았다. 한편, 국방부장관은 甲과 손실보상 등에 관하여 협의하였으나 협의가 성립되지 않았다. 국방부장관은 재결을 신청하였고 중앙토지수용위원회는 수용재결을 하였다. 甲은 수용재결에 대한 취소소송에서 사업인정의 절차상 하자를 이유로 수용재결의 위법성을 주장할 수 있는가? (단, 국토교통부장관의 사업인정에 대한 취소소송의 제소기간은 도과하였음) 20점

[출제위원 채점평]

이 문제는 선행 행정행위인 사업인정에 대한 절차상 하자가 후행 행정행위인 수용재결에 승계되는지 여부에 관한 문제이다. 설문의 사실관계로부터 하자승계의 논점을 도출하는지 여부를 중점적으로 보았고, 하자승계에 관한 학설, 판례 등 기본 쟁점을 빠짐없이 골고루 서술하는 것이 중요하다.

Ⅰ. 논점의 정리(공익사업을 위한 토지 등의 취득 및 보상에 관한 법률 – 이하 토지보상법)

사안은 甲이 사업인정의 절차상 하자를 이유로 수용재결의 위법성을 주장할 수 있는지에 관한 것으로 사업인정과 수용재결의 하자승계 인정 여부가 그 쟁점이다.

Ⅱ. 사업인정과 수용재결

1. 사업인정

(1) 의의 및 법적 성질

사업인정이란 특정 공익사업이 토지보상법 제4조 각 호에 해당함을 확인하고 사업시행자에게 일정 절차의 이행을 조건으로 수용권을 설정하여 주는 것을 말하는 것으로, 이는 단순한 확인행위가 아니라 설권적 형성행위로서 처분성이 인정된다.

(2) 해당 사업인정의 위법성 및 그 정도

토지보상법 제21조에 의하면 국토교통부장관은 사업인정을 하려는 경우 이해관계인의 의견을 청취하여야 한다. 이는 법상 규정된 절차로 이와 같이 반드시 거쳐야 할 절차를 누락한 경우 이는 절차하자를 구성하여 위법하게 된다. 판례는 절차하자의 독자적 위법성을 인정하고 있으며 그 정도에 대하여 취소사유라고 보고 있다.

2. 수용재결

수용재결이란 공용수용 절차의 종국적 절차로서 수용목적물에 대해 사업시행자에게 보상금 지급·공탁을 조건으로 권리를 취득하게 하고, 피수용자에게는 권리를 상실시키는 것을 말한다. 이는 국민의 권리·의무에 직접 영향을 미치는 것으로 그 처분성이 인정된다.

Ⅲ. 사업인정과 수용재결의 하자승계 인정 여부

1. 하자승계의 의의, 취지 및 전제요건

하자승계란 행정행위가 일련의 단계를 거쳐 이루어지는 경우 불가쟁력이 발생한 선행행위의 위법을 이유로 적법한 후행행위 단계에서 다툴 수 있는가의 문제로, 이는 법률적합성(국민의 재판받을 권리)과 법률안정성(불가쟁력)의 조화문제이다. 하자승계는 ① 선·후행행위 모두 처분일 것, ② 선행행위의 불가쟁력 발생, ③ 선행행위의 위법이 단순 취소사유일 것, ④ 후행행위에 고유한 하자가 없을 것을 전제요건으로 한다.

2. 하자승계 인정 여부

(1) 학설 및 판례

① 〈전통적 하자승계론〉 선·후행행위가 동일한 법률효과를 목적으로 하는 경우 하자승계가 인정되며, 다른 법률효과를 목적으로 하는 경우 하자승계가 부정된다.

② 〈구속력이론〉 불가쟁력이 발생한 선행행위의 구속력이 후행행위에 미친다고 보며 그 한계로 시간적·대인적·대물적 한계와 추가적으로 예측가능성과 수인가능성을 들고 있다. 판례는 원칙적으로 전통적 하자승계론의 입장으로 보이나, 예외적으로 개별·구체적 사안에서 예측가능성과 수인가능성을 들어 하자승계를 인정하고 있다.

(2) 검토

개별·구체적 사안의 타당성을 기하기 위해 판례의 태도와 같이 선·후행행위의 법률효과 목적의 동일성 여부를 기준으로 예측가능성과 수인가능성을 고려함이 타당하다고 판단된다.

Ⅳ. 사례의 해결

사업인정과 수용재결은 별개의 법률효과를 목적으로 하는바 하자승계가 부정된다고 판단된다(판례동지). 사안에서 사업인정 후 협의가 불성립되었으나 더 이상 다투지 아니하여 사업인정에 불가쟁력이 발생한 이상 예측가능성과 수인가능성을 들어 하자승계를 인정하기는 어렵다고 판단된다. 따라서 사안의 경우 불가쟁력이 발생한 사업인정의 위법성을 이유로 수용재결의 위법성을 주장할 수는 없다고 판단된다.

Chapter

05 하자의 치유, 취소소송(제30회 1번)

30회 **01**

관할 A시장은 「부동산 가격공시에 관한 법률」에 따라 甲소유의 토지에 대해 공시기준일을 2018.1.1.로 한 개별공시지가를 2018.6.28. 결정·공시하고('당초 공시지가') 甲에게 개별 통지하였으나, 이는 토지가격비준표의 적용에 오류가 있는 것이었다. 이후 甲소유의 토지를 포함한 지역 일대에 개발 사업이 시행되면서 관련법에 의한 부담금 부과의 대상이 된 甲의 토지에 대해 A시장은 2018.8.3. 당초 공시지가에 근거하여 甲에게 부담금을 부과하였다. 한편 甲소유 토지에 대한 당초 공시지가에 이의가 있는 인근 주민 乙은 이의신청기간이 도과한 2018.8.10. A시장에게 이의를 신청하였고, A시장은 甲소유 토지에 대한 당초 공시지가를 결정할 때 토지가격비준표의 적용에 오류가 있었음을 이유로 「부동산 가격공시에 관한 법률」 제12조 및 같은 법 시행령 제23조 제1항에 따라 개별공시지가를 감액하는 정정을 하였고, 정정된 공시지가는 2018.9.7. 甲에게 통지되었다. 다음 물음에 답하시오. (아래 설문은 각각 별개의 독립된 상황임)

(1) 甲은 정정된 공시지가에 대해 2018.10.22. 취소소송을 제기하였다. 甲의 소송은 적법한가? 15점

(2) 만약, A시장이 당초 공시지가에 근거하여 甲에게 부담금을 부과한 것이 위법한 것이더라도, 이후 A시장이 토지가격비준표를 제대로 적용하여 정정한 개별공시지가가 당초 공시지가와 동일하게 산정되었다면, 甲에 대한 부담금 부과의 하자는 치유되는가? 15점

[출제위원 채점평]

본 문제는 토지가격비준표 적용 오류를 이유로 공시지가를 정정한 사례형 문제로 해결에 있어서는 사실관계를 정확히 분석하여 필요한 쟁점을 적절하게 찾아 서술

하는 것이 필요한데 상당수가 쟁점이 아닌 관련영역의 일반적인 쟁점에 대해 서술하는 경우가 많았습니다. 따라서 관련 법이론 및 체계에 대한 정확한 이해 및 법적인 문제해결 능력을 갖추기 위해서는 기본에 충실한 학습이 필요해 보입니다.
물음 1)은 정정된 공시지가에 대한 취소소송의 적법성을 묻고 있습니다. 공시지가가 정정된 경우 원처분과 정정처분 중 소의 대상으로서 처분성이 인정되는 공시지가가 무엇인가가 중요한 쟁점임에도 상당수의 답안이 공지지가의 처분성 일반을 언급하는 데 그치고 있는 경우가 많았습니다.
물음 2)는 하자의 치유에 관한 일반적 법리를 묻고 있는 것으로 상대적으로 다른 설문에 비해 쟁점파악이 용이한 편입니다. 다만 하자의 치유와 하자의 승계를 혼동하는 답안도 적지 않았습니다.

Ⅰ. 논점의 정리

해당 사안은 최근 사회적으로 문제가 되고 있는 개별공시지가의 쟁점에 대해 논의하고 있다. (설문 1)에서 부동산공시법상 정정된 개별공시지가에 대한 취소소송을 제기하면서 소제기의 적법성을 묻고 있다. (설문 2)에서는 甲에 대한 부담금 부과가 위법한 것이라도, 향후 A시장이 토지가격비준표를 제대로 적용하여 정정한 개별공시지가가 당초 공시지가와 동일한 경우 하자의 치유가능성을 판단하도록 한다.

Ⅱ. (설문 1) 甲의 취소소송의 적법성

1. 개별공시지가 개념 및 법적 성질

(1) 개별공시지가의 의의 및 취지(부동산공시법 제10조)

부동산공시법상 개별공시지가란 시장・군수・구청장이 세금 및 부담금의 부과 등에 활용하기 위하여 공시기준일 현재 개별토지의 단위면적당 적정가격을 공시한 것을 의미하며, 이는 과세부담의 효율성, 적정성 취지에서 인정된다.

(2) 법적 성질

개별공시지가의 법적 성질에 대해 ① 행정행위설, ② 행정규칙설, ③ 사실행위설이 대립한다. 판례는 과세의 기준이 되는 바 처분성이 있다고 판시하였다. 개별공시지가가 과세・부담금 산정의 근거가 되는 행정목적을 고려할 시 〈처분성을 인정〉하는 것이 타당하다.

2. 취소소송의 적법성 판단

(1) 대상적격 판단(행정소송법 제2조 제1호)

개별공시지가는 세금 및 부담금 산정의 근거가 되어 처분성이 인정된다. 사안의 경우 개별공시지가는 부담금 산정근거가 되었고, 판례에 따라 처분성이 인정되는 바 대상적격이 당연 인정된다.

(2) 법률상 이익 판단(행정소송법 제12조 전문)

행정소송법 제12조에 따라 취소소송은 취소를 구할 법률상 이익이 있는 자가 제기할 수 있다. 사안의 甲은 개별공시지가에 따라 부담금을 납부할 지위에 있는 자로, 이를 다툼으로써 재산권을 보호할 수 있다. 판례의 경우 개별공시지가는 공시기준일에 소급하여 효력을 발생한다고 판시하였다. 따라서 甲은 정정된 개별공시지가에 대해 다툴 법률상 이익이 존재한다.

(3) 제소기간 판단

1) 개별공시지가의 직권정정 개념(부동산공시법 제12조)

개별공시지가의 직권정정제도란 개별공시지가에 위산・오기 등 '명백한 오류'가 있는 경우 이를 직권으로 정정할 수 있는 제도로 부동산공시법 제12조에 근거하며, 개별공시지가의 적정성을 담보하기 위한 수단이다.

2) 개별공시지가 정정의 효과

개별공시지가가 정정된 경우 새로이 개별공시지가가 결정・공시된 것으로 본다. 단, 판례는 효력 발생시기에 대해 개별공시지가 산정에 명백한 잘못이 있어 경정 결정・공고될 시 당초 결정・공고된 개별공시지가는 효력을 상실하고, 새로운 개별지가가 공시기준일에 소급하여 효력을 발생한다고 한다. 또한 국민의 정정신청은 행정청의 직권발동을 촉구하는 것에 지나지 않아 거부가 항고소송의 대상이 되는 처분이 아니라고 판시하여 정정결정을 별도의 처분으로 보지 않고 있다.

3) 사안의 경우

행정소송법 제20조는 취소소송의 제소기간을 처분 등이 있음을 안 날로부터 90일 이내, 있은 날로부터 1년으로 규정한다. 사안의 경우 통지가 있었으므로 90일 이내 규정이 적용된다. 이때 정정된 공시지가는 기존 18.6.28.에 소급되어 효력이 발생하므로, 제소기간도 이 시점을 기준으로 기산한다. 따라서 소제기일인 18.10.22.은 '안 날'인 통지일로부터 90일이 초과된 바, 해당 취소소송은 〈각하〉될 것이다.

Ⅲ. (설문 2) 개발부담금 하자의 치유가능성

1. 하자치유의 의의 및 취지

하자치유란 성립 당시의 하자를 사후에 보완하여 행정행위의 효력을 유지하는 것을 의미한다. 이는 행정행위의 무용한 반복을 방지하여 행정능률성을 달성하기 위한 취지에서 인정된다.

2. 하자의 치유 인정가능성

하자치유의 인정 여부에 대해서는 ① 행정능률성 달성 취지에서 〈긍정하는 견해〉, ② 소송권리 · 신뢰보호 취지에서 〈부정하는 견해〉, ③ 국민의 공격방어권을 침해하지 않는 범위 내에서 행정능률성 취지에서 〈제한적 긍정설〉이 대립한다. 판례는 제한적 긍정설의 입장이며, 이는 국민의 공격방어권을 침해하지 않는 범위 내에서 제한적으로 인정되어 행정경제성을 달성하여야 할 것이다.

3. 하자의 치유 인정범위

판례는 하자치유의 인정범위에 대해 ① 행정행위의 위법이 취소사유이며, 절차 · 형식상 하자에 해당하는 경우 하자치유가 가능하다는 입장이다. 그러나 ② 위법이 무효사유이거나, 내용상 하자에 해당하는 경우 하자치유가 불가능하다고 판시하였다.

4. 하자의 치유 인정시기

하자치유의 인정시기에 대해서는 ① 소송제기 전, ② 쟁송제기 전, ③ 소송 종결 시 등 견해가 대립한다. 판례의 경우 "불복(쟁송) 여부 결정 및 불복신청에 편의를 주는 기간 내"에 가능하다고 판시한바, 쟁송제기 이전까지 하자 치유가 가능할 것으로 판단된다.

5. 사안의 경우

(1) 토지가격비준표 적용 오류의 하자 종류

개별공시지가 산정 절차에서는 토지가격비준표의 적용을 규정하고 있다. 사안의 경우 토지가격비준표 적용에 오류가 있었고, 이는 중대한 위반이나 일반인의 입장에서는 위법성이 명백하다 보기 어려운 〈취소사유의 하자〉를 구성한다. 이때, 개별공시지가 산정에서 토지가격비준표 적용 오류에 대해 판례는 내용상 하자에 해당한다는 입장을 취하고 있으므로, 사안의 개별공시지가는 〈내용상 하자〉에 해당한다고 판단된다.

(2) 소결(판례)

A시장이 정정한 개별공시지가가 당초와 동일하게 산정되었다고 하더라도, 해당 개별공시지가는 '내용상 하자'를 구성하고 있으므로 하자치유가 불가능하다. 따라서 甲에 대한 부담금 부과처분은 위법하므로, 甲은 부담금 부과처분 자체에 대한 불복을 통해 권리를 구제받을 수 있을 것이다. 판례의 경우도 하자치유를 인정하는 경우 납부자는 위법한 처분에 대한 가산금 납부의무를 부담하게 되는 등 불이익이 존재하는 바, 종전의 위법한 공시가결정과 내용이 동일하다는 사정만으로 위법한 개별공시지가에 기초한 개발부담금이 치유될 수 없다 판시하였다.

Chapter

06 행정절차, 처분사유 추가 · 변경 (제27회 1번)

27회 **01**

「공익사업을 위한 토지 등의 취득 및 보상에 관한 법률」(이하 '토지보상법'이라 함)의 적용을 받는 공익사업으로 인하여 甲은 사업시행자인 한국도시철도공단 乙에게 협의절차를 통해 자신이 거주하고 있던 주거용 건축물을 제공하여 생활의 근거를 상실하게 되었다고 주장하면서 토지보상법 제78조 제1항에 따른 이주대책의 수립을 신청하였다. 이에 대해 乙은 "위 공익사업은 선형사업으로서 철도건설에 꼭 필요한 최소한의 토지만 보상하므로 사실상 이주택지공급이 불가능하고 이주대책대상자 중 이주정착지에 이주를 희망하는 자의 가구수가 7호(戶)에 그치는 등 위 공익사업은 토지보상법 시행령 제40조 제2항에서 규정하고 있는 이주대책을 수립하여야 하는 사유에 해당되지 아니한다."는 이유를 들어 甲의 신청을 거부하였다. 다음 물음에 답하시오. 40점

(1) 乙이 甲에 대한 거부처분을 하기에 앞서 행정절차법상 사전통지와 이유제시를 하지 아니한 경우 그 거부처분은 위법한가? 20점

(2) 만약 甲이 거부처분 취소소송을 제기하였다면, 乙은 그 소송 계속 중에 처분의 적법성을 유지하기 위해 "甲은 주거용 건축물에 계약체결일까지 계속하여 거주하고 있지 아니하였을 뿐만 아니라 이주정착지로의 이주를 포기하고 이주정착금을 받은 자에 해당하므로 토지보상법 시행령 제40조 제2항에 따라 이주대책을 수립할 필요가 없다."는 사유를 추가 · 변경할 수 있는가? 20점

[출제위원 채점평]

물음 1)은 이주대책 수립 신청거부처분을 하기에 앞서 사전통지와 이유제시를 거치지 않은 경우 그 법적 효과를 묻는 문제이다. 불필요하게 이주대책에 대하여 장황하게 작성하거나 실체적 위법성을 기술한 논점 이탈의 답안보다는 거부처분의 절차적 하자에 초점을 맞추어 사전통지와 이유제시로 구분하여 학설과 판례를 정확히 언급할 필요가 있다. 물음 2)는 처분사유의 추가・변경의 허용성에 관한 문제로서, 이에 관한 판례와 학설을 적절히 언급하고, 허용범위 및 한계를 작성함과 아울러 기본적 사실관계의 동일성을 기준으로 사안 포섭을 제대로 하는 것이 중요하다.

Ⅰ. 논점의 정리(공익사업을 위한 토지 등의 취득 및 보상에 관한 법률 – 이하 토지보상법)

1. (설문 1)의 해결을 위해 거부처분에 앞서 사전통지와 이유제시 절차가 필수적 절차인지 검토하여 절차하자로서 위법성이 있는지와 절차하자의 독자적 위법성을 검토한다.

2. (설문 2)는 취소소송 계속 중에 처분사유 추가・변경 가능성이 쟁점으로 관련판례를 중심으로 검토한다.

Ⅱ. 설문 1에 대하여

1. 이주대책의 의의 및 취지

토지보상법상 이주대책이란 공익사업시행으로 주거용 건축물을 제공함에 따라 생활의 근거를 상실하는 자들에 대해 종전의 생활상태를 원상회복함과 동시에 인간다운 삶을 보장해주기 위한 생활보상의 일환으로 국가의 적극적 정책배려로 마련된 제도를 말한다.

2. 사전통지와 이유제시를 결한 경우 처분의 위법성

(1) 사전통지를 결한 경우

1) 사전통지의 의의 및 취지(행정절차법 제21조)

사전통지란 행정청이 불이익처분을 함에 앞서 처분에 관한 일정 사실을 미리 처분의 상대방에게 통지하는 것으로, 이는 행정절차의 참여보장, 처분의 자의성 방지 등에 취지가 있다.

2) 사전통지를 하지 않아도 되는 예외사유

① 공공의 안전 등을 위해 긴급한 필요가 있는 경우, ② 법령 등에서 일정 처분을 하여야 할 사실이 증명된 경우, ③ 처분의 성질상 의견청취가 현저히 곤란하거나 불필요한 경우에는 사전통지 절차를 하지 않을 수 있다.

3) 관련판례 검토

판례는 "행정청이 침해적 처분을 하면서 상대방에게 사전통지를 하지 아니하거나 의견제출의 기회를 주지 아니하였다면 사전통지를 하지 않아도 되는 예외사유에 해당하지 않는 한 그 처분은 위법하여 취소를 면할 수 없다."라고 판시한 바 있다.

(2) 이유제시를 결한 경우

1) 이유제시의 의의(행정절차법 제23조)

이유제시란 행정청이 처분을 함에 있어 처분의 근거와 이유를 제시하는 절차로 이유부기라고도 한다.

2) 이유제시를 하지 않아도 되는 예외사유

① 신청내용을 모두 그대로 인정하는 경우, ② 단순·반복적인 처분 또는 경미한 처분으로 당사자가 그 이유를 명백히 알 수 있는 경우, ③ 긴급한 처분을 할 필요가 있는 경우에는 이유제시를 하지 않을 수 있다.

3) 관련판례 검토

판례는 "행정청은 처분을 하는 때에는 원칙적으로 당사자에게 근거와 이유를 제시하여야 한다."고 판시하면서 이와 달리 이유제시를 하지 않아도 되는 예외사유에 해당하지 않는 한 이유제시 절차를 결한 처분은 위법하다고 보았다.

(3) 사전통지와 이유제시를 결한 경우 처분의 위법성

사안의 경우 이주대책 거부처분에 앞서 사전통지와 이유제시 절차는 처분의 상대방 보호를 위해 필수적 절차라고 판단되며 위와 같은 절차를 거치지 않아도 되는 예외사유에 해당한다고 볼 수 없다고 판단된다. 따라서 이러한 사전통지와 이유제시를 결한 처분은 절차하자를 구성하여 위법성이 인정된다고 판단된다. 이하 절차하자의 독자적 위법성 인정 여부에 대해 견해 대립이 있는바 학설과 판례를 검토한다.

1) 학설 및 판례

학설은 ① 〈적극설〉 행정절차법 제30조 제3항을 논거로 절차하자의 독자적 위법성을 긍정한다. ② 〈소극설〉 행정 및 소송경제 측면에서 절차하자의 독자적 위법성을 부정한다. ③ 〈절충설〉 기속행위와 재량행위를 구분하여 재량행위에 있어 절차하자의 독자적 위법성을 긍정한다. 판례는 기속행위와 재량행위의 구분 없이 절차하자의 독자적 위법성을 인정하고 있다.

2) 검토

행정소송법 제30조 제3항의 논거와 국민의 권익구제 측면에서 행정절차의 적법성 보장이 중시되는바, 절차하자의 독자적 위법성을 인정함이 타당하다고 판단된다.

Ⅲ. 설문 2에 대하여

1. 처분사유 추가・변경의 의의 및 취지

처분사유 추가・변경이란 취소소송 계속 중에 처분청이 당초 처분의 근거와 이유로 삼았던 사유 외에 새로운 처분사유를 추가・변경하는 것을 말하며, 처분의 적법성 보장에 취지가 있다.

2. 처분사유 추가 · 변경의 가능성

(1) 문제점

행정소송법에서 소송계속 중에 처분사유 추가 · 변경에 관한 명문의 규정이 없는바, 학설과 판례의 해석에 대한 검토가 요구된다.

(2) 학설

① 〈긍정설〉 행정 및 소송경제 측면에서 긍정하는 견해, ② 〈부정설〉 처분 상대방의 방어권 보장 및 행정절차 중시화 측면에서 부정하는 견해, ③ 〈제한적 긍정설〉 법률적합성 원칙상 원칙적으로 부정되나, 구체적 사안에 따라 제한적으로 긍정하는 견해 등이 대립한다.

(3) 판례 – "기본적 사실관계의 동일성"

1) 판례의 태도

판례는 "행정처분의 취소를 구하는 항고소송에서 처분청은 당초 처분의 근거로 삼은 사유와 기본적 사실관계에 있어서 동일성이 있다고 인정되는 한도 내에서는 다른 사유를 추가하거나 변경할 수 있다."라고 판시한 바 있다.

2) 기본적 사실관계의 동일성의 의미

판례는 "기본적 사실관계가 동일하다는 것은 처분사유를 법률적으로 평가하기 이전의 구체적인 사실에 착안하여 그 기초적인 사회적 사실관계가 기본적인 점에서 동일한 것을 말한다."라고 판시한 바 있다.

(4) 검토

법률적합성 측면과 상대방의 방어권 보장의 조화의 문제로서 상대방의 권익을 침해하지 않는 범위 내에서 판례의 태도에 따라 기본적 사실관계의 동일성(① 법률적 평가 이전 사회적 사실관계의 동일성, ② 시간적 · 장소적 근접성, ③ 행위의 태양 및 결과의 동일성)이 인정되는 경우 처분사유의 추가 · 변경이 가능하다고 봄이 타당하다고 판단된다.

3. 처분사유 추가 · 변경의 가능성(사례의 해결)

(1) 법률적 평가 이전 사회적 사실관계의 동일성 여부

사안에서 이주대책이라고 하는 동일한 소송물로 법률적 평가 이전 사회적 사실관계의 동일성이 인정된다고 판단된다.

(2) 시간적 · 장소적 근접성 및 행위의 태양 · 결과의 동일성 여부

해당 사안은 동일 소송물인 이주대책에 대한 사실심 변론종결 이전으로 시간적 · 장소적 근접성이 인정되며, 처분 당시 존재하였던 선형사업으로서의 한계와 토지보상법 시행령 제40조 제2항의 '부득이한 사유가 있는 경우'에는 이주대책대상자 중 이주정착지로의 이주를 희망하는 자의 가구수가 10호 미만으로 이주대책을 수립 · 실시할 필요가 없다는 의미도 내포하고 있다고 판단되는바 행위의 결과 · 태양의 동일성이 인정된다고 판단된다.

(3) 처분사유 추가 · 변경의 가능성

사안의 경우 검토한 바와 같이 기본적 사실관계의 동일성이 인정된다고 판단되는바 처분사유 추가 · 변경이 가능하다고 판단된다.

재개발조합설립인가와 원처분주의 · 재결주의(제25회 1번)

25회 01

S시의 시장 A는 K구의 D지역(주거지역)을 「도시 및 주거환경정비법」(이하 "도정법"이라 함)상 정비구역으로 지정 · 고시하였다. 그러자 이 지역의 주민들은 조합을 설립하여 주택재개발사업을 추진하기 위해 도정법에서 정한 절차에 따라 조합설립추진위원회를 구성하였고, 동 추진위원회는 도정법 제16조의 규정에 의거하여 D지역의 일정한 토지등소유자의 동의, 정관, 공사비 등 정비사업에 드는 비용과 관련된 자료 등을 첨부하여 A로부터 X조합설립인가를 받아 등기하였다. X조합은 조합총회를 개최하고 법 소정의 소유자 동의 등을 얻어 지정개발자로서 Y를 사업시행자로 지정하였다. 다음 물음에 답하시오. 40점

(1) D지역의 토지소유자 중 甲이 "추진위원회가 주민의 동의를 얻어 X조합을 설립하는 과정에서 '건설되는 건축물의 설계의 개요' 등에 관한 항목 내용의 기재가 누락되었음에도 이를 유효한 동의로 처리하여 조합설립행위에 하자가 있다."고 주장하며 행정소송으로 다투려고 한다. 이 경우 조합설립인가의 법적 성질을 검토한 다음, 이에 기초하여 쟁송의 형태에 대해 설명하시오. 20점

(2) Y는 정비사업을 실시함에 있어 이 사업에 반대하는 토지등소유자 乙 등의 토지와 주택을 취득하기 위하여 「공익사업을 위한 토지 등의 취득 및 보상에 관한 법률」에 의거한 乙등과 협의가 성립되지 않아 지방토지수용위원회의 수용재결을 거쳤는데, 이 수용재결에 불복하여 Y가 중앙토지수용위원회에 이의재결을 신청하여 인용재결을 받았다. 이 경우 乙 등이 이 재결에 대해 항고소송을 제기한다면 소송의 대상은 무엇인가? 20점

[출제위원 채점평]

문제 1은 감정평가실무상 감정, 재감정의 업무수행에서 흔하게 접하게 되는 "도시 및 주거환경정비법"(이하, '도정법'이라 함)과 관련하여 조합설립인가의 법적 성질과 그 쟁송형태, 그리고 현행 "공익사업을 위한 토지 등의 취득 및 보상에 관한 법률"(이하, '공익사업법'이라 함)상 수용재결의 단계를 거쳐 이의재결이 인용된 경우 항고소송의 대상이 무엇인지, 두 가지 쟁점을 병렬적으로 묻고 있다.

〈1문〉은 종래까지 (구)주택건설촉진법·도시개발법 등에 따른 조합설립행위에 대한 인가를 강학상 인가로 보아온 판례의 입장과 학설, 그리고 2009년 대법원 전원합의체에 의해 도정법상 조합설립행위에 대한 인가를 강학상 특허로 본 판례와 학설을 이해하고, 이에 따라 쟁송형태가 어떻게 되는지를 논증하는 것이 질문의 핵심이다. 변경 전의 판례와 학설에 의하면 인가의 기본행위와의 관계에서 보충성과 유효요건이란 점에서 기본행위인 조합설립행위라는 민사관계에 하자가 있으므로 민사소송의 형식을 취하게 되나(다른 견해도 있음), 변경 후의 판례에 따라 조합설립인가를 특허로 보게 되면 조합설립행위는 설립인가(특허)의 성립요건이므로 이에 대한 하자에 관한 쟁송형태는 당연히 항고쟁송(항고소송)이어야 한다. 이 문제에서 쟁송형태에 관해 어떠한 결론을 낼지는 조합설립인가의 법적 성질을 어떻게 파악하는지에 따라 다르므로 평가의 중심은 판례와 학설에 따른 논증의 정도와 논리적 체계성이다. 수험생의 대다수는 〈1문〉의 출제의도와 질문을 잘 파악하고 있고 답안지의 양적 안배에서도 충분히 기술하고 있음에도 주어진 질문에 답하는 논증의 수준은 크게 높지 않았다.

〈2문〉은 행정소송법 제19조의 원처분주의 원칙이 공익사업법상 수용재결과 이의재결에 어떻게 적용되는지 기본적인 쟁점에 관한 질문이다. 이 문제에 대해서는 행정소송법상 원처분주의와 재결주의의 명확한 이해, 제3자효 행정행위의 인용재결이 행정소송법 제19조 단서의 재결 자체의 고유한 위법에 해당되는지 여부, 현행 공익사업법 제85조에 의할 때 이의 인용재결이 있은 경우에 무엇이 항고소송의 대상이 되는지 여부가 질문의 핵심이다. 이 〈2문〉도 〈1문〉과 마찬가지로 대부분의 수험생들이 무엇을 질문하는지 알고 있었다. 그러나 원처분주의와 재결주의에 대한 정확한 개념 정의가 부정확한 경우도 많았다. 특히, 이 문제와 같이 평이한 쟁점의 경우 법률, 판례, 학설에 의한 입체적이고 유기적인 논증을 통해 질문에 알찬 답안을 법리적으로 기술하여야 함에도 불구하고 상당수 수험생들은 이런 점을 소홀히 하여 피상적이거나 중요 판례를 제외하고 기술하는 등 논증의 치밀성과 체계성이 떨어지는 답안도 상당수 있었다. 결국, 이 문제에서도 기본기가 충실하고 이해 위주로 공부한 수험생이 후한 점수를 받았다고 본다.

(설문 1에 대하여)

Ⅰ. 논점의 정리

해당 사안은 조합설립행위에 하자가 있는 경우에 조합설립행위(결의)에 대한 효력을 다투는 소송을 제기하여야 하는가, 그렇지 않으면 설립행위(결의)의 하자를 이유로 조합설립인가처분의 효력을 다투는 소송을 제기하여야 하는가가 쟁점이다. 이는 조합설립인가의 법적 성질과 관련되는 문제로 이에 대한 법적 성질과 쟁송형태를 검토하고자 한다. 특히 대법원은 '조합설립인가처분은 단순히 사인들의 조합설립행위에 대한 보충행위로서의 성질을 갖는 것에 그치는 것이 아니라 법령상 요건을 갖출 경우 도시정비법상 주택재개발사업을 시행할 수 있는 권한을 갖는 행정주체(공법인)로서의 지위를 부여하는 일종의 설권적 처분의 성격을 갖는다'고 판시하고 있는 바, 최근 대법원 판례를 통해 문제를 해결하고자 한다.

Ⅱ. 조합설립인가의 법적 성질

1. 재개발조합의 법적 지위

조합은 재개발사업이라는 공행정목적을 수행함에 있어서 행정주체의 지위에 서며 재개발사업이라는 공행정목적을 직접적으로 달성하기 위하여 행하는 조합의 행위는 원칙상 공법행위라고 보아야 한다. 따라서 조합은 공공조합으로서 공법인(행정주체)이라고 할 수 있다.

2. 조합설립인가의 법적 성질

(1) 인가로 보는 견해

① 인가의 개념

인가란 제3자의 법률행위를 보충해서 그 효력을 완성시켜주는 행정행위로서 인가를 받지 않고 행한 행위는 무효가 된다.

② 인가의 효력

인가는 기본행위가 효력을 상실하면 당연히 효력을 상실한다. 즉, 인가의 효력이 그 기본이 되는 법률행위의 효력에 의존하는 보충적인 효력을 가지며 이러한 점이 다른 행정행위와 구별된다.

③ 종전 학설과 대법원 판례의 태도

주택건설촉진법에서 규정한 바에 따른 관할시장 등의 재건축조합설립인가는 불량·노후한 주택의 소유자들이 재건축을 위하여 한 재건축조합설립행위를 보충하여 그 법률상 효력을 완성시키는 보충행위일 뿐이므로 그 기본되는 조합설립행위에 하자가 있을 때에는 그에 대한 인가가 있다 하더라도 기본행위인 조합설립이 유효한 것으로 될 수 없고, 따라서 그 기본행위는 적법유효하나 보충행위인 인가처분에만 하자가 있는 경우에는 그 인가처분의 취소나 무효확인을 구할 수 있을 것이지만 기본행위인 조합설립에 하자가 있는 경우에는 민사쟁송으로써 따로 그 기본행위의 취소 또는 무효확인 등을 구하는 것은 별론으로 하고 기본행위의 불성립 또는 무효를 내세워 바로 그에 대한 감독청의 인가처분의 취소 또는 무효확인을 소구할 법률상 이익이 있다고 할 수 없다(대판 2000.9.5. 99두1854 판결[재건축조합설립인가처분무효확인등]).

즉, 종전 학설과 판례는 토지 등 소유자 중 조합설립에 동의하는 자들의 합의에 의하여 작성된 정관과 동의서 등을 조합설립 인가 시 제출하는 서류 등을 심사하여 조합설립이라는 기본행위의 유효함을 확인함으로써 그 조합설립의 법률상 효력을 완성시키는 보충행위로 판단하였다. 따라서 기본행위인 조합설립에 하자가 있더라도 그 이유로 바로 그에 대한 감독청의 인가처분의 취소 또는 무효확인을 소구할 법률상 이익은 없다고 보았다.

(2) 특허로 보는 견해

① 특허의 개념

특허란 상대방에게 특별한 권리나 능력 등을 창설해주는 행위를 말한다.

② 최근 대법원 판례의 태도

(구)도시정비법 제18조에 의하면 토지 등 소유자로 구성되어 정비사업을 시행하려는 조합은 제13조 내지 제17조를 비롯한 관계법령에서 정한 요건과 절차를 갖추어 조합설립인가처분을 받은 후에 등기함으로써

성립하며, 그때 비로소 관할 행정청의 감독 아래 정비구역 안에서 정비사업을 시행하는 행정주체로서의 지위가 인정된다. 여기서 행정청의 조합설립인가처분은 조합에 정비사업을 시행할 수 있는 권한을 갖는 행정주체(공법인)로서의 지위를 부여하는 일종의 설권적 처분의 성격을 가진다(대판 2014.5.22, 2012도7190 전원합의체 판결[도시 및 주거환경정비법 위반]).

즉, 대법원은 "조합설립인가처분은 단순히 사인들의 조합설립행위에 대한 보충행위로서의 성질을 갖는 것에 그치는 것이 아니라 법령상 요건을 갖출 경우 도시정비법상 주택재개발사업을 시행할 수 있는 권한을 갖는 행정주체(공법인)으로서의 지위를 부여하는 일종의 설권적 처분의 성격을 갖는다."고 판시하였다.

3. 검토

행정청의 조합설립인가처분은 조합에 정비사업을 시행할 수 있는 권한을 갖는 행정주체(공법인)로서의 지위를 부여하는 일종의 설권적 처분의 성격을 가진다고 판례가 보고 있으므로 특허로 보는 것이 타당하다고 생각된다.

III. 조합설립행위의 하자에 대한 권리구제

1. 조합설립인가를 특허로 본다면, 조합설립행위(결의)는 조합인가처분이라는 행정처분을 하는 데 필요한 요건 중 하나에 불과한 것이어서, 조합설립행위(결의)에 하자가 있다면 그 하자를 이유로 직접 항고소송의 방법으로 조합설립인가처분의 취소 등으로 불복하여야 한다고 생각된다.
2. 다만 강학상 인가로 보는 견해에 따르면 기본행위에 하자가 있는 경우에는 민사소송을 통하여 기본행위의 효력을 다툴 수 있을 것으로 판단된다.

(설문 2에 대하여)

Ⅰ. 논점의 정리

최근 2008두1504 대법원 판결에서 "공익사업을 위한 토지 등의 취득 및 보상에 관한 법률 제85조 제1항 전문의 문언 내용과 같은 법 제83조, 제85조가 중앙토지수용위원회에 대한 이의신청을 임의적 절차로 규정하고 있는 점, 행정소송법 제19조 단서가 행정심판에 대한 재결은 재결 자체에 고유한 위법이 있음을 이유로 하는 경우에 한하여 취소소송의 대상으로 삼을 수 있도록 규정하고 있는 점 등을 종합하여 보면, 수용재결에 불복하여 취소소송을 제기하는 때에는 이의신청을 거친 경우에도 수용재결을 한 중앙토지수용위원회 또는 지방토지수용위원회를 피고로 하여 수용재결의 취소를 구하여야 하고, 다만 이의신청에 대한 재결 자체에 고유한 위법이 있음을 이유로 하는 경우에는 그 이의재결을 한 중앙토지수용위원회를 피고로 하여 이의재결의 취소를 구할 수 있다고 보아야 한다."라고 판시하고 있는바, 이하에서 원처분주의와 재결주의를 논하고 사례를 해결토록 한다.

Ⅱ. 원처분주의와 재결주의에 대한 논의

1. 의의

원처분주의란 원처분과 재결에 다 같이 소를 제기할 수 있으나, 원처분의 위법은 원처분에 대한 항고소송에서만 주장할 수 있고, 재결에 대한 항고소송에서는 재결 자체의 고유한 하자에 대해서만 주장할 수 있도록 하는 제도이다. 재결주의란 원처분에 대한 제소는 허용되지 않고, 재결에 대해서만 행정소송의 대상으로 인정하되, 재결에 대한 취소소송 또는 무효등확인소송에서 재결 자체의 위법뿐만 아니라 원처분의 위법사유도 아울러 주장할 수 있도록 하는 제도를 말한다.

2. 행정소송법의 태도

행정소송법 제19조, 제38조는 원처분과 아울러 재결에 대하여도 취소소송이나 무효등확인소송을 제기할 수 있도록 하면서 단지 재결에 대한 소송에 있어서는 원처분의 위법을 이유로 할 수 없고, 재결 자체의 고유한 위법이 있음을 이유로 한하도록 하여 원처분주의를 채택하고 있다.

3. 토지보상법의 재결주의 채택 여부

기존의 판례는 (구)토지수용법 제75조의2의 '이의신청의 재결에 대해 불복이 있을 때'라는 문언의 해석을 통해 재결주의의 입장을 취한바 있으나, 토지보상법 제85조는 이의신청 임의주의로 변경하였고, 이에 행정소송법의 일반원칙인 원처분주의를 따름은 논리 필연적이며(류지태, 석종현 등), 문언상으로도 타당하다고 보인다.

행정소송법 제8조 제1항은 다른 법률에 특별한 규정이 있는 경우 행정소송법 규정이 배제될 수 있음을 예정하고 있다. 따라서 원처분주의를 배제하기 위해서는 다른 법률에 명확한 규정이 있거나 실질적인 이익이 존재해야 한다. 그러나 토지보상법에는 재결주의를 명문으로 규정하고 있지 않고, 원처분에 대해서도 취소소송을 허용하고 있기 때문에 재결주의의 입장이라 보기 어렵다. 또한 재결주의를 취하는 경우 재결부존재 시 권리구제가 불가능하고, 집행정지는 소송의 대상으로 계속되고 있는 처분 등을 대상으로 하므로(행정소송법 제23조) 원처분에 대한 집행정지가 불가능한 문제점이 있는 바, 원처분주의로 해석함이 타당할 것이다.

Ⅲ. 대법원 판례 검토를 통한 원처분주의와 재결주의

1. 제3자인 경우에 인용재결로 권익침해가 새롭게 된다면 행정심판의 재결을 소송의 대상으로 삼은 96누10911판결의 태도

이른바 복효적 행정행위, 특히 제3자효를 수반하는 행정행위에 대한 행정심판청구에 있어서 그 청구를 인용하는 내용의 재결로 인하여 비로소 권리이익을 침해받게 되는 자(예컨대, 제3자가 행정심판청구인인 경우의 행정처분의 상대방 또는 행정처분의 상대방이 행정심판청구인인 경우의 제3자)는 그 인용재결에 대하여 다툴 필요가 있고, 그 인용재결은 원처분과 내용을 달리하는 것이므로 그 인용재결의 취소를 구하는 것은 원처분에는 없는 재결에 고유한 하자를 주장하는 셈이어서 당연히 항고소송의 대상이 된다고 할 것이고, 더구나 이 사건 재결과 같이 그 인용재결청인 피고 스스로가 직접 이 사건 사업계획승인처분을 취소하는 형성적 재결을 한 경우에는 그 재결 외에 그에 따른 행정청의 별도의 처분이 있지 않기 때문에 재결 자체를 쟁송의 대상으로 할 수밖에 없다고 할 것이다(대판 1997.12.23, 96누10911 판결[체육시설사업계획승인취소처분취소]).

2. 직접 이해당사자인 경우에 원처분을 소송의 대상으로 삼은 최근 2008두1504 대법원 판결의 태도

'공익사업을 위한 토지 등의 취득 및 보상에 관한 법률'(이하 '공익사업법'이라고 한다) 제85조 제1항 전문은 사업시행자・토지소유자 또는 관계인은 중앙토지수용위원회 또는 지방토지수용위원회의 수용재결에 대하여 불복이 있는 때에는 재결서를 받은 날부터 90일 이내에, 이의신청을 거친 때에는 이의신청에 대한 재결서를 받은 날부터 60일 이내에 각각 행정소송을 제기할 수 있다고 규정하고 있다. 위와 같은 공익사업법 제85조 제1항 전문의 문언 내용과 공익사업법 제83조, 제85조가 중앙토지수용위원회에 대한 이의신청을 임의적 절차로 규정하고 있는 점, 행정소송법 제19조 단서가 행정심판에 대한 재결은 재결 자체에 고유한 위법이 있음을 이유로 하는 경우에 한하여 취소소송의 대상으로 삼을 수 있도록 규정하고 있는 점 등을 종합하여 보면, 수용재결에 불복하여 취소소송을 제기하는 때에는 이의신청을 거친 경우에도 수용재결을 한 중앙토지수용위원회 또는 지방토지수용위원회를 피고로 하여 수용재결의 취소를 구하여야 하고, 다만 이의신청에 대한 재결 자체에 고유한 위법이 있음을 이유로 하는 경우에는 그 이의재결을 한 중앙토지수용위원회를 피고로 하여 이의재결의 취소를 구할 수 있다고 보아야 한다.

그럼에도 원심은, 수용재결에 불복하여 중앙토지수용위원회의 이의재결을 거친 경우 수용재결 자체의 취소를 구하는 항고소송은 이의재결을 한 중앙토지수용위원회만이 피고적격이 있다는 이유로 수용재결을 한 피고 중앙토지수용위원회를 상대로 수용재결의 취소를 구하는 부분의 소를 각하하였다. 이러한 원심의 판단에는 수용재결에 불복하여 취소소송을 제기하는 경우의 소송대상 및 피고적격에 관한 법리를 오해하여 판결 결과에 영향을 미친 위법이 있다. 이 점을 지적하는 상고취지는 이유 있다. 그러므로 원심판결 중 피고 중앙토지수용위원회에 대한 수용재결취소청구에 관한 부분 및 이와 합일확정될 필요가 있는 피고 대한민국에 대한 부분을 파기하고 이 부분 사건을 다시 심리・판단하게 하기 위하여 원심법원에 환송하기로 하여, 관여 대법관의 일치된 의견으로 주문과 같이 판결한다(대판 2010.1.28, 2008두1504 판결[수용재결취소등]).

3. 검토

원처분의 상대방이 제3자의 경우에는 인용재결로 인해서 비로소 권익을 침해받게 되므로 인용재결은 형식상 재결이나 실질적으로 제3자에게는 최초의 처분으로서의 성질을 갖게 된다. 따라서 제3자라면 행정소송법 제19조 본문에 의해 인용재결의 취소를 구하는 것으로 해석함이 타당하다고 본다. 그러나 이해관계의 직접 당사자인 토지소유자 乙 등은 이의재결을 소송의 대상으로 삼을 것이 아니라 원처분인 수용재결을 소송의 대상으로 삼아 항고소송을 제기하여야 할 것으로 판단된다.

Ⅳ. 사안의 해결

원처분의 상대방이 제3자의 경우에는 인용재결로 인해서 비로소 권익을 침해받게 되므로 인용재결은 형식상 재결이나 실질적으로 제3자에게는 최초의 처분으로서의 성질을 갖게 되고 을의 입장에서 보면 제3자의 지위에서 행정소송법 제19조 본문에 의해 인용재결의 취소를 구하는 것으로 해석함이 타당하다고 판단된다.

다만 일반적인 경우 수용재결에 대하여 이의재결이 나왔다고 하더라도 토지소유자가 수용재결에 대하여 이의신청을 제기한 경우 토지소유자가 제기하는 소송의 대상은 수용재결로서 현행 행정소송법과 토지보상법은 원처분주의 입장을 취하고 있다. 즉, 토지보상법 제85조 제1항 전문의 문언 내용과 공익사업법 제83조, 제85조가 중앙토지수용위원회에 대한 이의신청을 임의적 절차로 규정하고 있는 점, 행정소송법 제19조 단서가 행정심판에 대한 재결은 재결 자체에 고유한 위법이 있음을 이유로 하는 경우에 한하여 취소소송의 대상으로 삼을 수 있도록 규정하고 있는 점 등을 종합하여 보면, 수용재결에 불복하여 취소소송을 제기하는 때에는 이의신청을 거친 경우에도 수용재결을 한 중앙토지수용위원회 또는 지방토지수용위원회를 피고로 하여 수용재결의 취소를 구하여야 하고, 다만 이의신청에 대한 재결 자체에 고유한 위법이 있음을 이유로 하는 경우에는 그 이의재결을 한 중앙토지수용위원회를 피고로 하여 이의재결의 취소를 구할 수 있다고 보아야 한다. 수용재결의 직접 당사자인 경우 최근 2008두1504 판결을 중심으로 원처분주의에 입각하여 수용재결을 대상으로 항고소송을 제기해야 하지만, 원처분의 상대방이 아닌 제3자가 행정심판을 청구하여 재결청이 원처분을 취소하는 형성재결을 한 경우에 그 원처분의 상대방은 그 재결에 대하여 항고소송을 제기할 수밖에 없고, 이 경우 재결(수용에서는 이의재결임)은 원처분과 내용을 달리하는 것이어서 재결의(수용에서는 이의재결임) 취소를 구하는 것은 원처분에 없는 재결 고유의 위법을 주장하는 것이 된다고 할 것이다.

원처분의 상대방이 아닌 제3자가 행정심판을 청구하여 재결청이 원처분을 취소하는 형성재결을 한 경우, 위 원처분의 상대방이 할 수 있는 불복방법 및 위 재결의 취소를 구하는 것이 원처분에 없는 재결 고유의 하자를 주장하는 것인지 여부(적극)

당해 사안에서와 같이 원처분의 상대방이 아닌 제3자가 행정심판을 청구하여 재결청이 원처분을 취소하는 형성재결을 한 경우에 그 원처분의 상대방은 그 재결에 대하여 항고소송을 제기할 수밖에 없고, 이 경우 재결은 원처분과 내용을 달리하는 것이어서 재결의 취소를 구하는 것은 원처분에 없는 재결 고유의 위법을 주장하는 것이 된다(대판 1998.4.24, 97누17131 판결).

부작위위법확인소송, 의무이행소송 (제16회 1번)

16회 **01**

사업시행자인 甲은 사업인정을 받은 후에 토지소유자 乙과 협의절차를 거쳤으나 협의가 성립되지 아니하여 중앙토지수용위원회에 재결을 신청하였다. 그러나 丙이 乙 명의의 토지에 대한 명의신탁을 이유로 재결신청에 대해 이의를 제기하자, 중앙토지수용위원회는 상당한 기간이 경과한 후에도 재결처분을 하지 않고 있다. 甲이 취할 수 있는 행정쟁송수단에 대해 설명하시오. 40점

Ⅰ. 논점의 정리

토지수용위원회의 수용재결처분의 부작위에 대하여 수용재결을 신청한 사업시행자 甲이 취할 수 있는 행정쟁송수단이 문제된다. 먼저, 토지수용위원회의 재결부작위가 행정쟁송의 대상이 되는 '부작위'에 해당하는지 검토한 후, 이에 대한 행정쟁송수단으로 의무이행심판, 부작위위법확인소송, 의무이행소송의 가능성을 검토한다.

Ⅱ. 수용재결의 법적 성질

1. 의의

토지위원회의 수용재결은 사업시행자로 하여금 토지나 물건의 소유권을 취득하도록 하고 사업시행자가 지급하여야 하는 손실보상액을 정하는 결정을 말한다. 공용수용 또는 공용사용의 절차에 있어서 최종단계에 해당한다.

2. 법적 성질

재결은 일정한 법적 효과를 가져오는 처분으로서 행정행위의 성질을 갖는다. 수용재결은 원행정행위에 해당하며, 재결에 사법절차가 준용되므로 준사법적인 행정행위이다.

III. 수용재결부작위가 항고쟁송의 대상이 되는 '부작위'인지 여부

1. 행정쟁송의 대상인 '부작위'에 대한 정의

행정심판법 제2조 제2호 및 행정소송법 제2조 제2호에서는 행정심판과 행정소송의 대상이 되는 부작위에 대하여 '행정청이 당사자의 신청에 대하여 상당한 기간 내에 일정한 처분을 하여야 할 법률상 의무가 있음에도 불구하고 이를 하지 아니한 것'이라고 규정하고 있다.

2. '부작위'에 대한 요건 검토

(1) 처분에 대한 당사자의 신청이 있을 것

1) 처분에 대한 신청

부작위가 되기 위해서는 처분에 대한 신청이 있어야 한다. 판례는 비권력적 사실행위 등에 대한 신청은 그 요건을 결한 것으로 본다.

2) 신청자에게 법규상·조리상 신청권이 필요한지 여부

판례는 신청권이 필요하다고 보고 대상적격인 동시에 원고적격의 문제로 보고 있다. 학설은 신청권 존부에 대해 견해의 대립이 있으나 현행 행정소송법은 신청권에 대응하는 '일정한 처분을 하여야 할 의무'를 부작위의 요소로 규정하고 있는 점과 신청권을 소송요건으로 보게 되면 심리부담의 가중을 덜 수 있다는 점에서 대상적격요건설이 타당하다고 판단된다.

(2) 행정청에게 일정한 처분을 할 법률상 의무가 존재할 것

'일정한 처분을 할 법률상 의무'는 판례의 태도에 따라 응답의무라고 보는 것이 타당하며 특정의무라고 보면 부작위위법확인소송이 의무이행소송으로 변질될 우려가 있어 응답의무로 보는 것이 타당하다.

PART · 05

(3) 상당한 기간 동안 아무런 처분도 하지 않았을 것

상당한 기간이란 사회통념상 행정청이 해당 신청에 대한 처분을 하는 데 필요한 합리적인 기간을 말한다.

3. 사안의 경우

수용재결은 처분에 해당하고, 토지보상법 제28조에서 사업시행자에게 재결을 신청할 수 있다는 재결신청권을 인정하고 있다. 토지보상법 제35조에서 심리를 개시한 날로부터 14일 이내에 재결을 하여야 한다고 규정하고 있고, 제50조 제2항에서는 토지수용위원회는 사업시행자·토지소유자 또는 관계인이 신청한 범위 안에서 재결하여야 한다고 규정하고 있는 점 등을 종합적으로 고려하면, 토지수용위원회는 신청된 수용재결은 반드시 내려야 하는 의무가 있다고 인정된다. 토지수용위원회는 사업시행자 甲의 수용재결신청을 받고도 상당기간이 경과하도록 아무런 처분을 하고 있지 않으므로 부작위는 항고쟁송의 대상인 '부작위'에 해당한다.

Ⅳ. 甲이 취할 수 있는 행정쟁송수단

1. 부작위위법확인소송

(1) 의의

행정소송법 제4조 제3호에서는 부작위위법확인소송을 행정의 부작위가 위법하다는 것을 확인하는 소송으로 규정하고 있다.

(2) 소송요건

부작위위법확인소송의 대상이 되는 재결부작위가 있고, 甲은 수용재결을 신청하였으며, 토지보상법상 보호하는 이익이 있고 의무이행심판을 거치지 않은 경우라면 제소기간의 제한을 받지 않고, 의무이행심판을 거친 경우라면 재결서 정본을 송달받은 날로부터 90일 이내 소를 제기하면 된다. 다른 소송요건은 특별히 문제가 없다.

(3) 본안판단

학설은 무용한 소송의 반복 방지를 위하여 부작위 위법 여부뿐만 아니라 신청에 따른 처분의무가 있는지도 심판의 범위에 포함된다는 〈실체적 심리설〉과 부작위 위법 여부만이 심판의 대상이라는 〈절차적 심리설〉이 대립하나 판례는 후자의 입장에 있다. 판례의 태도에 따라 절차적 심리설이 타당하다고 판단된다.

(4) 사안의 경우

수용재결의무가 있는 중앙토지수용위원회의 부작위는 위법하므로 甲은 인용판결을 받을 수 있을 것으로 판단된다.

2. 의무이행심판

(1) 의의

행정심판법 제5조 제3호에서 의무이행심판을 당사자의 신청에 대한 행정청의 위법 또는 부당한 거부처분이나 부작위에 대하여 일정한 처분을 하도록 하는 행정심판이라고 규정하고 있다.

(2) 청구요건 검토 및 본안심리

사안에서 수용재결부작위는 심판의 대상이 되고, 사업시행자 甲은 토지보상법상 보호되는 법률상 이익이 있고 부작위에 대한 의무이행심판은 청구기간이 적용되지 아니하므로 모든 요건이 충족되며 甲이 인용받을 수 있을 것이다.

Ⅴ. 사안의 해결

중앙토지수용위원회의 수용재결에 대한 부작위는 행정쟁송의 대상이 되는 부작위에 해당하며, 이에 대하여 사업시행자 甲이 제기할 수 있는 행정쟁송수단으로는 의무이행심판과 부작위위법확인소송이 된다. 의무이행소송은 실효적 권리구제를 위하여 도입이 필요한 바 현행 법 개정을 통한 실현이 가능할 것이다.

Chapter 09

공무원의 직무상 위법행위로 인한 손해배상책임(제24회 2번)

24회 02

甲은 S시에 임야 30,000m²를 소유하고 있다. S시장은 甲 소유의 토지에 대하여 토지의 이용상황을 실제 이용되고 있는 '자연림'으로 하여 개별공시지가를 산정한 다음 A감정평가법인에 검증을 의뢰하였는데, A감정평가법인이 그 토지의 이용상황을 '공업용'으로 잘못 정정하여 검증지가를 산정하고, 시(市) 부동산가격공시위원회가 검증지가를 심의하면서 그 잘못을 발견하지 못하였다. 이에 따라 甲 소유 토지의 개별공시지가가 적정가격보다 훨씬 높은 가격으로 결정 · 공시되었다. B은행은 S시의 공시지가를 신뢰하고, 甲에게 70억원을 대출하였는데, 甲이 파산함에 따라 채권회수에 실패하였다. 다음 물음에 답하시오. 30점

(1) B은행은 S시를 대상으로 국가배상을 청구하였다. S시의 개별공시지가 결정행위가 국가배상법 제2조상의 위법행위에 해당하는가에 관하여 논하시오. 20점

(2) S시장은 개별공시지가제도의 입법목적을 이유로 S시 담당 공무원들의 개별공시지가 산정에 관한 직무상 행위와 B은행의 손해 사이에 상당인과관계가 없다고 항변한다. S시장의 항변의 타당성에 관하여 논하시오. 10점

[출제위원 채점평]

본문은 개별공시지가의 검증의 오류와 관련한 국가배상청구의 가능성에 관한 것으로 물음은 두 가지이다. 첫째, S시의 개별공시지가 결정행위가 국가배상법 제2조상의 위법행위 해당성, 둘째, S시장은 개별공시지가 제도의 입법목적을 이유로 S시의 담당 공무원들의 개별공시지가 산정에 관한 직무상 행위와 B은행의 손해 사이에 상당인과관계가 없다고 항변하는데, 그 타당성을 논하라는 내용이다.

첫 번째 질문은 국가배상법 제2조의 위법행위에 해당하는가를 판단하는 것이다. 국가배상법 제2조의 기본적인 요건으로서 그 행위가 위법성에 대한 판단과 과실에 대한 판단을 논리적으로 연결하여 기술하면 된다.
두 번째 질문에 대하여는 개별공시지가 제도의 입법목적을 논리적으로 서술하고 개별공시지가가 은행의 담보평가 등 사적인 부동산 거래의 직접적인 평가 근거로 활용됨을 목적으로 하는 것인가에 대한 검토 후 판례의 입장을 고려하여 상당인과관계를 논하는 것이 좋다.
이 문제는 감정평가사가 하는 일상에 관련되어 있고, 담보평가의 중요성 및 입법목적과 직접적으로 연결되어 있어 매우 중요하므로 수험생들도 이미 익숙하게 공부하였을 것으로 생각된다. 공시지가의 결정 및 검증 작업에서 발생하는 오류가 국가배상 및 손해배상과 어떤 인과관계에 놓여 있는가를 정확히 파악하는 것은 감정평가사 직업의 수행에 있어 필수적이다. 금번 출제 및 채점은 이런 사전 지식을 충분히 습득하고 있는가를 판단할 수 있는 좋은 기회가 되었다고 생각한다.

Ⅰ. 설문 (1)에 대하여

1. 논점의 정리

개별공시지가의 의의 및 취지, 법적 성질을 우선 검토하고 최근 판례를 토대로 해당 사안에서 국가배상법 제2조상 위법행위에 해당하는지 고찰하여 보고자 한다.

2. 개별공시지가의 산정절차 및 지가산정 담당 공무원 등의 직무상 의무

(1) 개별공시지가의 의의 및 취지

부동산 가격공시에 관한 법률(이하 부동산공시법)상 개별공시지가란 시・군・구청장이 공시지가를 기준으로 산정한 개별토지의 단위당 가격을 말한다. 이는 조세 및 개발부담금의 산정의 기준이 되어 행정의 효율성 제고에 취지가 있다.

(2) 개별공시지가의 법적 성질

판례는 개별토지가격결정은 관계법령에 의한 토지 초과이득세 또는 개발부담금 산정의 기준이 되어 국민의 권리나 의무 또는 법률상 이익에 직접적으로 관계되는 것으로 보아 항고소송의 대상이 되는 처분성을 인정하고 있다.

(3) 개별공시지가의 산정절차

개별공시지가를 산정하여 결정・공시함에 있어 시장・군수 또는 구청장은 해당 토지와 유사한 이용가치를 지닌다고 인정되는 하나 또는 둘 이상의 표준지의 공시지가를 기준으로 토지가격비준표를 사용하여 지가를 산정하되, 해당 토지의 가격과 표준지공시지가가 균형을 유지하도록 하여야 한다.

(4) 담당 공무원 등의 직무상 의무

개별공시지가 산정업무를 담당하는 공무원은 해당 토지의 실제 이용상황 등 토지특성을 조사하고 이용상황이 유사한 비교표준지를 선정하여 특성을 비교하는 등 법령 및 지침에서 정한 기준과 방법에 따라 개별공시지가를 산정하는 직무상 의무가 있다.

3. 공무원의 위법행위로 인한 국가배상책임 요건

(1) 개념

국가의 과실 책임이란 공무원의 과실이 있는 위법행위로 인하여 발생한 손해에 대한 배상책임을 말한다. 국가배상법 제2조에 근거한다.

(2) 국가배상 청구요건(국가배상법 제2조)

국가배상책임이 성립하기 위해서는 ① 공무원이 직무를 집행하면서 타인에게 손해를 가하였을 것, ② 공무원의 가해행위는 고의 또는 과실로 법령에 위반하여 행하여졌을 것, ③ 손해가 발생하였고, 공무원의 불법한 가해행위와 손해 사이에 인과관계가 있을 것이 요구된다.

4. 판례를 통한 사안의 해결

개별공시지가 산정업무 담당 공무원 등이 그 직무상 의무에 위반하여 현저하게 불합리한 개별공시지가가 결정되도록 함으로써 국민 개개인의 재산권을 침해한 경우에는 그 손해에 대하여 상당인과관계 있는 범위 내에서 그 담당 공무원 등이 소속된 지방자치단체가 배상책임을 지게 된다 할 것이다.

Ⅱ. 설문 (2)에 대하여

1. 논점의 정리

개별공시지가의 산정목적과 범위를 검토하고, 개별공시지가 산정에 관한 직무상 행위와 B은행의 손해 사이에 상당인과관계가 없다는 S시장의 항변의 타당성에 관하여 판례를 중심으로 상당한 인과관계를 규명하고자 한다.

2. 개별공시지가의 산정목적 범위 등

(1) 개별공시지가의 산정목적 범위

개별공시지가는 그 산정목적이 개발부담금의 부과, 토지 관련 조세부과 등 다른 법령이 정하는 목적을 위해 지가를 산정하는 경우에 그 산정 기준이 되는 범위 내에서는 납세자인 국민 등의 재산상 권리・의무에 직접적인 영향을 미칠 수 있다.

(2) 개별공시지가가 사적 부동산거래에 있어서 구속력을 갖는지 여부

판례에서는 개별공시지가가 해당 토지의 거래 또는 담보제공을 받음에 있어 그 실제 거래가액 또는 담보가치를 보장한다거나 어떠한 구속력을 미친다고 할 수는 없다고 판시하였다.

3. 판례를 통한 사안의 해결

판례에서는 개별공시지가의 산정목적 범위 등을 종합적으로 고려해 보면 피고 소속 담당 공무원 등의 이 사건 토지에 관한 개별공시지가 산정에 관한 직무상 위반행위와 이 사건 토지의 담보가치가 충분하다고 믿고 입은 손해 사이에서 상당한 인과관계가 있다고 보기 어렵다. 따라서 담당 공무원 등의 개별공시지가 산정에 관한 직무상 위반행위와 위 손해 사이에 상당인과관계가 있다고 보기 어려울 것으로 보이므로 S시장의 항변의 타당성이 인정된다고 생각된다.

집행정지(제23회 3번)

23회 03

20년 이상 감정평가업에 종사하고 있는 감정평가사 甲은 2년 전에 국토교통부 장관 乙의 인가를 받아 50명 이상의 종업원을 고용하는 감정평가법인을 설립하였다. 그 후 乙은 甲이 정관을 거짓으로 작성하는 등 부정한 방법으로 감정평가법인의 설립인가를 받았다는 이유로, 「감정평가 및 감정평가사에 관한 법률」 제32조 제1항 제13호에 따라 설립인가를 취소하였다. 甲은 乙의 인가취소가 잘못된 사실관계에 기초한 위법한 처분이라는 이유로 취소소송을 제기하면서 집행정지신청을 하였다. 甲의 집행정지신청의 인용 여부를 논하시오. 20점

[출제위원 채점평]

문제 3번의 경우에는 집행정지의 의의, 특성 및 요건을 정확히 기술하면 되는 것으로, 비교적 평이하고 무난한 문제였다. 그러나 집행정지의 요건과 관련하여, 적극적 요건과 소극적 요건을 구별하지 못하거나, 획일적으로 이를 암기하여 작성한 답안이 많았다.

1. 논점의 정리

사안에서 甲은 인가취소에 대한 취소소송을 제기하면서 집행정지를 신청하였다. 甲의 집행정지신청이 인용되기 위해서는 집행정지 요건을 모두 충족해야 하는 바, 이하에서 집행정지의 요건 등을 검토하고자 한다.

2. 행정소송법상 집행정지의 요건 및 절차 등

(1) 집행부정지원칙 의의 및 근거

집행부정지원칙은 취소소송의 제기는 처분 등의 효력이나 그 집행 또는 절차의 속행에 영향을 주지 아니함을 말한다. 단, 처분이 진행되는 등의

사정으로 회복되기 어려운 손해가 발생할 경우 예외적으로 집행정지를 인정한다.

(2) 집행정지 신청요건

1) 소극적 요건

① 정지대상인 처분 등이 존재할 것, ② 적법한 본안소송이 계속 중일 것, ③ 신청인적격 및 신청이익이 있을 것을 소극적 요건으로 한다.

2) 적극적 요건

① 회복하기 어려운 손해, ② 긴급한 필요의 존재, ③ 공공복리에 중대한 영향이 없을 것, ④ 본안청구가 이유 없음이 명백하지 아니할 것을 적극적 요건으로 한다.

(3) 집행정지 결정

본안이 계속된 법원에 당사자의 신청 또는 직권에 의하여 처분 등의 효력이나 그 집행 또는 절차의 속행의 전부 또는 일부의 정지를 결정할 수 있다.

(4) 집행정지 내용

처분의 효력을 존재하지 않는 상태에 놓이게 하는 처분의 효력정지, 처분의 집행을 정지하는 집행정지, 여러 단계의 절차를 통하여 행정목적이 달성되는 경우에 절차의 속행을 정지하는 절차속행의 정지를 내용으로 한다.

3. 대법원 판례를 통한 사안의 해결

사안에서 감정평가법인 설립인가 취소는 감정평가 업무를 더 이상 수행하지 못하도록 하는 침익적 처분으로, 이에 대한 취소소송은 적법하게 계속 중인 것으로 보인다. 취소소송의 인용판결이 있을 때까지 업무수행을 하지 못하여 발생한 손실은 금전적으로 배상이 가능할 것으로 보이나 甲법인의 명예나 주요 거래처와의 신뢰악화 등의 중대한 경영상의 위험은 회복되기 어려운 손해로 예상된다. 따라서 법원은 집행정지 결정을 해야 할 것이며 국토교통부장관은 이에 대하여 즉시 항고할 수 있다.

합격까지 박문각